आत्मानुभूति के खुले रहस्य

स्वामी विवेकानंद पर केंद्रित साहित्य

आत्मानुभूति के खुले रहस्य

स्वामी विवेकानंद

प्रकाशक

प्रभात प्रकाशन प्रा. लि.

4/19 आसफ अली रोड, नई दिल्ली-110002

फोन : 011-23289777 • हेल्पलाइन नं. : 7827007777

इ-मेल : prabhatbooks@gmail.com ❖ वेब ठिकाना : www.prabhatbooks.com

संस्करण

2026

पेपरबैक मूल्य

तीन सौ पचास रुपए

मुद्रक

यश प्रिन्टोग्राफिक्स, नोएडा

———— ★ ————

AATMANUBHOOTI KE KHULE RAHASYA
by Swami Vivekananda

Published by **PRABHAT PRAKASHAN PVT. LTD.**
4/19 Asaf Ali Road, New Delhi-110002

ISBN 978-93-5521-356-3

₹ 350.00 (PB)

पुस्तक परिचय

स्वामी विवेकानंद ने भारत में उस समय अवतार लिया, जब यहाँ हिंदू धर्म के अस्तित्व पर संकट के बादल मँडरा रहे थे। पंडितों-पुरोहितों ने हिंदू धर्म को घोर आडंबरी और अंधविश्वासपूर्ण बना दिया था। ऐसे में स्वामी विवेकानंद ने हिंदू धर्म को एक पूर्ण पहचान प्रदान की। इसके पहले हिंदू धर्म विभिन्न छोटे-छोटे संप्रदायों में बँटा हुआ था। तीस वर्ष की आयु में स्वामी विवेकानंद ने शिकागो (अमेरिका) में विश्व धर्म संसद् में हिंदू धर्म का प्रतिनिधित्व किया और इसे सार्वभौमिक पहचान दिलवाई।

गुरुदेव रवींद्रनाथ टैगोर ने एक बार कहा था, "यदि आप भारत को जानना चाहते हैं, तो विवेकानंद को पढ़िए। उनमें आप सबकुछ सकारात्मक ही पाएँगे, नकारात्मक कुछ भी नहीं।"

रोम्या रोलाँ ने उनके बारे में कहा था, "उनके द्वितीय होने की कल्पना करना भी असंभव है। वे जहाँ भी गए, सर्वप्रथम हुए...हर कोई उनमें अपने नेता का दिग्दर्शन करता। वे ईश्वर के प्रतिनिधि थे तथा सब पर प्रभुत्व प्राप्त कर लेना ही उनकी विशिष्टता थी। हिमालय प्रदेश में एक बार एक अनजान यात्री उन्हें देख, ठिठककर रुक गया और आश्चर्य से चिल्ला उठा, "शिव! यह ऐसा हुआ मानो उस व्यक्ति के आराध्य देव ने अपना नाम उनके माथे पर लिख दिया हो।"

उनतालीस वर्ष के संक्षिप्त जीवनकाल में स्वामी विवेकानंद जो काम कर गए, वे आनेवाली अनेक शताब्दियों तक पीढ़ियों का मार्गदर्शन करते रहेंगे।

वे केवल संत ही नहीं थे, एक महान् देशभक्त, प्रखर वक्ता, ओजस्वी विचारक, रचनाधर्मी लेखक और करुण मानवप्रेमी भी थे। अमेरिका से लौटकर उन्होंने देशवासियों का आह्वान करते हुए कहा था, "नया भारत निकल पड़े मोची की दुकान से, भड़भूजे के भाड़ से, कारखाने से, हाट से, बाजार से; निकल पड़े झाड़ियों, जंगलों, पहाड़ों, पर्वतों से।"

और जनता ने स्वामीजी की पुकार का उत्तर दिया। वह गर्व के साथ निकल पड़ी। गांधीजी को आजादी की लड़ाई में जो जन-समर्थन मिला, वह विवेकानंद के आह्वान का ही फल था। इस प्रकार वे भारतीय स्वतंत्रता-संग्राम के भी एक प्रमुख प्रेरणा-स्रोत बने।

उनका विश्वास था कि पवित्र भारतवर्ष धर्म एवं दर्शन की पुण्यभूमि है। यहीं बड़े-बड़े महात्माओं तथा ऋषियों का जन्म हुआ, यही संन्यास एवं त्याग की भूमि है तथा यहीं, केवल यहीं आदिकाल से लेकर आज तक मनुष्य के लिए जीवन के सर्वोच्च आदर्श एवं मुक्ति का द्वार खुला हुआ है।

उनके कथन, 'उठो, जागो, स्वयं जगकर औरों को जगाओ। अपने नर-जन्म को सफल करो और तब तक रुको नहीं, जब तक कि लक्ष्य प्राप्त न हो जाए।' पर अमल करके व्यक्ति अपना ही नहीं, सार्वभौमिक कल्याण कर सकता है। यही उनके प्रति हमारी सच्ची श्रद्धांजलि होगी।

प्रस्तुत पुस्तक *'आत्मानुभूति के खुले रहस्य'* में स्वामीजी ने सरल शब्दों में 'स्वात्म' को पहचानने की कला सिखाई है। जो व्यक्ति स्वयं को भलीभाँति पहचान लेता है, उसके जीवन में फिर कभी कोई अभाव नहीं रहता। जीवन के प्रति उसकी सभी जिज्ञासाओं, सवालों का अंत हो जाता है। वह संसार का सबसे संतुष्ट और आनंदित व्यक्ति हो जाता है; विशेष बात यह है कि इसे पाने में गरीब-अमीर का कोई भेद नहीं है।

एक प्रेरक, जीवनोपयोगी और संग्रहणीय पुस्तक।

अनुक्रम

पुस्तक परिचय *5*

1. कर्म-रहस्य 9
2. चरित्र पर कार्मिक प्रभाव 22
3. शीर्ष लक्ष्य प्राप्ति-मार्ग 33
4. भक्ति के सोपान 43
5. भक्ति में प्रतीक 56
6. आत्मविकास का मार्ग 65
7. राजयोग-विद्या का रहस्य 80
8. क्रियात्मक आध्यात्मिकता 94
9. वेदांत दर्शन 109
10. आत्मा का अनंत एकत्व 117
11. नैतिकता की महत्ता 129
12. नीतितत्त्व तथा व्यावहारिक जीवन 141
13. नैतिक अनुशासन का मूलमंत्र 160
14. सत्यमेव जयते नानृतम् 167

स्वामी विवेकानंद : महत्त्वपूर्ण तिथियाँ 174

कर्म-रहस्य

दूसरों की शारीरिक आवश्यकताओं का निवारण करके उनकी भौतिक सहायता करना महान् कर्म अवश्य है, परंतु अभाव की मात्रा जितनी अधिक होती है तथा सहायता जितनी अधिक दूर तक अपना असर कर सकती है, उसी मात्रा में वह उच्चतर होती है। यदि एक मनुष्य के अभाव एक घंटे के लिए हटाए जा सकें, तो यह उससे भी अधिक सहायता है; पर यदि उसके अभाव सदा के लिए दूर कर दिए जाएँ, तो सचमुच वह उसके लिए सबसे अधिक सहायता होगी। केवल आध्यात्मिक ज्ञान ही ऐसा है, जो हमारे दु:खों को सदा के लिए नष्ट कर सकता है; अन्य किसी प्रकार के ज्ञान से आवश्यकताओं की पूर्ति केवल अल्प समय के लिए ही होती है; केवल आध्यात्मिक ज्ञान द्वारा ही हमारे दैन्य-क्लेशों का सदा के लिए अंत हो सकता है। अतएव किसी मनुष्य की आध्यात्मिक सहायता करना ही उसकी सबसे बड़ी सहायता करना है। जो मनुष्य को पारमार्थिक ज्ञान दे सकता है, वही मानव समाज सबसे बड़ा हितैषी है।

हम देखते भी हैं कि जिन व्यक्तियों ने मनुष्य की आध्यात्मिक सहायता की है, वे ही वास्तव में सबसे अधिक शक्ति-संपन्न थे। कारण यह है कि आध्यात्मिकता ही हमारे जीवन के समस्त कृत्यों का सच्चा आधार है। आध्यात्मिक शक्ति-संपन्न पुरुष यदि चाहे तो हर विषय में सक्षम हो सकता है और जब तक मनुष्य में आध्यात्मिक बल नहीं आता, तब तक उसकी भौतिक आवश्यकताएँ भी भलीभाँति तृप्त नहीं हो सकतीं। आध्यात्मिक सहायता से नीचे है—बौद्धिक सहायता। यह ज्ञानदान, भोजन तथा वस्त्र के

दान से कहीं अधिक श्रेष्ठ है, इतना ही नहीं, वरन् प्राणदान से भी उच्च है, क्योंकि ज्ञान ही मनुष्य का प्रकृत जीवन है। अज्ञान ही मृत्यु है और ज्ञान ही जीवन। यदि जीवन अंधकारमय है और अज्ञान तथा क्लेश में बीतता है तो ऐसे जीवन का मूल्य ही बहुत कम है। ज्ञानदान से नीचे है—शारीरिक सहायता। अतएव दूसरों की सहायता का प्रश्न उपस्थित होने पर हमें इस भ्रांत धारणा से सदा बचे रहने का प्रयत्न करना चाहिए कि शारीरिक सहायता ही एकमात्र सहायता है। वास्तव में, शारीरिक सहायता तो सब सहायताओं में केवल अंतिम ही नहीं, वरन् निम्नतम श्रेणी की भी है, क्योंकि इसके द्वारा चिरतृप्ति नहीं हो सकती। भूखे रहने से जो कष्ट होता है, उसका परिहार भोजन कर लेने से ही हो जाता है, परंतु वह भूख पुनः लौट आती है। हमारे क्लेशों का अंत तो केवल तभी हो सकता है, जब हम तृप्त होकर सब प्रकार के अभावों से परे हो जाएँ। तब क्षुधा हमें पीड़ित नहीं कर सकती और न कोई क्लेश अथवा दुःख ही हमें विचलित कर सकता है। अतएव जो सहायता हमें आध्यात्मिक बल देती है, वह सर्वश्रेष्ठ है; उससे नीचे है बौद्धिक सहायता और उसके बाद है शारीरिक सहायता।

केवल शारीरिक सहायता द्वारा ही संसार के दुःखों से छुटकारा नहीं हो सकता। जब तक मनुष्य का स्वभाव ही परिवर्तित नहीं हो जाता, तब तक ये शारीरिक आवश्यकताएँ सदा बनी ही रहेंगी और फलस्वरूप क्लेशों का अनुभव भी सदैव होता रहेगा। कितनी भी शारीरिक सहायता उनका पूर्ण उपचार नहीं कर सकती। इस समस्या का केवल एक ही समाधान है और वह है मानवजाति को पवित्र कर देना। अपने चारों ओर हम जो अशुभ तथा क्लेश देखते हैं, उनका सबका केवल एक ही मूल कारण है—अज्ञान। मनुष्य को ज्ञानलोक दो, उसे पवित्र और आध्यात्मिक बल संपन्न करो और शिक्षित बनाओ, तभी संसार से दुःख का अंत हो पाएगा, अन्यथा नहीं। देश के प्रत्येक घर को हम सदाव्रत में भले ही परिणत कर दें, देश को अस्पतालों से भले ही भर दें, परंतु जब तक मनुष्य का चरित्र परिवर्तित नहीं होता, तब तक दुःख-क्लेश बना ही रहेगा।

भगवद्‌गीता में हम बार-बार पढ़ते हैं कि हमें निरंतर कर्म करते रहना चाहिए, कर्म स्वभावतः ही शुभ-अशुभ से निर्मित होता है। हम ऐसा कोई भी कर्म नहीं कर सकते, जिससे कहीं कुछ शुभ न हो और ऐसा भी कोई कर्म नहीं है, जिससे कहीं-न-कहीं कुछ अशुभ न हो। प्रत्येक कर्म अनिवार्य रूप से गुण-दोष से मिश्रित रहता है, परंतु फिर भी हमें सत्कर्म करते रहने का ही आदेश है। शुभ और अशुभ दोनों के अपने अलग-अलग परिणाम होंगे, वे भी कर्म की उत्पत्ति करेंगे। शुभ कर्मों का फल शुभ और अशुभ कर्मों का फल अशुभ, परंतु शुभ और अशुभ, दोनों ही आत्मा के लिए बंधन स्वरूप हैं। इस संबंध में 'गीता' का कथन है कि यदि हम अपने कर्मों में आसक्त न हों, तो हमारी आत्मा पर किसी प्रकार का बंधन नहीं पड़ सकता। अब हम यह देखेंगे कि 'कर्मों में अनासक्ति' का तात्पर्य क्या है?

'गीता' का केंद्रीय भाव यह है—निरंतर कर्म करते रहो, परंतु उसमें आसक्त मत होओ। संस्कार प्रायः मनुष्य की जन्मजात-प्रवृत्ति होता है। यदि मन को तालाब मान लिया जाए तो उसमें उठनेवाली प्रत्येक लहर, प्रत्येक तरंग जब शांत हो जाती है, तो वास्तव में वह बिल्कुल नष्ट नहीं हो जाती, वरन् चित्त में एक प्रकार का चिह्न छोड़ जाती है तथा ऐसी संभावना का निर्माण कर जाती है, जिससे वह फिर उठ सके। इस चिह्न तथा इस लहर के फिर से उठने की संभावना को मिलाकर हम 'संस्कार' कह सकते हैं। हमारा प्रत्येक कार्य, हमारा प्रत्येक अंग संचालन, हमारा प्रत्येक विचार हमारे चित्त पर इसी प्रकार का एक संस्कार छोड़ जाता है और यद्यपि ये संस्कार ऊपरी दृष्टि से स्पष्ट न हों, तथापि वे अवचेतन रूप से अंदर-ही-अंदर कार्य करने में पर्याप्त समर्थ होते हैं। हम प्रतिक्षण जो कुछ होते हैं, वह संस्कारों के समुदाय द्वारा ही नियमित होता है। मैं इस क्षण जो कुछ हूँ, वह मेरे अतीत जीवन के समस्त संस्कारों का प्रभाव है। यथार्थतः इसे ही चरित्र कहते हैं और प्रत्येक मनुष्य का चरित्र इन संस्कारों की समष्टि द्वारा ही नियमित होता है। यदि शुभ संस्कारों का प्राबल्य रहे, तो मनुष्य का चरित्र अच्छा होता है, यदि अशुभ संस्कारों का, तो बुरा। यदि एक मनुष्य निरंतर बुरे शब्द सुनता

रहे, बुरे कर्म करता रहे, तो उसका मन भी बुरे संस्कारों से पूर्ण हो जाएगा और बिना उसके कारण ही वे संस्कार उसके समस्त विचारों तथा कार्यों पर अपना प्रभाव डालते रहेंगे। वास्तव में ये बुरे संस्कार निरंतर अपना कार्य करते रहते हैं। अतएव बुरे संस्कार संपन्न होने के कारण उस व्यक्ति के कार्य भी बुरे होंगे, वह एक बुरा आदमी बन जाएगा, वह इससे बच नहीं सकता। इन संस्कारों की समष्टि उसमें दुष्कर्म करने की प्रबल प्रवृत्ति उत्पन्न कर देगी। वह इन संस्कारों के हाथ एक यंत्र-सा होकर रह जाएगा, वे उसे बलपूर्वक दुष्कर्म करने के लिए बाध्य करेंगे। इसी प्रकार यदि एक मनुष्य अच्छे विचार रखे और सत्कार्य करे तो उसके इन संस्कारों का प्रभाव भी अच्छा ही होगा तथा उसकी इच्छा न होते हुए भी वे उसे सत्कार्य करने के लिए प्रवृत्त करेंगे। जब मनुष्य इतने सत्कार्य एवं सत्चिंतन कर चुकता है कि उसकी इच्छा न होते हुए भी उसमें सत्कार्य करने की एक अनिवार्य प्रवृत्ति उत्पन्न हो जाती है, तब फिर यदि वह दुष्कर्म करना भी चाहे, तो इन सब संस्कारों की समष्टि उसे ऐसा करने से तुरंत रोक देगी, इतर ही नहीं, वरन् उसके ये संस्कार उसे दुष्कर्मों से विरत कर देंगे। तब वह अपने सत्संस्कारों के हाथ एक कठपुतली जैसा हो जाएगा। जब ऐसी स्थिति हो जाती है, तभी उस मनुष्य का चरित्र स्थिर कहलाता है।

जिस प्रकार कछुआ अपने सिर और पैरों को खोल के अंदर समेट लेता है और तब उसे हम मार ही क्यों न डालें, उसके टुकड़े-टुकड़े ही क्यों न कर डालें, पर वह बाहर नहीं निकलता, इसी प्रकार जिस मनुष्य ने अपने मन एवं इंद्रियों को वश में कर लिया है, उसका चरित्र भी सदैव स्थिर रहता है। वह अपनी आभ्यंतरिक शक्तियों को वश में रखता है और उसकी इच्छा के विरुद्ध संसार की कोई भी वस्तु उसे बहिर्मुख होने के लिए विवश नहीं कर सकती। मन पर इस प्रकार सद्विचारों एवं सुसंस्कारों का निरंतर प्रभाव पड़ते रहने से सत्कार्य करने की प्रवृत्ति प्रबल हो जाती है और इसके फलस्वरूप हम इंद्रियों (कर्मेंद्रिय तथा ज्ञानेंद्रिय) को वशीभूत करने में समर्थ होते हैं। तभी हमारा चरित्र स्थिर होता है, तभी हम सत्यलाभ के अधिकारी हो सकते

हैं। ऐसा ही मनुष्य सदैव सुरक्षित रहता है, उससे किसी प्रकार की बुराई नहीं हो सकती। उसको तुम कैसे भी लोगों के साथ रख दो, उसके लिए कोई खतरा नहीं रहता। इन शुभ संस्कारों से संपन्न होने की अपेक्षा एक और भी अधिक उच्चतर अवस्था है और यह है—मुक्तिलाभ की इच्छा। तुम्हें यह स्मरण रखना चाहिए कि सभी योगों का ध्येय आत्मा की मुक्ति है और प्रत्येक योग समान रूप से उसी ध्येय की ओर ले जाता है। भगवान् बुद्ध ने ध्यान से तथा ईसा ने प्रार्थना द्वारा जिस अवस्था की प्राप्ति की थी, मनुष्य केवल कर्म द्वारा भी उस अवस्था को प्राप्त कर सकता है। बुद्ध ज्ञानी थे और ईसा भक्त, पर वे दोनों एक ही लक्ष्य पर पहुँचे थे। यहाँ कठिनाई है। मुक्ति का अर्थ है, संपूर्ण स्वाधीनता—शुभ और अशुभ, दोनों प्रकार के बंधनों से छुटकारा पा जाना। इसे समझना जरा कठिन है। लोहे की जंजीर भी एक जंजीर है और सोने की जंजीर भी एक जंजीर ही है। यदि हमारी उँगली में एक काँटा चुभ जाए तो उसे निकालने के लिए हम एक दूसरा काँटा काम में लाते हैं, परंतु जब वह निकल जाता है, तो हम दोनों को ही फेंक देते हैं। हमें फिर दूसरे काँटे को रखने की कोई आवश्यकता नहीं रह जाती, क्योंकि दोनों आखिर काँटे ही तो हैं। इसी प्रकार कुसंस्कारों का नाश शुभ संस्कारों द्वारा करना चाहिए और मन के अशुभ विचारों को शुभ विचारों द्वारा दूर करते रहना चाहिए, जब तक कि समस्त अशुभ विचार लगभग नष्ट न हो जाएँ अथवा पराजित न हो जाएँ या वशीभूत होकर कहीं एक कोने में पड़े न रह जाएँ, परंतु उसके उपरांत शुभ संस्कारों पर भी विजय प्राप्त करना आवश्यक है। तभी जो 'आसक्त' था, वह 'अनासक्त' हो जाता है। कर्म करो, अवश्य करो, पर उस कर्म अथवा विचार को अपने मन पर कोई गहरा प्रभाव न डालने दो। लहरें आएँ और जाएँ, मांसपेशियों और मस्तिष्क से बड़े-बड़े कार्य होते रहें, पर वे आत्मा पर किसी प्रकार का गहरा प्रभाव न डाल पाएँ।

अब प्रश्न यह है कि यह कैसे हो सकता है? हम देखते हैं कि हम जिस किसी कर्म से लिप्त हो जाते हैं, उसका संस्कार हमारे मन में रह जाता

है। दिन भर मैं सैकड़ों आदमियों से मिला और उन्हीं में से एक ऐसे व्यक्ति से भी मिला, जिससे मुझे प्रेम है। तब यदि रात को सोते समय में उन लोगों को स्मरण करने का प्रयत्न करूँ, तो देखूँगा कि मेरे सम्मुख केवल उसी व्यक्ति का चेहरा आता है, जिसे मैं प्रेम करता हूँ, भले ही उसे मैंने केवल एक ही मिनट के लिए देखा हो। उसके अतिरिक्त अन्य सब व्यक्ति अंतर्हित हो जाते हैं। ऐसा क्यों? इसलिए कि इस व्यक्ति के प्रति मेरी विशेष आसक्ति ने मेरे मन पर अन्य सभी की अपेक्षा एक अधिक गहरा प्रभाव डाल दिया था। शरीर विज्ञान की दृष्टि से तो सभी व्यक्तियों का प्रभाव एक-सा ही हुआ था। प्रत्येक व्यक्ति का चेहरा नेत्रपट पर उतर आया था और मस्तिष्क में उनके चित्र भी बन गए थे, परंतु फिर भी मन पर इन सबका प्रभाव एक समान नहीं पड़ा। संभवत: अधिकांश व्यक्तियों के चेहरे एकदम नए थे, जिनके बारे में मैंने पहले कभी विचार भी न किया होगा; परंतु वह एक चेहरा, जिसकी मुझे केवल एक झलक ही मिली थी, भीतर तक समा गया! शायद इस चेहरे का चित्र मेरे मन में वर्षों से रहा हो और मैं उसके बारे में सैकड़ों बातें जानता होऊँ, अत: उसकी इस एक झलक ने ही मेरे मन में उन सैकड़ों सोती हुई स्मृतियों को जगा दिया; इसीलिए शेष अन्य सब चेहरों को देखने के समवेत फलस्वरूप मन में जितना संस्कार पड़ा, उसकी अपेक्षा सैकड़ों गुना अधिक इस संस्कार की आवृत्ति होते रहने के कारण मन पर उसका इतना प्रबल प्रभाव पड़ा।

अतएव अनासक्त होओ; कार्य होते रहने दो। मस्तिष्क के केंद्र अपना-अपना कार्य करते रहें; निरंतर कार्य करते रहो, परंतु एक लहर को भी अपने मन पर प्रभाव मत डालने दो। संसार में इस प्रकार कर्म करो, मानो तुम एक विदेशी पथिक हो, पर्यटक हो। कर्म तो निरंतर करते रहो, परंतु अपने को बंधन में मत डालो; बंधन भीषण है। संसार हमारी निवासभूमि नहीं है; यह तो उन सोपानों में से एक है, जिनमें से होकर हम जा रहे हैं। सांख्य दर्शन के उस महावाक्य को मत भूलो, 'समस्त प्रकृति आत्मा के लिए है, आत्मा प्रकृति के लिए नहीं।' प्रकृति के अस्तित्व का प्रयोजन आत्मा की शिक्षा

के निमित्त ही है, इसका और कोई अर्थ नहीं। उसका अस्तित्व इसीलिए है कि आत्मा को ज्ञानलाभ हो तथा ज्ञान द्वारा आत्मा अपने को मुक्त कर ले। यदि हम यह बात निरंतर ध्यान में रखें तो हम प्रकृति में कभी आसक्त न होंगे; हमें यह ज्ञान हो जाएगा कि प्रकृति हमारे लिए एक पुस्तक-सदृश है, जिसका हमें अध्ययन करना है और जब हमें उससे आवश्यक ज्ञान प्राप्त हो जाएगा, तो फिर वह पुस्तक हमारे लिए किसी काम की नहीं रहेगी, परंतु इसके विपरीत हो यह रहा है कि हम अपने को प्रकृति में ही मिला दे रहे हैं; यह सोच रहे हैं कि आत्मा प्रकृति के लिए है, आत्मा शरीर के लिए है और जैसे कि एक कहावत है, हम सोचते हैं, 'मनुष्य खाने के लिए ही जीवित रहता है, न कि जीवित रहने के लिए खाता है' और यह भूल हम निरंतर करते रहते हैं। प्रकृति को ही 'अहम' मानकर हम प्रकृति में आसक्त बने रहते हैं और ज्यों ही इस आसक्ति का प्रादुर्भाव होता है, त्यों ही आत्मा पर प्रबल संस्कार का निर्माण हो जाता है, जो हमें बंधन में डाल देता है और जिसके कारण हम मुक्त भाव से कार्य न करके दास की तरह कार्य करते रहते हैं।

इस शिक्षा का समस्त सार यही है कि तुम्हें एक 'स्वामी' के समान कार्य करना चाहिए, न कि एक 'दास' की तरह। कर्म तो निरंतर करते रहो, परंतु एक दास के समान मत करो। सब लोग किस प्रकार कर्म कर रहे हैं, क्या यह तुम नहीं देखते? इच्छा होने पर भी कोई आराम नहीं ले सकता। निन्यान्वे प्रतिशत लोग तो दासों की तरह कार्य करते रहते हैं और उसका फल होता है दुःख; ये सब कार्य स्वार्थपूर्ण होते हैं। मुक्त भाव से कर्म करो। प्रेमसहित कर्म करो। 'प्रेम' शब्द का यथार्थ अर्थ समझना बहुत कठिन है। बिना स्वाधीनता के प्रेम आ ही नहीं सकता। दास में सच्चा प्रेम होना संभव नहीं। यदि तुम एक गुलाम मोल ले लो और जंजीरों से बाँधकर उससे अपने लिए काम कराओ, तो वह कष्ट उठाकर किसी प्रकार काम करेगा अवश्य, पर उसमें किसी प्रकार का प्रेम नहीं रहेगा। इसी तरह जब हम संसार के लिए दासवत् कर्म करते हैं, तो उसके प्रति हमारा प्रेम नहीं रहता, इसलिए वह सच्चा कर्म नहीं हो सकता। हम अपने बंधु-बांधवों के लिए जो कर्म करते

हैं, यहाँ तक कि हम अपने स्वयं के लिए भी जो कर्म करते हैं, उसके बारे में भी ठीक यही बात है। स्वार्थ के लिए किया गया कार्य दास का कार्य है।

कोई कार्य स्वार्थ के लिए है अथवा नहीं, इसकी पहचान यह है कि प्रेम के साथ किया हुआ प्रत्येक कार्य आनंददायक होता है। सच्चे प्रेम के साथ किया हुआ कोई भी कार्य ऐसा नहीं है, जिसके फलस्वरूप शांति और आनंद न प्राप्त हो। यथार्थ सत्, यथार्थ ज्ञान और यथार्थ प्रेम—ये तीनों सदा के लिए परस्पर संबद्ध हैं। वस्तुतः ये एक ही में तीन हैं। जहाँ एक रहता है, वहाँ शेष दो भी अवश्य रहते हैं, वे उस अद्वितीय सच्चिदानंद के ही तीन पक्ष हैं। जब यह सत्ता सापेक्ष रूप में प्रतीत होती है, तो हम उसे विश्व के रूप में देखते हैं। वह ज्ञान भी सांसारिक वस्तु-विषयक ज्ञान के रूप में परिणत हो जाता है तथा वह आनंद मानव हृदय में विद्यमान समस्त यथार्थ प्रेम की नींव हो जाता है। अतएव सच्चे प्रेम से प्रेमी अथवा उसके प्रेममात्र को कभी कष्ट नहीं पहुँच सकता। उदाहरणार्थ, मान लो एक पुरुष किसी स्त्री से प्रेम करता है। वह चाहता है कि वह स्त्री केवल उसी के पास रहे, अन्य पुरुषों के प्रति उस स्त्री के प्रत्येक व्यवहार में उसमें ईर्ष्या का उद्रेक होता है। वह चाहता है कि वह स्त्री उसी के पास बैठे, उसी के पास खड़ी रहे तथा उसी की इच्छानुसार खाए-पिए और चले-फिरे। वह स्वयं उस स्त्री का गुलाम हो गया है और चाहता है कि वह स्त्री भी उसकी गुलाम होकर रहे। यह तो प्रेम नहीं है। यह तो गुलामी का एक प्रकार का विकृत भाव है, जो ऊपर से प्रेम जैसा दिखाई देता है। यह प्रेम नहीं हो सकता, क्योंकि यह क्लेशदायक है; यदि वह स्त्री उस मनुष्य की इच्छानुसार न चले, तो उस मनुष्य को कष्ट होता है।

वास्तव में सच्चे प्रेम की प्रतिक्रिया दुःखप्रद तो होती ही नहीं। उससे तो केवल आनंद ही होता है और यदि उसमें ऐसा न होता हो, तो समझ लेना चाहिए कि वह प्रेम नहीं है, बल्कि वह और ही कोई चीज है, जिसे हम भ्रमवश प्रेम कहते हैं। जब तुम अपने पति, अपनी स्त्री, अपने बच्चों, यहाँ तक कि समस्त विश्व को इस प्रकार प्रेम करने में सफल हो सको कि

जिससे किसी भी प्रकार दुःख, ईर्ष्या अथवा स्वार्थरूपी कोई प्रतिक्रिया न हो, केवल तभी तुम सम्यक् रूप से अनासक्त होने की अवस्था में पहुँच सकोगे।

श्रीकृष्ण अर्जुन से कहते हैं, "हे अर्जुन! यदि मैं कर्म करने से एक क्षण के लिए भी रुक जाऊँ, तो सारा विश्व ही नष्ट हो जाए, मुझे कर्म से किसी भी प्रकार का लाभ नहीं; मैं ही जगत् का एकमात्र प्रभु हूँ। फिर भी मैं कर्म क्यों करता हूँ? इसलिए कि मुझे संसार से प्रेम है।" ईश्वर अनासक्त हैं। क्यों? इसलिए कि वे सच्चे प्रेमी हैं। उस सच्चे प्रेम से ही हम अनासक्त हो सकते हैं। जहाँ कहीं सांसारिक वस्तुओं के प्रति आसक्ति है, वहाँ जान लेना चाहिए कि वह केवल भौतिक आकर्षण है, केवल कुछ जड़ कणों का दूसरे कुछ जड़ कणों के प्रति आकर्षण हो रहा है, मानो कोई एक चीज दो वस्तुओं को लगातार खींचे ला रही है और यदि वे दोनों वस्तुएँ काफी निकट नहीं आ सकतीं, तो फिर कष्ट उत्पन्न होता है, परंतु जहाँ 'सच्चा' प्रेम है, वहाँ भौतिक आकर्षण बिल्कुल नहीं रहता। ऐसे प्रेमी चाहे सहस्रों योजन दूरी पर क्यों न रहें, उनका प्रेम सदैव वैसा ही रहता है, वह प्रेम कभी नष्ट नहीं होता, उससे कोई क्लेशदायक प्रतिक्रिया नहीं होती।

इस प्रकार की अनासक्ति प्राप्त करना लगभग सारे जीवन भर का कार्य है, परंतु इसका लाभ होते ही हमें अपनी प्रेमसाधना का लक्ष्य प्राप्त हो जाता है और हम मुक्त हो जाते हैं। तब हम प्रकृति के बंधन से छूट जाते हैं और उसके असली स्वरूप को जान लेते हैं। फिर वह हमें बंधन में नहीं डाल सकती, तब हम बिल्कुल स्वाधीन हो जाते हैं और कर्म के फलाफल की ओर ध्यान ही नहीं देते। फिर कौन परवाह करता हैं कि कर्मफल क्या होगा?

अपने बच्चों को तुम जो देते हो, तो क्या उसके बदले में उनसे कुछ माँगते हो? यह तो तुम्हारा कर्तव्य है कि तुम उनके लिए काम करो और बस, वहीं पर बात समाप्त हो जाती है। इसी प्रकार किसी दूसरे पुरुष, किसी नगर अथवा देश के लिए तुम जो कुछ करो, उसके प्रति भी वैसा ही भाव रखो; उनसे किसी प्रकार के प्रतिदान की आशा न रखो। यदि तुम सदैव ऐसा ही भाव रख सको कि तुम केवल दाता ही हो, जो कुछ तुम देते हो,

उससे तुम किसी प्रकार के प्रतिदान की आशा नहीं रखते, तो उस कर्म से तुम्हें किसी प्रकार की आसक्ति नहीं होगी। आसक्ति तभी आती है, जब हम प्रतिदान की आशा रखते हैं।

यदि दासवत् कार्य से स्वार्थपरता और आसक्ति उत्पन्न होती है तो अपने मन का स्वामी बनकर कार्य करने से अनासक्ति से उत्पन्न आनंद का लाभ होता है। हम बहुधा अधिकार और न्याय की बातें किया करते हैं, परंतु वे सब केवल बच्चों की बातों के समान हैं। मनुष्य के चरित्र का नियमन करनेवाली दो चीजें होती हैं—बल और दया। बल का प्रयोग करना सदैव स्वार्थवश ही होता है। बहुधा सभी स्त्री-पुरुष अपनी शक्ति एवं सुविधा का यथासंभव उपभोग करने का प्रयत्न करते हैं। दया दैवीय संपत्ति है। भले बनने के लिए हमें दयायुक्त होना चाहिए, यहाँ तक कि न्याय और अधिकार भी दया पर ही प्रतिष्ठित होने चाहिए, कर्मफल की लालसा तो हमारी आध्यात्मिक उन्नति के मार्ग में बाधक है; इतना ही नहीं, अंत में उससे क्लेश भी उत्पन्न होता है। दया और निस्स्वार्थता को कार्यरूप में परिणत करने का एक और उपाय है और वह है—कर्मों को उपासनारूप मानना, यदि हम सगुण ईश्वर में विश्वास रखते हों। यहाँ हम अपने समस्त कर्मों के फल ईश्वर को समर्पित कर देते हैं और इस प्रकार उसकी उपासना करते हुए हमें इस बात का कोई अधिकार नहीं रह जाता कि हम अपने किए हुए कर्मों के प्रतिदान में मानव-जाति से कुछ अपेक्षा करें। प्रभु स्वयं निरंतर कार्य करता रहता है और वह सारी आसक्ति से परे है। जिस प्रकार जल कमल के पत्ते को नहीं भिगो सकता, उसी प्रकार कोई भी कर्म फलासक्ति उत्पन्न करके निस्स्वार्थ पुरुष को बंधन में नहीं डाल सकता। अहंशून्य और अनासक्त पुरुष किसी जनपूर्ण और पापपूर्ण नगर के बीच ही क्यों न रहे, पर पाप उसे स्पर्श तक न कर सकेगा।

यह कथा संपूर्ण स्वार्थत्याग का एक दृष्टांत है—कुरुक्षेत्र के युद्ध के बाद पाँचों पांडवों ने एक बड़ा भारी यज्ञ किया। उसमें निर्धनों को बहुत सा दान दिया गया। सभी लोगों ने उस यज्ञ की महत्ता एवं ऐश्वर्य पर आश्चर्य

प्रकट किया और कहा कि ऐसा यज्ञ संसार में इसके पहले कभी नहीं हुआ था। यज्ञ के बाद उस स्थान पर एक छोटा सा नेवला आया। नेवले का आधा शरीर सुनहला और शेष आधा भूरा था। वह नेवला यज्ञभूमि की मिट्टी पर लोटने लगा। थोड़ी देर बाद उसने दर्शकों से कहा, "तुम सब झूठे हो। यह कोई यज्ञ नहीं है।" लोगों ने कहा, "क्या, तुम कहते क्या हो? यह कोई यज्ञ नहीं है? तुम जानते हो इस यज्ञ में कितना धन खर्च हुआ है, गरीबों को कितने हीरे-जवाहरात बाँटे गए हैं, जिससे वे सब-के-सब धनी और खुशहाल हो गए हैं? यह तो इतना बड़ा यज्ञ था कि ऐसा शायद ही किसी मनुष्य ने किया हो।" परंतु नेवले ने कहा, "सुनो, एक छोटे से गाँव में एक निर्धन ब्राह्मण रहता था, साथ थी उसकी स्त्री, पुत्र और पुत्रवधू। वे लोग बड़े गरीब थे। पूजा-पाठ से उन्हें जो कुछ मिलता, उसी पर उनका निर्वाह होता था। एक बार उस गाँव में तीन साल तक अकाल पड़ा, जिससे उस बेचारे ब्राह्मण के दु:ख-कष्ट की पराकाष्ठा हो गई। एक बार तो सारे कुटुंब को पाँच दिन तक उपवास करना पड़ा। छठे दिन वह ब्राह्मण भाग्यवश थोड़ा सा जौ का आटा ले आया। उस आटे के चार भाग परिवार के चारों सदस्यों के लिए किए गए। उन्होंने उसकी रोटी बनाई और ज्यों ही वे उसे खाने बैठे, किसी ने दरवाजा खटखटाया। पिता ने उठकर दरवाजा खोला, तो देखा कि बाहर एक अतिथि खड़ा है। भारत में अतिथि बड़ा पवित्र माना जाता है। वह तो उस समय के लिए 'नारायण' ही समझा जाता है और उसके साथ तद्रूप व्यवहार भी किया जाता है। अतएव उस गरीब ब्राह्मण ने कहा, 'महाराज, पधारिए, आपका स्वागत है।' और उसने अतिथि के सामने अपना भाग रख दिया। अतिथि उसे जल्दी ही खा गया और बोला, 'अरे, आपने तो मुझे भूखा ही मार डाला। मैं दस दिन का भूखा हूँ और रोटी के इस छोटे से टुकड़े ने तो मेरी भूख और भी बढ़ा दी।' तब पत्नी ने अपने पति से कहा, 'आप मेरा भी भाग दे दीजिए।' पति ने कहा, 'नहीं, ऐसा नहीं होगा।' परंतु पत्नी अपनी बात पर अड़ी रही और कहा, 'यह बेचारा गरीब भूखा है, हमारे यहाँ आया है। गृहस्थ की हैसियत से हमारा यह धर्म है कि हम उसे भोजन कराएँ; यह

देखकर कि आप उसे अधिक नहीं दे सकते, पत्नी के नाते मेरा यह कर्तव्य है कि मैं उसे अपना भी भाग दे दूँ।'

ऐसा कह उसने भी अपना भाग अतिथि को दे दिया। अतिथि ने वह भी खा लिया और कहा, 'मैं तो भूख से अभी भी जल रहा हूँ।' तब लड़के ने कहा, 'आप मेरा भाग भी ले लीजिए, क्योंकि पुत्र का यह धर्म है कि वह पिता के कर्तव्यों को पूरा करने में उन्हें सहायता दे।' अतिथि ने वह भी खा लिया, परंतु फिर भी उसे तृप्ति नहीं हुई। अतएव बहू ने भी उसे अपना भाग दे दिया। अब वह पर्याप्त हो गया और अतिथि ने उनको आशीर्वाद दे विदा ली। उसी रात वे चारों बेचारे भूख से पीड़ित होकर मर गए। उस आटे के कुछ कण इधर-उधर जमीन पर बिखर गए थे और जब मैंने उस पर लोट लगाई, तो मेरा आधा शरीर सुनहला हो गया, जैसा कि तुम अभी देख ही रहे हो। उस समय से मैं संसार भर में भ्रमण कर रहा हूँ और चाहता हूँ कि किसी दूसरी जगह भी मुझे ऐसा ही यज्ञ देखने को मिले; परंतु ऐसा यज्ञ मुझे कहीं देखने को नहीं मिला। मेरा शेष आधा शरीर किसी दूसरी जगह सुनहला न हो सका। इसीलिए तो कहता हूँ कि यह कोई यज्ञ नहीं है।"

दान का यह भाव भारत से धीरे-धीरे लुप्त होता जा रहा है; महापुरुषों की संख्या धीरे-धीरे कम होती जा रही है। जब बचपन में मैंने अंग्रेजी पढ़ना आरंभ किया था, उस समय मैंने एक अंग्रेजी की कहानी की पुस्तक पढ़ी, जिसमें एक ऐसे कर्तव्यपरायण बालक का वर्णन था, जिसने काम करके जो कुछ उपार्जन किया था, उसका कुछ भाग अपनी वृद्ध माता को दे दिया था। उस बालक के उस कृत्य की प्रशंसा पुस्तक के तीन-चार पृष्ठों में गाई गई थी, परंतु इसमें कौन सा असाधारणत्व है? कोई भी हिंदू बालक उस कहानी की नैतिकता को नहीं समझ सकता और मुझे भी उसका महत्त्व आज ही समझ में आ रहा है, जब मैं इस पश्चिमी रिवाज को सुनता तथा देखता हूँ कि यहाँ प्रत्येक मनुष्य अपने-अपने लिए ही है। इस देश में ऐसे भी लोग अनेक हैं।

अब तुमने देखा, कर्मयोग का अर्थ क्या है? उसका अर्थ है—मौत के

मुँह में भी जाकर बिना तर्क-वितर्क किए सबकी सहायता करना। भले ही तुम लाखों बार ठगे जाओ, पर मुँह से एक बात तक न निकालो और तुम जो कुछ भले कार्य कर रहे हो, उनके संबंध में सोचो तक नहीं। निर्धन के प्रति किए गए उपकार पर गर्व मत करो और न उससे कृतज्ञता की ही आशा रखो, बल्कि उल्टे तुम्हीं उसके कृतज्ञ होओ—यह सोचकर कि उसने तुम्हें दान देने का एक अवसर दिया है। अतएव यह स्पष्ट है कि एक आदर्श संन्यासी होने की अपेक्षा एक आदर्श गृहस्थ होना अधिक कठिन है। यथार्थ कर्ममय जीवन यथार्थ त्यागमय जीवन की अपेक्षा यदि अधिक कठिन नहीं, तो कम-से-कम उसके बराबर कठिन तो अवश्य है।

□

2

चरित्र पर कार्मिक प्रभाव

मानवजाति का चरम लक्ष्य ज्ञानलाभ है। प्राच्य दर्शनशास्त्र हमारे सम्मुख एकमात्र यही लक्ष्य रखता है। मनुष्य का अंतिम लक्ष्य सुख नहीं, वरन् ज्ञान है; सुख और आनंद का तो एक-न-एक दिन अंत हो ही जाता है, अतः सुख को चरम लक्ष्य मान लेना भूल है। संसार में सब दुःखों का मूल यही है कि मनुष्य अज्ञानवश सुख को ही अपना लक्ष्य समझ लेता है, पर कुछ समय के बाद मनुष्य को यह बोध होता है कि जिसकी ओर वह जा रहा है, वह सुख नहीं वरन् ज्ञान है तथा सुख और दुःख, दोनों ही महान् शिक्षक हैं और जितनी शिक्षा उसे शुभ से मिलती है, उतनी ही अशुभ से भी। सुख और दुःख ज्यों-ज्यों आत्मा के सम्मुख होकर जाते हैं, त्यों-त्यों वे उसके ऊपर अनेक प्रकार के चित्र अंकित करते जाते हैं और इन चित्रों या संस्कारों की समष्टि के फल को ही 'चरित्र' कहा जाता है। यदि तुम किसी मनुष्य का चरित्र देखो, तो प्रतीत होगा कि वास्तव में वह उसकी मानसिक प्रवृत्तियों एवं मानसिक झुकाव की समष्टि है। तुम यह भी देखोगे कि उसके चरित्र-गठन में सुख और दुःख, दोनों ही समान रूप से उपादान स्वरूप हैं। चरित्र को एक विशिष्ट ढाँचे में ढालने में शुभ और अशुभ, दोनों का समान अंश रहता है और कभी-कभी तो दुःख-सुख से भी बड़ा शिक्षक हो जाता है। यदि हम संसार के महापुरुषों के चरित्र का अध्ययन करें, तो मैं कह सकता हूँ कि अधिकांश महापुरुषों में हम यही देखेंगे कि सुख की अपेक्षा दुःख ने तथा संपत्ति की अपेक्षा निर्धनता ने ही उन्हें अधिक शिक्षा दी है एवं प्रशंसा की अपेक्षा आघातों

ने ही उनकी अंत:स्थ ज्ञानाग्नि को अधिक प्रस्फुरित किया है।

अब यह ज्ञान मनुष्य में अंतनिर्हित है। कोई भी ज्ञान बाहर से नहीं आता, सब अंदर ही है। हम जो कहते हैं कि मनुष्य 'जानता' है, उसे ठीक-ठीक मनोवैज्ञानिक भाषा में व्यक्त करने पर हमें कहना चाहिए कि वह 'आविष्कार करता' है। मनुष्य जो कुछ 'सीखता' है, वह वास्तव में 'आविष्कार करना' ही है। 'आविष्कार' का अर्थ है—मनुष्य का अपनी अनंत ज्ञानस्वरूप आत्मा के ऊपर से आवरण को हटा लेना।

हम कहते हैं कि न्यूटन ने गुरुत्वाकर्षण आविष्कार किया तो क्या वह आविष्कार कहीं एक कोने में बैठा हुआ न्यूटन की प्रतीक्षा कर रहा था? नहीं, वह उसके मन में ही था। जब समय आया तो उसने उसे ढूँढ़ निकाला। संसार ने जो कुछ ज्ञानलाभ किया है, वह मन से ही निकला है। विश्व का असीम पुस्तकालय तुम्हारे मन में ही विद्यमान है। बाह्य जगत् तो तुम्हें अपने मन के अध्ययन में लगाने के लिए उद्दीपक तथा सहायक मात्र है; परंतु प्रत्येक समय तुम्हारे अध्ययन का विषय तुम्हारा मन ही रहता है। सेब का गिरना न्यूटन के लिए उद्दीपक का कारणस्वरूप हुआ और उसने अपने मन का अध्ययन किया। उसने अपने मन में पूर्व से स्थित विचार-शृंखला की कड़ियों को एक बार फिर से व्यवस्थित किया तथा उनमें एक नई कड़ी का आविष्कार किया। उसी को हम गुरुत्वाकर्षण का नियम कहते हैं। यह न तो सेब में था और न पृथ्वी के केंद्र में स्थित किसी अन्य वस्तु में ही।

अतएव समस्त ज्ञान, चाहे वह व्यावहारिक हो अथवा पारमार्थिक, मनुष्य के मन में ही निहित है। बहुधा यह प्रकाशित न होकर ढका रहता है और जब आवरण धीरे-धीरे हटता जाता है, तो हम कहते हैं कि 'हमें ज्ञान हो रहा है'। ज्यों-ज्यों आविष्करण की क्रिया बढ़ती जाती है, त्यों-त्यों हमारे ज्ञान की वृद्धि होती जाती है। जिस मनुष्य पर से यह आवरण उठता जा रहा है, वह अन्य व्यक्तियों की अपेक्षा अधिक ज्ञानी है और जिस मनुष्य पर यह आवरण तह-पर-तह पड़ा है, वह अज्ञानी है। जिस मनुष्य पर से यह आवरण बिल्कुल चला जाता है, वह सर्वज्ञ पुरुष कहलाता है।

अतीत में कितने ही सर्वज्ञ हो चुके हैं और मेरा विश्वास है कि अब भी बहुत से होंगे तथा आगामी युगों में भी ऐसे असंख्य जन्म लेंगे। जिस प्रकार एक चकमक पत्थर के टुकड़े में अग्नि निहित रहती है, उसी प्रकार मनुष्य के मन में ज्ञान रहता है। उद्दीपक कारण, घर्षण का कार्य कर उस ज्ञानाग्नि को प्रकाशित कर देता है। ठीक ऐसा ही हमारी समस्त भावनाओं और कार्यों के संबंध में भी है। यदि हम शांत होकर स्वयं का अध्ययन करें, तो प्रतीत होगा कि हमारा हँसना-रोना, सुख-दुःख, हर्ष-विषाद, हमारी शुभकामनाएँ, शाप, स्तुति और निंदा, ये सब हमारे मन के ऊपर बहिर्जगत् के अनेक घात-प्रतिघातों के फलस्वरूप उत्पन्न हुए हैं और हम जो वर्तमान चरित्र हैं, वह इसी का फल है। ये सब घात-प्रतिघात मिलकर 'कर्म' कहलाते हैं। आत्मा की आभ्यंतरिक अग्नि तथा शक्ति एवं ज्ञान को बाहर प्रकट करने के लिए मानसिक अथवा भौतिक घात उस पर पहुँचाए जाते हैं, वे 'कर्म' हैं। यहाँ 'कर्म' शब्द का उपयोग व्यापक रूप में किया गया है। इस प्रकार हम सब प्रतिक्षण ही कर्म करते रहते हैं। मैं तुमसे बातचीत कर रहा हूँ—यह कर्म है; तुम सुन रहे हो—यह भी कर्म है; हमारा साँस लेना, चलना आदि भी कर्म है; जो कुछ हम करते हैं, वह शारीरिक हो अथवा मानसिक, सब कर्म ही है और हमारे ऊपर वह अपने चिह्न अंकित कर जाता है।

कुछ कार्य ऐसे भी होते हैं, जो मानो अनेक छोटे-छोटे कर्मों की समष्टि होते हैं। उदाहरणार्थ, यदि हम समुद्र के किनारे खड़े हों और लहरों को किनारे से टकराते हुए सुनें, तो ऐसा मालूम होता है कि एक बड़ी भारी आवाज हो रही है, परंतु हम जानते हैं कि एक बड़ी लहर असंख्य छोटी-छोटी लहरों से बनी है और यद्यपि प्रत्येक छोटी लहर अपना शब्द करती है, परंतु फिर भी वह हमें सुनाई नहीं पड़ता, पर ज्यों ही ये शब्द आपस में मिलकर एक हो जाते हैं, त्यों ही हमें बड़ी आवाज सुनाई देती है। इसी प्रकार हृदय की प्रत्येक धड़कन भी एक कार्य है। कई कार्य ऐसे होते हैं, जिनका हम अनुभव करते हैं, वे हमें इंद्रियग्राह्य हो जाते हैं, पर साथ ही वे अनेक छोटे-छोटे कार्यों की समष्टि होते हैं। यदि तुम सचमुच किसी मनुष्य के चरित्र को जाँचना चाहते हो, तो उसके

बड़े कार्यों पर से उसकी जाँच मत करो। एक मूर्ख भी किसी विशेष अवसर पर बहादुर बन जाता है। मनुष्य के अत्यंत साधारण कार्यों की जाँच करो और असल में वे ही ऐसी बातें हैं, जिनसे तुम्हें एक महान् पुरुष के वास्तविक चरित्र का पता लग सकता है। आकस्मिक अवसर तो छोटे-से-छोटे मनुष्य को भी किसी-न-किसी प्रकार का बड़प्पन दे देते हैं, परंतु वास्तव में महान् तो वही है, जिसका चरित्र सदैव और सब अवस्थाओं में महान् तथा समान रहता है।

मनुष्य का जिन सब शक्तियों के साथ संबंध होता है, उनमें से कर्म की शक्ति सबसे अधिक प्रबल होती है, जो मनुष्य के चरित्र गठन पर प्रभाव डालती है। मनुष्य तो मानो एक प्रकार का केंद्र है और वह संसार की समस्त शक्तियों को अपनी ओर खींच रहा है, इस केंद्र में उन सारी शक्तियों को आपस में मिलाकर उन्हें फिर एक बड़ी तरंग के रूप में बाहर भेज रहा है। यह केंद्र ही 'प्रकृत मानव'—आत्मा है; यह सर्वशक्तिमान तथा सर्वज्ञ है और समस्त विश्व को अपनी ओर खींच रहा है। शुभ-अशुभ, सुख-दुःख सब उसकी ओर दौड़े जा रहे हैं और जाकर उसके चारों ओर मानो लिपटे जा रहे हैं और वह उन सबमें से प्रवृत्ति की उस प्रबल धारा को बनाता है, जिसे 'चरित्र' कहते हैं और उसे बाहर भेजता है। जिस प्रकार किसी चीज को अपनी ओर खींच लेने की उसमें शक्ति है, उसी प्रकार उसे बाहर भेजने की शक्ति भी उसमें है।

संसार में हम जो सब कार्यकलाप देखते हैं, मानवसमाज में जो सब गति हो रही है, हमारे चारों ओर जो कुछ हो रहा है, वह सब मन की ही अभिव्यक्ति है—मनुष्य की इच्छाशक्ति का ही प्रकाश है। अनेक प्रकार के यंत्र, नगर, जहाज, युद्धपोत आदि सभी मनुष्य की इच्छाशक्ति के विकास मात्र हैं। मनुष्य की यह इच्छाशक्ति चरित्र से उत्पन्न होती है और वह चरित्र कर्मों से गठित होता है। अतएव जैसा कर्म होता है, इच्छाशक्ति की अभिव्यक्ति भी वैसी ही होती है।

संसार में प्रबल इच्छाशक्ति-संपन्न जितने महापुरुष हुए हैं, वे सभी धुरंधर कर्मी, दिग्गज व्यक्ति थे। उनकी इच्छाशक्ति ऐसी जबरदस्त थी कि वे

संसार को भी उलट-पुलट कर सकते थे और यह शक्ति उन्हें युग-युगांतर तक निरंतर कर्म करते रहने से प्राप्त हुई थी। बुद्ध या ईसा मसीह में जैसी प्रबल इच्छाशक्ति थी, वह एक जन्म में प्राप्त नहीं की जा सकती और उसे हम आनुवंशिक संक्रमण भी नहीं कह सकते, क्योंकि हमें ज्ञात है कि उनके पिता कौन थे। हम नहीं समझ सकते कि उनके पिता के मुँह से मनुष्य जाति के कल्याण के लिए शायद कभी एक शब्द भी निकला हो। जोसेफ (ईसा मसीह के पिता) के समान तो लाखों और करोड़ों बढ़ई हो गए और आज भी हैं; बुद्ध के पिता के सदृश लाखों छोटे-छोटे राजा हो चुके हैं। अतः यदि यह बात केवल आनुवंशिक संक्रमण के ही कारण हुई हो, तो इसकी व्याख्या कैसे कर सकते हो कि इस छोटे से राजा ने, जिसकी आज्ञा का पालन शायद उसके स्वयं के नौकर भी नहीं करते थे, एक ऐसा पुत्र उत्पन्न किया, जिसकी उपासना लगभग आधा संसार करता है? इसी प्रकार जोसेफ नामक बढ़ई तथा संसार के लाखों लोगों द्वारा ईश्वर के समान पूजे जानेवाले उसके पुत्र के बीच जो अंतर है, उसकी क्या व्याख्या हो सकती है? आनुवंशिक संक्रमण के सिद्धांत द्वारा तो इसका स्पष्टीकरण नहीं हो सकता। बुद्ध और ईसा इस संसार में जिस महान् संकल्पशक्ति का संचार कर गए, वह कहाँ से आई, इतनी शक्ति का संचय कैसे हुआ? अवश्य ही वह युग-युगांतरों से उस स्थान में रही होगी और क्रमशः बढ़ते-बढ़ते अंत में बुद्ध तथा ईसा के रूप में उसका विस्फोट समाज पर हुआ और तब से वह आज तक प्रवाहित हो रही है।

यह सब 'कर्म' द्वारा ही निर्धारित होता है। यह सनातन नियम है कि जब तक कोई मनुष्य किसी वस्तु का उपार्जन न करे, तब तक वह उसे प्राप्त नहीं हो सकती। संभव है, कभी-कभी हम इस बात को न मानें, परंतु आगे चलकर हमें इसका दृढ़ विश्वास हो जाता है। एक मनुष्य चाहे जीवन भर धनी होने के लिए एड़ी-चोटी का पसीना एक करता रहे, हजारों मनुष्यों को धोखा दे, परंतु अंत में वह देखता है कि वह संपत्तिशाली होने का अधिकारी नहीं था, तब जीवन उसके लिए दुःखमय और दूभर हो उठता है। हम अपने भौतिक सुखों के लिए भिन्न-भिन्न चीजों को भले ही इकट्ठा करते जाएँ, परंतु वास्तव

में जिसका उपार्जन हम अपने कर्मों द्वारा करते हैं, वही हमारा होता है। एक मूर्ख संसार भर की सारी पुस्तकें मोल लेकर भले ही अपने पुस्तकालय में रख ले, पर वह केवल उन्हीं को पढ़ सकेगा, जिनको पढ़ने का वह अधिकारी होगा और यह अधिकार कर्म द्वारा ही प्राप्त होता है। हम किसके अधिकारी हैं, हम अपने भीतर क्या-क्या ग्रहण कर सकते हैं, इस सबका निर्णय कर्म द्वारा ही होता है। अपनी वर्तमान अवस्था के जिम्मेदार हम हैं और जो कुछ हम होना चाहें, उसकी शक्ति भी हमीं में है। यदि हमारी वर्तमान अवस्था हमारे ही पूर्व कर्मों का फल है, तो यह निश्चित है कि जो कुछ हम भविष्य में होना चाहते हैं; वह हमारे वर्तमान कर्मों द्वारा ही निर्धारित किया जा सकता है। अतएव हमें यह जान लेना आवश्यक है कि कर्म किस प्रकार किए जाएँ। संभव है, तुम कहो, "कर्म करने की शैली जानने से क्या लाभ? संसार में प्रत्येक मनुष्य किसी-न-किसी प्रकार से तो काम करता ही रहता है।" परंतु यह भी ध्यान रखना चाहिए कि शक्तियों का निरर्थक क्षय भी कोई चीज होती है। कर्मानुष्ठान की विधि ठीक-ठीक जानने से मनुष्य को श्रेष्ठतम फल प्राप्त हो सकता है। यह स्मरण रखना चाहिए कि समस्त कर्मों का उद्देश्य है, मन के भीतर पहले से ही स्थित शक्ति को प्रकट कर देना—'आत्मा' को जाग्रत् कर देना। प्रत्येक मनुष्य के भीतर सभी शक्तियाँ और पूर्ण ज्ञान विद्यमान है। भिन्न-भिन्न कर्म इन महान् शक्तियों को जाग्रत् करने तथा बाहर प्रकट कर देने के लिए आघात सदृश हैं।

मनुष्य विविध प्रेरणाओं से कार्य करता है, क्योंकि बिना प्रेरणा या हेतु से कार्य हो ही नहीं सकता। कुछ लोग यश चाहते हैं और यश के लिए काम करते हैं। दूसरे पैसा चाहते हैं और पैसे के लिए काम करते हैं। फिर कोई अधिकार प्राप्त करना चाहते हैं और अधिकार के लिए काम करते हैं। कुछ और स्वर्ग पाना चाहते हैं और वे उसी के लिएं प्रयत्न करते हैं।

प्रत्येक देश में कुछ ऐसे नररत्न होते हैं, जो केवल कर्म के लिए ही कर्म करते हैं। वे नाम, यश अथवा स्वर्ग की भी परवाह नहीं करते। वे केवल इसलिए कर्म करते हैं कि उससे कुछ कल्याण होगा। कुछ लोग ऐसे भी होते

हैं, जो और भी उच्चतर उद्देश्य लेकर गरीबों के प्रति भलाई तथा मनुष्य जाति की सहायता करने के लिए अग्रसर होते हैं, क्योंकि वे भलाई में विश्वास करते हैं और उससे प्रेम करते हैं। देखा जाता है कि नाम तथा यश के लिए किया गया कार्य बहुधा शीघ्र फलित नहीं होता। ये चीजें तो हमें उस समय प्राप्त होती हैं, जब हम वृद्ध हो जाते हैं और जिंदगी की आखिरी घड़ियाँ गिनते रहते हैं। यदि कोई मनुष्य निस्स्वार्थ भाव से कार्य करे, तो क्या उसे कोई फलप्राप्ति नहीं होती? असल में तभी तो उसे सर्वोच्च फल की प्राप्ति होती है और सच पूछा जाए तो निस्स्वार्थता अधिक फलदायी है, पर लोगों में इसका अभ्यास करने का धैर्य नहीं होता। स्वास्थ्य की दृष्टि से भी यह अधिक लाभदायक है।

प्रेम, सत्य तथा निस्स्वार्थता नैतिकता संबंधी आलंकारिक वर्णन मात्र नहीं हैं, वे तो हमारे सर्वोच्च आदर्श हैं, क्योंकि वे शक्ति की महान् अभिव्यक्ति हैं। पहली बात यह है कि यदि कोई मनुष्य पाँच दिन, उतना क्यों, पाँच मिनट भी बिना भविष्य का चिंतन किए, बिना स्वर्ग-नरक या अन्य किसी के संबंध में सोचे, निस्स्वार्थता से काम कर सकता है, तो उसमें एक महान् नीतिमान व्यक्ति बन सकने की क्षमता है। यद्यपि इसे कार्यरूप में परिणत करना कठिन है, फिर भी अपने हृदय के अंतःस्थल से हम इसका महत्त्व समझते हैं और जानते हैं कि इससे क्या मंगल होता है? यह प्रचंड निग्रह, शक्ति की महत्तम अभिव्यक्ति है। अन्य सब बहिर्मुखी कर्मों की अपेक्षा इस आत्मसंयम में शक्ति का अधिक प्रकाश होता है। एक चार घोड़ोंवाली गाड़ी पहाड़ी के उतार पर बड़ी आसानी से धड़धड़ाती हुई आ सकती है अथवा सईस घोड़ों को रोक सकता है, किंतु इन दोनों में अधिक शक्ति की अभिव्यक्ति घोड़ों को छोड़ देने में है, अथवा उन्हें रोकने में? एक तोप का गोला हवा में काफी दूर तक चला जाता है और फिर गिर पड़ता है, परंतु दूसरा दीवार पर टकराकर रुक जाने से उतनी दूर नहीं जा सकता, पर उस टकराने में विपुल ताप की उत्पत्ति होती है। इसी प्रकार, मन की सारी बहिर्मुखी गति किसी स्वार्थपूर्ण उद्देश्य की ओर दौड़ती रहने से छिन्न-भिन्न होकर बिखर जाती है; वह शक्ति फिर तुम्हारे पास लौटकर नहीं लाती, परंतु यदि उसका संयम किया जाए, तो उससे शक्ति

की वृद्धि होती है। इस आत्मसंयम से महान् इच्छाशक्ति का प्रादुर्भाव होता है; वह बुद्ध या ईसा जैसे चरित्र का निर्माण करता है। मूर्खों को इस रहस्य का पता नहीं रहता, परंतु फिर भी वे मनुष्य जाति पर शासन करने के इच्छुक रहते हैं। एक मूर्ख भी यदि कर्म करे और धीरज रखे तो समस्त संसार पर शासन कर सकता है। यदि वह कुछ वर्ष तक धीरज रखे तथा अपने इस मूर्खताजन्य जगत्-शासन के भाव को संयत कर ले, तो इस भाव के समूल नष्ट होते ही वह संसार में एक शक्ति बन जाएगा, परंतु जिस प्रकार कुछ पशु अपने से दो-चार कदम आगे कुछ नहीं देख सकते, उसी प्रकार हममें से अधिकांश लोग दो-चार वर्ष के आगे भविष्य नहीं देख सकते। हमारा संसार मानो एक क्षुद्र परिधि सा होता है, हम बस उसी में आबद्ध रहते हैं। उसके परे देखने का धैर्य हममें नहीं रहता; इसीलिए हम दुष्ट और अनैतिक हो जाते हैं। यह हमारी कमजोरी है, शक्तिहीनता है।

अत्यंत निम्नतम कर्मों को भी तिरस्कार की दृष्टि से नहीं देखना चाहिए। जो मनुष्य कोई श्रेष्ठ आदर्श नहीं जानता, उसे स्वार्थदृष्टि से ही नाम-यश के लिए काम करने दो, परंतु प्रत्येक मनुष्य को उच्चतर ध्येयों की ओर बढ़ने तथा उन्हें समझने का यत्न करते रहना चाहिए। 'हमें कर्म करने का अधिकार है, कर्मफल में हमारा कोई अधिकार नहीं।' कर्मफलों को एक ओर रहने दो, उनकी चिंता हमें क्यों हो? यदि तुम किसी मनुष्य की सहायता करना चाहते हो, तो इस बात की कभी चिंता न करो कि उसका व्यवहार तुम्हारे प्रति कैसा होना चाहिए? यदि तुम एक श्रेष्ठ एवं भला कार्य करना चाहते हो, तो यह सोचने का कष्ट मत करो कि उसका फल क्या होगा।

अब कर्म के इस आदर्श के संबंध में एक कठिन प्रश्न उठता है। कर्मयोगी के लिए सतत कर्मशीलता आवश्यक है; हमें सदैव कर्म करते रहना चाहिए। बिना कार्य के हम एक क्षण भी नहीं रह सकते। तो फिर प्रश्न यह है कि विश्राम के बारे में क्या होगा? यहाँ इस जीवन संग्राम का एक पक्ष है—कर्म, जिसके तीव्र भँवर में फँसे हम लोग चक्कर काट रहे हैं। दूसरा पक्ष है शांति का—निवृत्तिमुखी त्याग का। चारों ओर सब शांत है, किसी प्रकार

का कोलाहल और दिखावा नहीं, केवल प्रकृति अपने प्राणियों, पुष्पों और पर्वतों के साथ विराज रही है, पर इन दोनों में से कोई भी पूर्ण आदर्श चित्र नहीं है। यदि ऐसा एक मनुष्य, जिसे एकांतवास का अभ्यास है, संसार के चक्कर में घसीट लाया जाए, तो उसका उसी प्रकार ध्वंस हो जाएगा, जिस प्रकार समुद्र की गहराई में रहनेवाली एक विशेष प्रकार की मछली पानी की सतह पर लाए जाते ही टुकड़े-टुकड़े होकर मर जाती है, क्योंकि सतह पर पानी का वह दबाव नहीं है, जिसके कारण वह जीवित रहती थी। इसी प्रकार, एक ऐसा मनुष्य, जो सांसारिक तथा सामाजिक जीवन के कोलाहल का अभ्यस्त रहा है, यदि किसी शांत स्थान में लाया जाए तो क्या वह आराम से रह सकेगा? कदापि नहीं। उसे क्लेश होगा और संभव है, उसका मस्तिष्क ही फट जाए। आदर्श पुरुष तो वे हैं, जो परम शांति एवं निःस्तब्धता के बीच भी तीव्र कर्म का तथा प्रबल कर्मशीलता के बीच भी मरुस्थल की शांति एवं निःस्तब्धता का अनुभव करते हैं। उन्होंने संयम का रहस्य जान लिया है। वे अपने ऊपर विजय प्राप्त कर चुके हैं। किसी बड़े शहर की भरी हुई सड़कों के बीच से जाने पर भी उनका मन उसी प्रकार शांत रहता है, मानो वे किसी निःशब्द गुफा में हों और फिर भी उनका मन सारे समय कर्म में तीव्र रूप से लगा रहता है।

परंतु हमें शुरू से आरंभ करना पड़ेगा, जो कार्य हमारे सामने आएँ, उन्हें हम हाथ में लेते जाएँ और शनैः-शनैः अपने को प्रतिदिन निस्स्वार्थ बनाने का प्रयत्न करें। हमें कर्म करते रहना चाहिए तथा यह पता लगाना चाहिए कि उस कार्य के पीछे हमारा हेतु क्या है? ऐसा होने पर हम देखेंगे कि आरंभ अवस्था में प्रायः हमारे सभी कार्यों का हेतु स्वार्थपूर्ण रहता है, किंतु धीरे-धीरे यह स्वार्थपरायणता अध्यवसाय से नष्ट हो जाएगी और अंत में वह समय आ जाएगा, जब हम वास्तव में स्वार्थरहित होकर कार्य करने के योग्य हो सकेंगे। हम सभी यह आशा कर सकते हैं कि जीवनपथ पर संघर्ष करते-करते किसी-न-किसी दिन वह समय अवश्य ही आएगा, जब हम पूर्ण रूप से निस्स्वार्थ बन जाएँगे और ज्यों ही हम उस अवस्था को प्राप्त कर लेंगे, हमारी समस्त

शक्तियाँ केंद्रीभूत हो जाएँगी तथा हमारा आभ्यंतरिक ज्ञान प्रकट हो जाएगा।

जन्म से जिस ओर मन का विशेष झुकाव होता है, स्थूल रूप से उसे ही 'संस्कार' कह सकते हैं। यदि मन को एक तालाब मान लिया जाए, तो उसमें उठनेवाली प्रत्येक लहर, प्रत्येक तरंग, जब शांत हो जाती है तो वास्तव में वह बिल्कुल नष्ट नहीं हो जाती, वरन् चित्त में एक प्रकार का चिह्न छोड़ जाती है तथा ऐसी संभावना का निर्माण कर जाती है, जिससे वह लहर दुबारा फिर से उठ सके। इस चिह्न तथा लहर के फिर से उठने की संभावना को मिलाकर हम 'संस्कार' कह सकते हैं। हमारा प्रत्येक कार्य, हमारा प्रत्येक अंग-संचालन, हमारा प्रत्येक विचार हमारे चित्त पर इसी प्रकार का एक संस्कार छोड़ जाता है और यद्यपि ये संस्कार ऊपरी दृष्टि से स्पष्ट न हों, तथापि ये अवचेतन रूप से अंदर-ही-अंदर कार्य करने में विशेष प्रबल होते हैं। हम प्रति मुहूर्त जो कुछ होते हैं, वह इन संस्कारों के समुदाय द्वारा ही नियमित होता है। मैं इस मुहूर्त जो कुछ हूँ, वह मेरे अतीत जीवन के समस्त संस्कारों का प्रभाव है। यथार्थतः इसे ही 'चरित्र' कहते हैं और प्रत्येक मनुष्य का चरित्र इन संस्कारों की समष्टि द्वारा ही नियमित होता है। यदि शुभ संस्कारों का प्राबल्य रहे, तो मनुष्य का चरित्र अच्छा होता है और यदि अशुभ संस्कार हों, तो बुरा।

यदि एक मनुष्य निरंतर बुरे शब्द सुनता रहे, बुरे विचार सोचता रहे, बुरे कर्म करता रहे, तो उसका मन भी बुरे संस्कारों से पूर्ण हो जाएगा और बिना उसके जाने ही वे संस्कार उसके समस्त विचारों तथा कार्यों पर अपना प्रभाव डालते रहेंगे। इसी प्रकार यदि एक मनुष्य अच्छे विचार रखे और सत्कार्य करे, तो उसके इन संस्कारों का प्रभाव भी अच्छा ही होगा तथा उसकी इच्छा न होते हुए भी वे उसे सत्कार्य करने के लिए प्रवृत्त करेंगे। जब मनुष्य इतने सत्कार्य एवं सत्चिंतन कर चुका होता है कि उसकी इच्छा न होते हुए भी उसमें सत्कार्य करने की एक अनिवार्य प्रवृत्ति उत्पन्न हो जाती है, तब फिर यदि वह दुष्कर्म करना भी चाहे, तो इन सब संस्कारों की समष्टि रूप से उसका मन उसे ऐसा करने से तुरंत रोक देगा; इतना ही नहीं, वरन् उसके ये संस्कार उसे उस मार्ग पर से हटा देंगे। तब वह अपने सत्संस्कारों के हाथ एक

कठपुतली जैसा हो जाएगा। जब ऐसी स्थिति हो जाती है, तभी उस मनुष्य का चरित्र 'गठित' कहलाता है।

वैराग्य को प्राप्त करने के लिए यह विशेष रूप से आवश्यक है कि मन निर्मल, सत् और विवेकशील हो। प्रत्येक कार्य से, मानो चित्तरूपी सरोवर के ऊपर एक तरंग खेल जाती है। यह कंपन कुछ समय बाद नष्ट हो जाता है। फिर क्या शेष रहता है?—केवल संस्कार समूह। मन में ऐसे बहुत से संस्कार पड़ने पर वे इकट्ठे होकर आदत के रूप में परिणत हो जाते हैं। ऐसा कहा जाता है कि 'आदत ही द्वितीय स्वभाव है'। केवल द्वितीय स्वभाव नहीं, वरन् 'प्रथम' स्वभाव भी है। मनुष्य का समस्त स्वभाव इस आदत पर निर्भर रहता है। हमारा अभी जो स्वभाव है, वह पूर्व अभ्यास का ही फल है। यह जान सकने से कि सबकुछ अभ्यास का ही फल है, मन में शांति आती है; क्योंकि यदि हमारा वर्तमान स्वभाव केवल अभ्यासवश हुआ हो, तो हम चाहें तो किसी भी समय, उस अभ्यास को नष्ट भी कर सकते हैं। हमारे मन में जो विचारधाराएँ बह जाती हैं, उनमें से प्रत्येक अपना एक-एक चिह्न या संस्कार छोड़ जाती है। हमारा चरित्र इन सब संस्कारों का समष्टिस्वरूप है। जब कोई विशेष वृत्ति प्रवाह प्रबल होता है, तब मनुष्य उसी प्रकार का हो जाता है। जब सद्गुण प्रबल होता है, तब मनुष्य सत् हो जाता है। यदि खराब भाव प्रबल हो, तो मनुष्य खराब हो जाता है। यदि आनंद का भाव प्रबल हो, तो मनुष्य सुखी होता है। असत् अभ्यास का एकमात्र प्रतिकार है—उसका विपरीत अभ्यास। हमारे चित्त में, जितने असत् अभ्यास संस्कारबद्ध हो गए हैं, उन्हें सत् अभ्यास द्वारा नष्ट करना होगा। केवल सत्कार्य करते रहो, सर्वदा पवित्र चिंतन करो; असत् संस्कार रोकने का बस यही एक उपाय है। चरित्र बस पुनः-पुनः अभ्यास की समष्टि मात्र है और इस प्रकार का पुनः-पुनः अभ्यास ही चरित्र का सुधार कर सकता है।

□

शीर्ष लक्ष्य प्राप्ति-मार्ग

वेदांत-धर्म का सबसे उदात्त तथ्य यह है कि हम एक ही लक्ष्य पर भिन्न-भिन्न मार्गों से पहुँच सकते हैं। मैंने इन मार्गों को साधारण रूप से चार वर्गों में विभाजित किया है और वे हैं—कर्ममार्ग, भक्तिमार्ग, योगमार्ग और ज्ञानमार्ग; परंतु साथ ही तुम्हें यह भी स्मरण रखना चाहिए कि ये विभाग अत्यंत तीक्ष्ण और एक-दूसरे से नितांत पृथक् नहीं हैं। प्रत्येक का तिरोभाव दूसरे में हो जाता है, किंतु प्रकार के प्राधान्य के अनुसार ही ये विभाग किए गए हैं। ऐसी बात नहीं है कि तुम्हें कोई ऐसा व्यक्ति मिल सकता है, जिसमें कर्म करने के अतिरिक्त दूसरी कोई क्षमता न हो अथवा जो अनन्य भक्त होने के अतिरिक्त और कुछ न हो अथवा जिनके पास मात्र ज्ञान के सिवा और कुछ न हो। ये विभाग केवल मनुष्य की प्रधान प्रवृत्ति अथवा गुण प्राधान्य के अनुसार किए गए हैं। हमने देखा है कि अंत में, ये सब मार्ग एक ही लक्ष्य में जाकर एक हो जाते हैं। सारे धर्म तथा कर्म और उपासना की सारी साधन-प्रणालियाँ, हमें उसी एक लक्ष्य की ओर ले जाती हैं।

वह चरम लक्ष्य क्या है, यह बताने का यत्न मैं पहले ही कर चुका हूँ। जहाँ तक मैं समझता हूँ, वह है मुक्ति। एक परमाणु से लेकर मनुष्य तक, जड़तत्त्व के अचेतन प्राणहीन कण से लेकर इस पृथ्वी की सर्वोच्च सत्ता-मानवात्मा तक, जो कुछ हम इस विश्व में प्रत्यक्ष करते हैं, वे सब मुक्ति के लिए संघर्ष कर रहे हैं। असल में, यह समग्र विश्व इस मुक्ति के लिए संघर्ष का ही परिणाम है। हर मिश्रण में प्रत्येक अणु, दूसरे परमाणुओं से पृथक्

होकर अपने स्वतंत्र पथ पर जाने की चेष्टा कर रहा है, पर दूसरे उसे आबद्ध करके रखे हुए हैं। हमारी पृथ्वी सूर्य से दूर भागने की चेष्टा कर रही है तथा चंद्रमा पृथ्वी से। प्रत्येक वस्तु में अनंत विस्तार की प्रवृत्ति है। इस विश्व में हम जो कुछ देखते हैं, उस सबका मूलाधार मुक्तिलाभ के लिए यह संघर्ष ही है। इसी की प्रेरणा से साधु प्रार्थना करता है और डाकू लूटता है। जब कार्यविधि अनुचित होती है तो उसे हम अशुभ कहते हैं और जब उसकी अभिव्यक्ति उचित तथा उच्च होती है, तो उसे हम शुभ कहते हैं, परंतु दोनों दशाओं में प्रेरणा एक ही होती है और वह है मुक्ति के लिए संघर्ष। साधु अपनी बद्ध दशा को सोचकर कातर हो उठता है, वह उससे छुटकारा पाने की इच्छा करता है, इसलिए ईश्वरोपासना करता है। चोर यह सोचकर कातर होता है कि उसके पास अमुक वस्तुएँ नहीं हैं, वह अभाव से छुटकारा पाने की, उससे मुक्त होने की कामना करता है, इसीलिए चोरी करता है। चेतन अथवा अचेतन समस्त प्रकृति का लक्ष्य यह मुक्ति ही है और जाने या अनजाने सारा जगत् इसी लक्ष्य की ओर पहुँचने का यत्न कर रहा है, किंतु जिस मुक्ति की खोज एक साधु करता है, वह उस मुक्ति से बहुत भिन्न होती है, जिसकी खोज एक डाकू करता है, परंतु डाकू की इष्ट मुक्ति उसके आत्मा के लिए दूसरे पाशों की सृष्टि कर देती है।

प्रत्येक धर्म में मुक्तिलाभ की इस प्रकार चेष्टा की अभिव्यक्ति पाई जाती है। यही सारी नैतिकता की, सारे निस्स्वार्थता की नींव है। निस्स्वार्थता का अर्थ है—अपना क्षुद्र शरीर ही मनुष्य है, इस भाव से परे होना। जब हम किसी मनुष्य को कोई सत्कार्य करते, दूसरों की सहायता करते देखते हैं, तो उसका तात्पर्य यह है कि उस व्यक्ति को 'मैं और मेरे' के क्षुद्र वृत्त में आबद्ध करके नहीं रखा जा सकता। इस स्वार्थपरता से बाहर निकल आने की कोई निर्दिष्ट सीमा नहीं है। सारा श्रेष्ठ नीतिशास्त्र यही शिक्षा देता है कि संपूर्ण निस्स्वार्थता ही चरम लक्ष्य है। मान लो, किसी मनुष्य ने इस संपूर्ण निस्स्वार्थता को प्राप्त कर लिया, तो फिर उसकी क्या दशा हो जाती है? फिर वह अमुक नामवाला पहले का क्षुद्र व्यक्ति नहीं रह जाता, वह अनंत विस्तार प्राप्त कर लेता है।

फिर उसका पहले का वह क्षुद्र व्यक्तित्व सदा के लिए नष्ट हो जाता है, अब वह अनंतस्वरूप हो जाता है और इस अनंत विकास की प्राप्ति ही असल में समस्त दार्शनिक एवं नैतिक शिक्षाओं का लक्ष्य है। व्यक्तिवादी जब इस तत्त्व को दार्शनिक रूप में रखा हुआ देखता है तो वह सिहर उठता है; परंतु जब वह नैतिकता की शिक्षा देता है, तो वह स्वयं इसी तत्त्व का ही प्रचार करता है। वह भी मनुष्य की निस्स्वार्थता की कोई सीमा निर्दिष्ट नहीं करता। मान लो, इस व्यक्तिवाद के अनुसार कोई मनुष्य संपूर्ण रूप से निस्स्वार्थी हो जाए, तो हम उसको अन्य संप्रदायों के पूर्ण सिद्ध व्यक्तियों से, किस प्रकार भिन्न मान सकेंगे? वह तो विश्व के साथ एकरूप हो गया है और इस प्रकार एकरूप हो जाना ही तो सबका लक्ष्य है। केवल बेचारे व्यक्तिवादी में इतना साहस नहीं कि वह अपनी युक्तियों का अनुसरण उनके यथार्थ निष्कर्ष पर पहुँचने तक कर सके। निस्स्वार्थ कर्म द्वारा मानव जीवन के चरम लक्ष्य, इस मुक्ति को प्राप्त कर लेना ही कर्मयोग है। अतएव हमारा प्रत्येक स्वार्थपूर्ण कार्य अपने इस लक्ष्य तक हमारे पहुँचने में बाधक होता है तथा प्रत्येक निस्स्वार्थ कर्म हमें उसकी ओर आगे बढ़ाता है। इसीलिए नैतिकता की यही एकमात्र परिभाषा हो सकती है कि "जो स्वार्थी है, वह 'अनैतिक' है और जो निस्स्वार्थी है, वह 'नैतिक' है।"

परंतु यदि हम ब्योरों की मीमांसा करें, तो विषय इतना सरल नहीं रह जाएगा, जैसा मैं पहले कह चुका हूँ, परिवेश ब्योरों में विविधता ला देता है। एक परिस्थिति में, जो कार्य निस्स्वार्थ होता है, वही किसी दूसरी परिस्थिति में बिल्कुल स्वार्थी हो सकता है। अत: कर्तव्य की हम केवल एक साधारण परिभाषा ही दे सकते हैं; परंतु ब्योरों को देश-काल-परिस्थिति से निर्धारित होने के लिए छोड़ दे सकते हैं। एक दशा में एक प्रकार का आचरण नैतिक माना जाता है, परंतु वही किसी दूसरे देश में अनैतिक माना जाएगा, क्योंकि परिस्थितियाँ भिन्न होती हैं। समस्त प्रकृति का अंतिम ध्येय मुक्ति है और यह मुक्ति केवल पूर्ण निस्स्वार्थता द्वारा ही प्राप्त की जा सकती है। प्रत्येक स्वार्थशून्य कार्य, वचन और विचार, हमें इसी ध्येय की ओर ले जाता है,

इसीलिए हम उसे 'नैतिक' कहते हैं। यह परिभाषा प्रत्येक धर्म एवं प्रत्येक नीतिशास्त्र में मान्य है। कुछ दर्शनों में नैतिकता को एक परम पुरुष ईश्वर से प्रसूत मानते हैं। यदि तुम पूछो कि हमें अमुक कार्य क्यों करना चाहिए, अमुक क्यों नहीं, तो वह उत्तर देगा, "ईश्वर का ऐसा ही आदेश है।" इस नैतिक विधान का मूल चाहे जो हो, पर उसका भी सार यही है कि 'स्व' की चिंता न करो, 'स्व' का त्याग करो, परंतु फिर भी नैतिकता की इस उच्च धारणा के बावजूद अनेक व्यक्ति अपने इस क्षुद्र व्यक्तित्व के त्याग करने की कल्पना से सिहर उठते हैं। जो मनुष्य अपने इस क्षुद्र व्यक्तित्व से जकड़ा रहना चाहता है, उससे हम पूछ सकते हैं, "अच्छा, जरा ऐसे पुरुष की ओर तो देखो, जो नितांत निस्स्वार्थी हो गया है, जिसकी अपने स्वयं के लिए कोई चिंता नहीं है, जो अपने लिए कोई भी कार्य नहीं करता, जो अपने लिए एक शब्द भी नहीं कहता और फिर बताओ कि उसका 'निजत्व' कहाँ है ?" जब तक वह अपने स्वयं के लिए विचार करता है, कोई कार्य करता है या कुछ कहता है, तभी उसे अपने 'निजत्व' का बोध रहता है, परंतु यदि उसे केवल दूसरों के संबंध में ध्यान है, जगत् के संबंध में ध्यान है, तो फिर उसका 'निजत्व' भला कहाँ रहा ? उसका तो सदा के लिए लोप हो चुका है।

अतएव कर्मयोग, निस्स्वार्थपरता और सत्कर्म द्वारा मुक्तिलाभ करने का एक धर्म और नीतिशास्त्र है। कर्मयोगी को किसी भी प्रकार सिद्धांत में विश्वास करने की आवश्यकता नहीं। वह ईश्वर में भी चाहे विश्वास करे अथवा न करे, आत्मा के संबंध में भी अनुसंधान करे या न करे, किसी प्रकार का दार्शनिक विचार भी करे अथवा न करे, इससे कुछ बनता-बिगड़ता नहीं। उसके सम्मुख उसका अपना लक्ष्य रहता है—निस्स्वार्थता की उपलब्धि और उसको अपने प्रयत्न द्वारा ही उसे प्राप्त करना होता है। उसके जीवन का प्रत्येक क्षण साक्षात्कार का होना चाहिए, क्योंकि उसे किसी मत या सिद्धांत की सहायता लिये बिना अपनी समस्या का समाधान केवल कर्म द्वारा ही करना होता है, जबकि ज्ञानी उसी समस्या का समाधान अपने ज्ञान और अंतःस्फुरण द्वारा तथा भक्त अपनी भक्ति द्वारा करता है।

यह कर्म क्या है, संसार के प्रति उपकार करने का क्या अर्थ है, क्या हम सचमुच संसार का कोई उपकार कर सकते हैं? उपकार का अर्थ यदि 'निरपेक्ष उपकार' लिया जाए, तो उत्तर है—नहीं; परंतु सापेक्ष दृष्टि से—हाँ! संसार के प्रति ऐसा कोई भी उपकार नहीं किया जा सकता है, जो चिरस्थायी हो। यदि ऐसा कभी संभव होता तो यह संसार इस रूप में कभी नहीं रहता, जैसा उसे हम आज देख रहे हैं।

बहुत से धर्म की धारणा है कि परमेश्वर इस जगत् का शासन करने के लिए स्वयं आ रहे हैं और उनके आने पर किसी प्रकार का अवस्थाभेद नहीं रह जाएगा। जो लोग इस बात का प्रचार करते हैं, वे मात्र धर्मांध हैं, किंतु धर्मांध मानवता के सर्वाधिक ईमानदार व्यक्ति होते हैं। ईसाई धर्म का प्रचार इसी मोहक धर्मांधता के आधार पर हुआ था और यही कारण है कि यूनानी एवं रोमन गुलाम इसकी ओर इतने आकृष्ट हुए थे। उनका यह दृढ़ विश्वास हो गया था कि इस सतयुगी धर्म में गुलामी बिल्कुल नहीं रह जाएगी, अन्न-वस्त्र की भी बिल्कुल कमी न रहेगी, इसीलिए वे हजारों की तादाद में ईसाई होने लगे। जिन ईसाइयों ने इस भाव का प्रथम प्रचार किया, वे वास्तव में अज्ञानी धर्मांध व्यक्ति थे, परंतु उनका विश्वास निष्कपट था। आजकल के जमाने में इसी सतयुगी भावना ने समता-स्वाधीनता-बंधुतावाली समता का रूप धारण कर लिया है, पर यह भी एक धर्मांधता है। यथार्थ समता न तो कभी संसार में हुई है और न कभी होने की आशा है। यहाँ हम सब समान हो ही कैसे सकते हैं? इस प्रकार की असंभव समता का फल तो बिल्कुल मृत्यु ही होगा। यह जगत् जैसा है, वैसा क्यों है? नष्ट संतुलन के कारण। आद्यावस्था में, जिसे प्रलय कहा जाता है, पूर्ण संतुलन हो सकता है। तब फिर इन सब निर्माणशील विभिन्न शक्तियों का उद्‌भव किस प्रकार होता है?—विरोध, प्रतियोगिता एवं प्रतिद्वंद्विता द्वारा ही। मान लो कि संसार के सब भौतिक परमाणु साम्यावस्था में स्थित हो जाएँ, तो फिर क्या सृष्टि की प्रक्रिया हो सकेगी? विज्ञान हमें सिखाता है कि यह असंभव है। स्थिर जल को हिला दो; तुम देखोगे कि प्रत्येक जलकण फिर से स्थिर होने की चेष्टा करता है,

एक-दूसरे की ओर इसी हेतु दौड़ता है। इसी प्रकार इस जगत्प्रपंच में समस्त शक्तियाँ एवं समस्त पदार्थ अपने नष्ट पूर्ण साम्यभाव को पुनः प्राप्त करने के लिए चेष्टा कर रहे हैं। पुनः वैषम्यावस्था आती है और उससे पुनः इस सृष्टिरूप मिश्रण की उत्पत्ति हो जाती है। विषमता सृष्टि की नींव है, परंतु साथ ही वे शक्तियाँ भी, जो साम्य भाव स्थापित करने की चेष्टा करती हैं, सृष्टि के लिए उतनी ही आवश्यक हैं, जितनी कि वे, जो उस साम्यभाव को नष्ट करने का प्रयत्न करती हैं।

पूर्ण निरपेक्ष समता, अर्थात् सभी स्तरों की समस्त प्रतिद्वंद्वी शक्तियों का पूर्ण संतुलन इस संसार में कभी नहीं हो सकता। इस अवस्था को प्राप्त करने के पूर्व ही सारा संसार किसी भी प्रकार के जीवन के लिए सर्वथा अयोग्य बन जाएगा और वहाँ कोई भी प्राणी न रहेगा। अतएव हम देखते हैं कि सतयुग अथवा पूर्ण समता की वे धारणाएँ इस संसार में केवल असंभव ही नहीं, वरन् यदि हम इन्हें कार्यरूप में परिणत करने की चेष्टा करें, तो वे हमें निश्चय ही प्रलय की ओर ले जाएँगी।

वह क्या चीज है, जो मनुष्य मनुष्य में भेद स्थापित करती है? वह है—मस्तिष्क की भिन्नता। आजकल के दिनों में एक पागल के अतिरिक्त और कोई भी यह न कहेगा कि हम सब मस्तिष्क की समान शक्ति लेकर उत्पन्न हुए हैं। हम सब संसार में विभिन्न शक्तियाँ लेकर आते हैं, कोई बड़ा होकर आता है, कोई छोटा और इस पूर्व जन्म से निर्धारित दशा का अतिक्रमण करने का कोई मार्ग नहीं है। अमेरिकन आदिवासी इस देश में हजारों वर्ष रहे और तुम्हारे मुट्ठी भर पूर्वज उनके देश में आए, परंतु उन्होंने इस देश में क्या-क्या परिवर्तन कर दिए हैं! यदि सभी लोग समान हों तो उन आदिवासियों ने इस देश को उन्नत करके बड़े-बड़े नगर आदि क्यों नहीं बना दिए? क्यों वे चिरकाल तक जंगलों में शिकार करते हुए घूमते रहे? तुम्हारे पूर्वजों के साथ इस देश में एक दूसरे ही प्रकार की दिमागी शक्ति, एक दूसरे ही प्रकार की संस्कार-समष्टि आ गई और उन्होंने अपना काम किया, अपने को व्यक्त किया।

जब तक यह संसार है, तब तक विभेद भी रहेगा और यह सतयुग अथवा पूर्ण समता तभी आएगी, जब कल्प का अंत हो जाएगा। उसके पहले समता नहीं आ सकती, परंतु फिर भी सतयुग को लाने की कल्पना एक प्रबल प्रेरक शक्ति है। जिस प्रकार सृष्टि के लिए विषमता उपयोगी है, उसी प्रकार उसे घटाने की चेष्टा नितांत आवश्यक है। यदि मुक्ति एवं ईश्वर के पास लौट जाने की चेष्टा न हो, तो भी सृष्टि नहीं रह सकती। कर्म करने के पीछे मनुष्य का जो हेतु रहता है, वह इन दो शक्तियों के अंतर से ही निश्चित होता है। कर्म के प्रति ये प्रेरणाएँ सदा विद्यमान रहेंगी—कुछ बंधन की ओर ले जाएँगी और कुछ मुक्ति की ओर।

संसार का यह 'चक्र के भीतर चक्र' एक भीषण यंत्ररचना है। इसके भीतर हाथ पड़ा नहीं, हम फँसे नहीं कि हम गए। हम सभी सोचते हैं कि अमुक कर्तव्य पूरा होते ही हमें छुट्टी मिल जाएगी, हम चैन की साँस लेंगे; पर उस कर्तव्य का मुश्किल से एक अंश भी समाप्त नहीं हो पाता कि एक दूसरा कर्तव्य सिर पर आ खड़ा होता है। संसार का यह प्रचंड शक्तिशाली, जटिल यंत्र हम सभी को खींचे ले जा रहा है। इससे बाहर निकलने के केवल दो ही उपाय हैं। एक तो यह कि उस यंत्र से सारा नाता ही तोड़ दिया जाए, यह यंत्र चलता रहे, हम एक ओर खड़े रहें और अपनी समस्त वासनाओं का त्याग कर दें। अवश्य, यह कह देना तो बड़ा सरल है, परंतु इसे अमल में लाना असंभव सा है। मैं नहीं कह सकता कि दो करोड़ लोगों में से एक भी ऐसा कर सकेगा। दूसरा उपाय है—हम इस संसारक्षेत्र में कूद पड़ें और कर्म का रहस्य जान लें। इसी को 'कर्मयोग' कहते हैं। इस संसारयंत्र से दूर न भागो, वरन् इसके अंदर ही खड़े होकर कर्म का रहस्य सीख लो। भीतर रहकर कौशल से कर्म करके बाहर निकल आना संभव है। स्वयं इस यंत्र के माध्यम से ही बाहर निकल आने का मार्ग है।

अब हमने जान लिया कि कर्म क्या है। यह प्रकृति की नींव का एक अंश है और सदैव ही चलता रहता है। जो ईश्वर में विश्वास करते हैं, वे इसे अपेक्षाकृत अधिक अच्छी तरह समझ सकेंगे, क्योंकि वे जानते हैं कि ईश्वर

कोई ऐसा असमर्थ पुरुष नहीं है, जिसे हमारी सहायता की आवश्यकता है। यद्यपि यह जगत् अनंत काल तक चलता रहेगा, फिर भी हमारा ध्येय मुक्ति ही है, निस्स्वार्थता ही हमारा लक्ष्य है और कर्मयोग के मतानुसार उस ध्येय की प्राप्ति कर्म द्वारा ही करनी होगी। संसार को पूर्ण रूप से सुखी बनाने की जो भावनाएँ हैं, वे धर्मांध व्यक्तियों के लिए प्रेरणाशक्ति के रूप में भले ही अच्छी हों, पर हमें यह भी जान लेना चाहिए कि धर्मांधता से जितना लाभ होता है, उतनी ही हानि भी होती है। कर्मयोगी प्रश्न करते हैं कि कर्म करने के लिए मुक्ति के प्रति जन्मसिद्ध अनुराग को छोड़कर तुम्हारा अन्य कोई उद्‌देश्य क्यों हो? सब प्रकार के सांसारिक उद्‌देश्यों के अतीत हो जाओ। तुम्हें केवल कर्म करने का अधिकार है, कर्मफल में तुम्हारा कोई अधिकार नहीं—'कर्मण्येवाधिकारस्ते मा फलेषु कदाचन'। कर्मयोगी कहते हैं कि मनुष्य अध्यवसाय द्वारा ही सत्य को जान सकता है और इसे कार्यरूप में परिणत कर सकता है। जब परोपकार करने की इच्छा उसके रोम-रोम में भिद जाती है, तो फिर उसे किसी बाहरी उद्‌देश्य की आवश्यकता नहीं रह जाती। हम भलाई क्यों करें? इसलिए कि भलाई करना अच्छा है। कर्मयोगी का कथन है कि जो स्वर्ग प्राप्त करने की इच्छा से भी सत्कर्म करता है, वह भी अपने को बंधन में डाल लेता है। किसी कार्य में यदि थोड़ा सा भी स्वार्थ रहे, तो वह हमें मुक्त करने के बदले हमारे पैरों में और एक बेड़ी डाल देता है।

अतएव एकमात्र उपाय है—समस्त कर्मफलों का त्याग कर देना, अनासक्त हो जाना। यह याद रहे कि न तो यह संसार हम हैं और न हम यह संसार, न हम यह शरीर हैं और न वास्तव में हम कोई कर्म ही करते हैं। हम हैं आत्मा, हम अनंत काल से विश्राम और शांति में स्थित हैं। हम क्यों किसी के बंधन में पड़ें? यह कह देना बड़ा सरल है कि हम पूर्ण रूप से अनासक्त रहें, परंतु ऐसा हो किस तरह? बिना किसी स्वार्थ के किया हुआ प्रत्येक सत्कार्य हमारे पैरों में और एक बेड़ी डालने के बदले पहले की ही एक बेड़ी को तोड़ देता है। बिना किसी बदले की आशा से संसार में भेजा गया प्रत्येक शुभ विचार संचित होता जाएगा—वह हमारे पैरों में से एक बेड़ी को काट देगा

और हमें अधिकाधिक पवित्र बनाता जाएगा, अंततः हम पवित्रतम मनुष्य बन जाएँगे, पर हो सकता है, यह सब तुम लोगों को केवल एक अस्वाभाविक और कोरी दार्शनिक बात ही जान पड़े, जो कार्य में परिणत नहीं की जा सकती। मैंने भगवद्गीता के विरोध में अनेक युक्तियाँ पढ़ी हैं और कई लोगों का यह सिद्धांत है कि बिना किसी हेतु के हम कुछ कर्म कर ही नहीं सकते। उन्होंने शायद धर्मांधता से रहित कोई निस्स्वार्थ कर्म कभी देखा ही नहीं है, इसीलिए वे ऐसा कहते हैं।

अब संक्षेप में मैं तुम्हें एक ऐसे व्यक्ति के बारे में बताऊँगा, जिन्होंने सचमुच कर्मयोग की शिक्षाओं को कार्यरूप में परिणत किया था। वे हैं—बुद्ध। एकमात्र वे ही ऐसे मानव हैं, जिन्होंने इसकी पूर्ण साधना की। भगवान् बुद्ध को छोड़कर संसार के अन्य सभी पैगंबरों की निस्स्वार्थ कर्मप्रवृत्ति के पीछे कोई-न-कोई बाह्य उद्देश्य अवश्य था। एकमात्र उनके अपवाद को छोड़कर संसार के अन्य सब पैगंबर दो श्रेणियों में विभक्त किए जा सकते हैं—एक तो वे, जो अपने को संसार में अवतीर्ण भगवान् का अवतार कहते थे और दूसरे वे, जो अपने को केवल ईश्वर का दूत मानते थे; ये दोनों अपने कार्यों की प्रेरणाशक्ति बाहर से लेते थे, बहिर्जगत् से ही पुरस्कार की आशा करते थे। उनकी वाणी कितनी ही आध्यात्मिक क्यों न रही हो, परंतु एकमात्र भगवान् बुद्ध ही ऐसे पैगंबर थे, जो कहते थे, "मैं ईश्वर के बारे में तुम्हारे मत-मतांतरों को जानने की परवाह नहीं करता। आत्मा के बारे में विभिन्न सूक्ष्म मतों पर बहस करने से क्या लाभ? भला करो और भले बनो। बस, यही तुम्हें निर्वाण की ओर अथवा जो भी कुछ सत्य है, उसकी ओर ले जाएगा।" उनके कार्यों के पीछे व्यक्तिगत उद्देश्य का लवलेश भी नहीं था और उनकी अपेक्षा अधिक कार्य भला किस व्यक्ति ने किया है? इतिहास में मुझे जरा एक ऐसा चरित्र तो दिखाओ, जो सबसे ऊपर इतना ऊँचा उठ गया हो। सारी मानवजाति ने ऐसा केवल एक ही चरित्र उत्पन्न किया है, इतना उन्नत दर्शन। इतनी व्यापक सहानुभूति। सर्वश्रेष्ठ दर्शन का प्रचार करते हुए भी इन महान् दार्शनिक के हृदय में क्षुद्रतम प्राणी के प्रति भी गहरी सहानुभूति थी और

फिर भी उन्होंने अपने लिए किसी प्रकार का दावा नहीं किया। वास्तव में वे ही आदर्श कर्मयोगी हैं, पूर्णरूपेण हेतुशून्य होकर उन्होंने कर्म किया और मानवजाति का इतिहास यह दिखाता है कि सारे संसार में उनके सदृश श्रेष्ठ महात्मा और कोई पैदा नहीं हुआ। उनके साथ अन्य किसी की तुलना नहीं हो सकती। हृदय तथा मस्तिष्क के पूर्ण सामंजस्य भाव के वे सर्वश्रेष्ठ उदाहरण हैं; आत्मशक्ति का जितना विकास उनमें हुआ, उतना और किसी में नहीं हुआ। संसार में वे सर्वप्रथम श्रेष्ठ सुधारक हैं। उन्होंने सर्वप्रथम साहसपूर्वक कहा था, "चूँकि कुछ प्राचीन हस्तलिखित पोथियाँ प्रमाण के लिए प्रस्तुत की जाती हैं, केवल इसीलिए उस पर विश्वास मत कर लो; उस बात को इसलिए भी न मान लो कि उस पर तुम्हारा राष्ट्रीय विश्वास है अथवा बचपन से ही तुम्हें उस पर विश्वास कराया गया है; वरन् तुम स्वयं उस पर विचार करो और विशेष रूप से विश्लेषण करने के बाद यदि देखो कि उससे तुम्हारा तथा दूसरों का कल्याण होगा, तभी उस पर विश्वास करो, उसी के अनुसार अपना जीवन बिताओ तथा दूसरों को भी उसी के अनुसार चलने में सहायता पहुँचाओ।"

□

भक्ति के सोपान

भक्ति के विषय में लिखनेवाले तत्त्ववेत्ता भक्ति की परिभाषा 'ईश्वर के प्रति परम अनुराग' करते हैं, पर प्रश्न यह है कि मनुष्य ईश्वर से प्रेम या अनुराग क्यों करे? जब तक हम यह बात न समझ लें, तब तक भक्ति के विषय में हमें कुछ भी बोध नहीं हो सकता। जीवन के दो बिल्कुल भिन्न-भिन्न प्रकार के आदर्श हैं। सभी देशों के मनुष्य, यदि वे किसी धर्म के अनुयायी हैं, यह जानते हैं कि मनुष्य देह भी है और आत्मा भी, पर मानव जीवन के अंतिम साध्य या उद्‌देश्य के संबंध में बड़ा मतभेद है।

पाश्चात्य देशों में साधारणतः मनुष्य के भौतिक पक्ष पर बहुत बल दिया जाता है और भारत में भक्तिशास्त्र के आचार्य मनुष्य के आध्यात्मिक स्वरूप पर बल देते हैं। यही अंतर पूर्वी और पश्चिमी राष्ट्रों के स्वभावगत भेद का निर्देशक है। साधारण बोलचाल में भी यही बात देखने में आती है। इंग्लैंड में मृत्यु के संबंध में कहा जाता है कि मनुष्य ने आत्मा का त्याग किया और भारत में कहते हैं कि मनुष्य ने देह का त्याग किया। प्रथम पक्ष का भाव यह है कि मनुष्य आत्मा है और उसकी देह होती है। इस मतभेद के फलस्वरूप कई जटिल समस्याएँ उत्पन्न होती हैं। स्वाभाविक परिणाम यह होता है कि जो आदर्श यह मानता है कि मनुष्य शरीर है और उसका आत्मा होता है, वह शरीर पर ही सारा बल देता है। यदि पूछो कि मनुष्य किसलिए जीता है, तो उत्तर यही मिलेगा कि इंद्रियों का सुख, धन-दौलत और ऐहिक पदार्थों का उपभोग करने के लिए, यदि तुम उसे यह बताओ कि इनसे भी परे कोई वस्तु

होती है, तो वह उसकी कल्पना भी नहीं कर सकता। भावी जीवन के संबंध में उसकी केवल यही धारणा होती है कि यह सुखभोग-सत्ता बनी रहे। उसे बड़ा दुःख इस बात का है कि इसी लोक में वह सदा इस इंद्रिय-सुखभोग में रह नहीं सकता और उसे यह लोक छोड़कर जाना पड़ेगा, पर वह यही सोचता है कि चाहे जिस तरह भी हो, वह एक ऐसे स्थान में जाएगा, जहाँ उसे यही इंद्रिय-सुखभोग पुनः प्राप्त होगा। वहाँ उसे ही सब इंद्रियाँ प्राप्त होंगी, ये ही सब सुखभोग मिलेंगे, पर वहाँ ये सब चीजें उच्च श्रेणी की होंगी और अधिक मात्रा में मिलेंगी। वह ईश्वर की पूजा इसलिए करता है कि ईश्वर उसके इस उद्देश्य की पूर्ति का साधन हैं। उसके जीवन का लक्ष्य है, इंद्रिय-विषयभोग और वह समझता है कि ईश्वर एक ऐसा व्यक्ति है, जो अत्यधिक काल तक उसे यह विषयभोग दे सकता है; इसी कारण वह ईश्वर की उपासना करता है।

इसके विपरीत, भारतवासियों की कल्पना यह है कि ईश्वर की उपासना ही जीवन का लक्ष्य है, ईश्वर से परे या ईश्वर से श्रेष्ठ और कुछ नहीं है। इन सब इंद्रिय-सुखभोगों के मार्ग में से हम केवल इस आशा से चले जा रहे हैं कि हमें आगे इनसे उच्चतर वस्तुओं की प्राप्ति होगी। यही नहीं, मनुष्य को इन इंद्रिय-विषयभोगों के अतिरिक्त और कुछ न मिलना एक भीषण और विनाशकारी स्थिति होगी। हम अपने दैनंदिन जीवन में देखते हैं कि मनुष्य के इंद्रिय-विषयभोगों की मात्रा जितनी ही कम हो, उतना ही उसका जीवन उच्चतर होता है। जब कुत्ता भोजन करता है, तब उसकी ओर देखो। भोजन करने में वैसा आनंद मनुष्य को नहीं प्राप्त होता। शूकर की ओर देखो। खाते-खाते कैसी हर्षध्वनि करता है। वही उसका स्वर्ग है और यदि स्वर्ग से फरिश्तों का अधिपति भी उतर आए और खड़ा उसकी ओर देखता रहे, तो भी शूकर उसकी ओर देखेगा तक नहीं। उसका सारा अस्तित्व खाने में ही है। ऐसा कोई मनुष्य उत्पन्न नहीं हुआ, जिसे भोजन करने में इतना आनंद आए। निम्न श्रेणी के प्राणियों की श्रवणशक्ति और दृष्टिशक्ति के विषय में सोच, उनकी समस्त इंद्रियाँ अत्यधिक विकसित होती हैं। उनके इंद्रिय-सुख की मात्रा असीम होती है। वे इस इंद्रिय-सुखभोग में हर्ष और आनंद में पागल हो जाते हैं। इसी प्रकार

मनुष्य भी जितनी नीची श्रेणी में होगा, उतना ही अधिक आनंद उसे इंद्रिय-विषयों में आएगा। मनुष्य जैसे-जैसे उन्नति करता है, विवेक और प्रेम उसके जीवन के आदर्श बनते जाते हैं। उसकी इन प्रवृत्तियों का जैसे-जैसे विकास होता है, वैसे-वैसे उसके इंद्रिय-विषयों में आनंद अनुभव करने की शक्ति क्षीण होती जाती है।

उदाहरण के लिए, यदि हम मान लें कि मनुष्य को अमुक परिमाण में शक्ति दी गई और उस शक्ति का व्यय वह अपने शरीर, मन या आत्मा के लिए कर सकता है, तो इनमें से यदि वह किसी एक विभाग में अपनी सब शक्ति व्यय कर दे, तो शेष विभागों में व्यय करने के लिए उसके पास उतनी ही कम मात्रा में शक्ति रह जाएगी। सभ्य जातियों की अपेक्षा अज्ञानी या जंगली जातियों की संवेदन-शक्ति कहीं अधिक प्रबल होती है। इतिहास में भी हमें यही शिक्षा प्राप्त होती है कि जैसे-जैसे राष्ट्र सभ्य होता है, उसका नाड़ीय संगठन सूक्ष्म होता जाता है और वह शारीरिक दृष्टि से दुर्बल होता जाता है। किसी जंगली जाति को सभ्य बनाओ और यही बात तुम्हें दिखाई देगी। कोई अन्य बर्बर जाति आकर उसे जीत लेगी। प्रायः बर्बर जाति ही सदा विजयी होती है। अतः स्पष्ट है कि यदि हमें सर्वदा इंद्रियों के विषयभोग के सुख की इच्छा रहती है, तो हम अपने को पशु अवस्था में गिरा देते हैं। जब मनुष्य यह कहता है कि मैं ऐसे स्थान को जाना चाहता हूँ, जहाँ इंद्रियों के सुखोपभोग और भी अधिक होंगे, तब वह यह नहीं समझता कि मैं यह क्या माँग रहा हूँ? उसे तो वह पशु स्तर में पतित होने पर ही प्राप्त कर सकता है।

इंद्रिय-विषयक सुखों से परिपूर्ण स्वर्ग की कामना करनेवाले मनुष्य भी उसी प्रकार हैं। वे शूकर की तरह इंद्रिय-विषयों के कीचड़ में लोट रहे हैं। उसके परे वे और कुछ देख ही नहीं सकते। यही इंद्रियभोग वे चाहते हैं और इसका छूटना ही उनके लिए स्वर्ग का खोना है। 'भक्त' शब्द के उच्चतम अर्थ में ऐसे मनुष्य भक्त कभी नहीं हो सकते; वे ईश्वर के सच्चे प्रेमी कदापि नहीं बन सकते, फिर भी भिन्न श्रेणी का यह आदर्श थोड़े समय में यदि चलता भी रहे, तो समय पाकर यह बदल जाएगा। हर मनुष्य यह समझने लगेगा

कि इससे भी कोई उच्चतर वस्तु है, जिसका ज्ञान उसे पहले नहीं था और इस प्रकार उस समय जीवन के प्रति तथा इंद्रिय-विषयों पर उसकी आसक्ति क्रमशः नष्ट हो जाएगी। जब मैं छोटा था और पाठशाला में पढ़ता था, मेरे एक सहपाठी का कुछ मिठाइयों के लिए मुझसे झगड़ा हो गया। वह लड़का अधिक बलवान था, इसलिए उसने उनको मेरे हाथ से छीन लिया। उस समय मेरे मन में जो भाव आया, वह मुझे स्मरण है। मैं सोचने लगा, इस लड़के के समान दुष्ट संसार में दूसरा कोई नहीं है और जब मुझमें ताकत आ जाएगी, तब मैं इस दुष्ट को दंड दूँगा, इसकी दुष्टता को देखते हुए कोई भी दंड इसके लिए पर्याप्त नहीं है।

अब हम दोनों बड़े हो गए हैं और परम मित्र हैं। इसी तरह इस संसार में सर्वत्र छोटे-छोटे बच्चे ही भरे पड़े हैं, खाने-पीने और अन्य इंद्रियों की भोग्य वस्तुएँ ही उनका सर्वस्व हैं। ये बच्चे केवल मालपुओं का ही स्वप्न देखा करते हैं। भावी जीवन या परलोक संबंधी उनकी कल्पना भी यही है कि वहाँ भी पूरी-मालपुओं का ढेर लगा रहेगा। अमेरिकन इंडियन को देखो। उसका विश्वास है कि परलोक शिकार करने के लिए उत्तम स्थान है। हरेक की स्वर्ग की कल्पना अपनी-अपनी वासना के अनुसार ही होती है, पर कालांतर में हम जैसे-जैसे बड़े होते जाते हैं, हम उच्चतर वस्तुओं को देखते हैं और इन सबके परे और भी उच्चतर बातों की झलक हमें प्राप्त होती है, किंतु आधुनिक काल की साधारण प्रथा के अनुसार, सभी वस्तुओं के प्रति अविश्वास करके हमें परलोक-विषयक सभी धारणाओं का त्याग नहीं करना चाहिए। ऐसा करना विनाशकारी है। अज्ञेयवादी, जो सभी बातों को उड़ा देता है, भूला हुआ है। भक्त तो इससे और ऊँचा देखता है। अज्ञेयवादी स्वर्ग नहीं जाना चाहता, क्योंकि वह तो स्वर्ग को मानता ही नहीं, पर भगवद्भक्त भी स्वर्ग जाना नहीं चाहता, क्योंकि उसकी दृष्टि में स्वर्ग बच्चों का खिलौना मात्र है। भगवद्भक्त तो चाहता है केवल ईश्वर को।

ईश्वर से बढ़कर साध्य या लक्ष्य और हो ही क्या सकता है? स्वयं परमात्मा ही मनुष्य जीवन का चरम लक्ष्य है। उसी के दर्शन करो। उसी का

आनंद लूटो। हम ईश्वर से बढ़कर अन्य किसी उच्च वस्तु की कल्पना कर ही नहीं सकते, क्योंकि ईश्वर पूर्णस्वरूप है। हम प्रेम से बढ़कर सुख या आनंद की कल्पना नहीं कर सकते, पर इस 'प्रेम' शब्द का अर्थ भिन्न है। इसका अर्थ संसार का साधारण, स्वार्थमय प्रेम नहीं है, इस संसारी प्रेम को प्रेम कहना अधर्म होगा। अपने बच्चों और पत्नी के प्रति हमारा, जो प्रेम होता है, वह केवल पाशविक प्रेम है। जो प्रेम पूर्णतया निस्स्वार्थ हो, वही 'प्रेम' है और वह ईश्वर का प्रेम है। उस प्रेम को प्राप्त करना बड़ा कठिन बात है। हम इन भिन्न-भिन्न प्रेमों के, जैसे—संतति-प्रेम, पितृप्रेम, मातृप्रेम इत्यादि—मार्ग में से जा रहे हैं। हम प्रेम की प्रवृत्ति का धीरे-धीरे अभ्यास कर रहे हैं, पर बहुधा हम इससे कुछ सीख नहीं पाते, बल्कि उल्टे किसी एक ही सीढ़ी पर, एक ही व्यक्ति में आसक्त हो जाते हैं और बँध जाते हैं। कभी-कभी मनुष्य इस बंधन से छूट भी जाते हैं। इस संसार में मनुष्य सदा स्त्रियों के पीछे, धन के पीछे, मान के पीछे दौड़ता फिरता है। कभी-कभी उसे ऐसी जबरदस्त ठोकर लगती है कि उसकी आँख खुल जाती है और उसे मालूम हो जाता है कि यह संसार यथार्थ में क्या है? इस संसार में कोई भी मनुष्य ईश्वर को छोड़ अन्य किसी वस्तु पर यथार्थ प्रेम नहीं कर सकता। मनुष्य को पता लग जाता है कि मानव-प्रेम हर तरह से खोखला है। मनुष्य प्रेम नहीं कर सकता, वह केवल प्रेम की बातें ही करना जानता है। पत्नी कहती है कि 'मैं पति से प्रेम करती हूँ' और ऐसा कहकर वह अपने पति का चुंबन करती है, पर ज्यों ही पति की मृत्यु हो जाती है, सबसे पहले उसका ध्यान अपने पति के जमा किए हुए बैंक के धन की ओर जाता है और वह सोचने लगती है कि कल मैं क्या-क्या करूँगी? पति पत्नी से प्रेम करता है, पर जब पत्नी बीमार हो जाती है और उसका रूप नष्ट हो जाता है या उसे बुढ़ापा घेर लेता है अथवा पत्नी कोई भूल कर बैठती है, तब पति उस पत्नी की चिंता करना छोड़ देता है। संसार का समस्त प्रेम निरा दंभ है, खोखलापन है।

नाशवान वस्तु प्रेम नहीं कर सकती और न नाशवान पर प्रेम ही किया जा सकता है। जब मनुष्य के प्रेम का पात्र हर क्षण मृत्युमुख में है और उस

मनुष्य की आयुवृद्धि के साथ-साथ सदा उसके मन में भी परिवर्तन हो रहा है, तो ऐसी अवस्था में संसार में किस शाश्वत प्रेम की आशा की जा सकती है, ईश्वर को छोड़, प्रेम कहीं अन्यत्र कैसे ठहर सकता है, तो फिर इन भिन्न-भिन्न प्रेमों का क्या प्रयोजन है? ये प्रेम केवल सोपान मात्र हैं। इसके पीछे एक ऐसी शक्ति है, जो हमें सदा यथार्थ प्रेम की ओर प्रेरित कर रही है। हमें पता नहीं कि हम यथार्थ वस्तु को कहाँ ढूँढ़ें? पर यह प्रेम ही हमें उस मार्ग में, अर्थात् उसकी खोज में अग्रसर कर रहा है। बारंबार हमें अपनी गलती सूझती है। हम एक वस्तु को ग्रहण करते हैं, पर देखते हैं कि वह हमारी मुट्ठी में से निकली जा रही है, तब हम किसी दूसरी वस्तु को पकड़ लेते हैं। इसी प्रकार हम क्रमशः आगे बढ़ते चले जाते हैं। एक दिन हमें प्रकाश दिखाई देता है और तक हम परमात्मा के पास पहुँच जाते हैं और वही एकमात्र प्रेमी है। उसके प्रेम से कभी कोई विकार नहीं होता और उसका प्रेम हमें सदा अपने में लीन करने को प्रस्तुत रहता है। उसके प्रेम में कभी कोई अंतर नहीं पड़ता और वह सदा हमें अपनाने को तैयार रहता है। यदि मैं तुम लोगों को कष्ट दूँ, तो तुम मुझे कब तक क्षमा करोगे? जिसके मन में क्रोध, घृणा या द्वेष है ही नहीं, जो अपनी समता कभी नहीं खोता, जो न कभी मरता है, न कभी जन्म लेता है, वह ईश्वर के अतिरिक्त और कौन हो सकता है? पर ईश्वरप्राप्ति का मार्ग बहुत लंबा और बड़ा कठिन है और बहुत ही थोड़े लोग उसे प्राप्त कर पाते हैं। हम सब तो हाथ-पैर पटकनेवाले बच्चे हैं। लाखों मनुष्य तो धर्म को व्यापार बना देते हैं। शताब्दी भर इने-गिने व्यक्ति ही ईश्वर के प्रेम को प्राप्त करते हैं और इनसे समस्त देश कृतार्थ और पवित्र हो जाता है। जब ईश्वर के भक्त का अवतार होता है, तब सारा देश धन्य और पवित्र हो जाता है। यद्यपि सारे संसार में शताब्दी भर में ऐसे भगवद्भक्त बहुत ही कम संख्या में जन्म लेते हैं, तथापि उस ईश्वरप्रेम को प्राप्त करने का प्रयत्न हम सबको करना चाहिए। कौन जानता है कि ईश्वर का पूर्ण प्रेम तुमको या मुझको ही प्राप्त होनेवाला हो? अतः हमें इसके लिए सदैव प्रयत्नशील रहना चाहिए।

हम कहते हैं कि पत्नी अपने पति से प्रेम करती है और पत्नी भी समझती

है कि उसकी संपूर्ण आत्मा अपने पति में ही लीन है, पर उसके जब एक बच्चा उत्पन्न होता है और उसके प्रेम का आधा या उससे भी अधिक अंश उस बालक की ओर खिंच जाता है, तब उस स्त्री को स्वयं ऐसा मालूम होने लगता है कि अब पति की ओर उसका प्रेम उस प्रकार का नहीं रहा। ऐसा ही पिता के प्रेम के साथ भी होता है। हम सदैव यही देखते हैं कि जब हमें कोई अधिक प्रिय वस्तु प्राप्त हो जाती है, तब हमारे पहले के प्रेम का धीरे-धीरे लोप हो जाता है। पाठशाला में पढ़नेवाले बच्चे समझते हैं कि कुछ सहपाठी अथवा उनके माता-पिता ही उनके जीवन में सबसे बढ़कर प्रिय हैं, उसके बाद पति या पत्नी आती है और तुरंत ही पहले के भाव बदल जाते हैं और ये नए प्रेमी ही सर्वोच्च प्रेमपात्र बन जाते हैं। एक तारे का उदय होता है, उसके बाद उससे बड़ा तारा उगता है, तत्पश्चात् उससे भी बड़ा तारा दिखाई देता है और अंत में सूर्य का दर्शन होता है और तब तमाम छोटे-छोटे आलोक-बिंदु विलीन हो जाते हैं। परमात्मा मानो सूर्य है और ये छोटे छोटे प्रेम-पात्र तारा मंडल। जब वह सूर्य मनुष्य पर प्रकट होता है, तब वह उन्मत्त हो जाता है। ऐसे मनुष्य को इमर्सन 'भगवत्प्रेमोन्मत्त पुरुष' कहते हैं। वह मनुष्य ईश्वररूप हो जाता है और समस्त पदार्थ उस प्रेम के समुद्र में डूब जाते हैं। साधारण प्रेम केवल पाशविक आकर्षण मात्र होता है। यदि ऐसा न होता, तो स्त्री-पुरुष के भेद की आवश्यकता ही क्या थी? कैसी विचित्र बात है कि यदि मूर्ति के सामने कोई घुटना टेकता है, तब तो वह कार्य घृणित मूर्तिपूजा कहलाता है और जब कोई अपने पति या पत्नी के पैरों पर गिरता है, तो वह क्षम्य माना जाता है।

इस संसार में हमें प्रेम के विविध स्तर प्राप्त होते हैं। पहले हमें मार्ग परिष्कृत करना होगा। हम अपने जीवन को जिस दृष्टि से देखेंगे, उसी के आधार पर हमारे प्रेम का सारा सिद्धांत अवलंबित रहेगा। इस संसार को ही जीवन का अंतिम ध्येय और साध्य मान लेना निरी पाशविक और अवनतिकारी भावना है। जो मनुष्य ऐसी भावना लेकर अपने जीवनपथ पर कदम रखता है, वह अपने को अवनत करता है। ऐसा मनुष्य कभी अपने को ऊँचा नहीं उठा सकता, वह कभी जगत् के पीछे की उस दिव्य ज्योति की झलक प्राप्त

नहीं कर सकता। वह तो सदा इंद्रियों का ही दास बना रहेगा और केवल पूँजी बटोरने के संघर्ष में लगा रहेगा, जिससे उसे खाने को कुछ रोटियाँ मिल जाया करें। ऐसी जिंदगी से तो मर जाना ही बेहतर है। हम इस संसार के दास हैं, इन इंद्रियों के दास हैं, हमें अपने को जगाना है। इन भोगों के जीवन से कोई ऊँची वस्तु है। तुम क्या समझते हो कि यह मानव, यह अनंत आत्मा; अपनी आँख, कान और नाक का दास बनने के लिए ही पैदा हुआ है? इसके पीछे एक अनंत सर्वदर्शी आत्मा विद्यमान है, जो सबकुछ करने में समर्थ है, जो समस्त बंधनों को तोड़ सकता है। यथार्थ में हम वह आत्मा ही हैं और प्रेम द्वारा ही वह शक्ति हम प्राप्त कर सकते हैं। अतः स्मरण रखो कि यही हमारा आदर्श है, पर यह आदर्श हमें एक ही दिन में प्राप्त होनेवाला नहीं है। हम कल्पना कर सकते हैं कि हमें वह आदर्श प्राप्त हो गया, पर आखिर वह कल्पना मात्र होगी। वह आदर्श हमसे दूर, बहुत दूर है। जिस अवस्था में मनुष्य अभी है, उसे वहीं से आगे बढ़ने में सहायता देनी चाहिए।

मनुष्य इस जड़सृष्टि को यथार्थ मानता है। हम-तुम सभी जड़वादी हैं। हम ईश्वर और आत्मा के संबंध में बातें करते हैं, सो ठीक है, पर इस प्रकार बातें करना समाज का प्रचलन मात्र ही है। हमने इन शब्दों को तोते की तरह रट लिया है और हम उन शब्दों का उच्चारण कर दिया करते हैं। अतः आज हम जड़वादी के रूप में जहाँ भी हैं, वहीं से प्रारंभ करना होगा। हमें जड़वस्तु की सहायता लेते हुए क्रमशः धीरे-धीरे आगे बढ़ना होगा। तभी हम अंततः यथार्थ आत्मवादी बन सकेंगे; तभी हम यह अनुभव करने लगेंगे कि हम आत्मा हैं; तभी हम आत्मा को समझेंगे और हमें यह पता लगेगा कि यह संसार, जिसे हम अनंत कहा करते हैं, उस वस्तु का केवल स्थूल बाह्य रूप है, जो उसके पीछे वर्तमान है।

परंतु इसके सिवा कुछ और भी आवश्यक है। तुम लोगों ने बाइबिल में ईसा मसीह के 'शैलोपदेश' में पढ़ा होगा, "माँगो और वह तुमको दे दिया जाएगा; ढूँढ़ो और तुम पा जाओगे, दरवाजा खटखटाओ और वह तुम्हारे लिए खोल दिया जाएगा।" पर कठिनाई तो यह है कि ढूँढ़ता कौन है, चाहता

कौन है ? हम सब कहते हैं कि हम ईश्वर को जानते हैं। यदि एक मनुष्य यह सिद्ध करने के लिए कि 'ईश्वर नहीं है' एक बृहत् ग्रंथ लिखता है, तो दूसरा ईश्वर का अस्तित्व प्रमाणित करने के लिए एक दूसरा ग्रंथ लिख डालता है। एक मनुष्य अपनी सारी उम्र ईश्वर का अस्तित्व सिद्ध करना ही अपना कर्तव्य समझता है, तो दूसरा उस मत का खंडन करना ही उचित समझता है, इसलिए वह मनुष्यों को यही उपदेश देता फिरता है कि ईश्वर है ही नहीं। ईश्वर के अस्तित्व का खंडन या मंडन करने के लिए पुस्तकें लिखने का क्या प्रयोजन, ईश्वर चाहे हो, चाहे न हो, इससे अधिकांश लोगों का क्या बनता-बिगड़ता है ?

अधिकांश मनुष्य यंत्र के सदृश काम करते रहते हैं, न तो ईश्वर का कोई विचार उनके मन में आता है और न ईश्वर की कोई आवश्यकता उन्हें प्रतीत होती है। ऐसा करते-करते एक दिन काल आ पहुँचता है और पुकारता है, "चलो!" उस समय वह मनुष्य कहता है, "जरा ठहरो, मुझे कुछ समय और चाहिए, मेरा बेटा थोड़ा बड़ा हो जाए!" परंतु काल कहता है, "चलो, तुरंत चलो।" बस ऐसा ही हुआ करता है। बेचारे श्री अमुक चल दिए। उस बेचारे से हम क्या कहें ? अपनी जिंदगी में उसे कभी कोई ऐसी चीज नहीं मिली, जो उसे बतला देती है कि ईश्वर ही सर्वोत्तम पदार्थ है। संभवतः वह पूर्व जन्म में शूकर रहा हो और मनुष्य योनि में अधिक अच्छी अवस्था में था, पर इस दुनिया में कुछ ऐसे भी लोग हैं, जिनकी कुछ जागृति हो चुकी है। कोई विपत्ति आ पड़ती है, हमारे किसी प्रियतम की मृत्यु हो जाती है, जिस पर हमने अपनी सारी आत्मा समर्पित कर दी थी, जिसके लिए हम सारे संसार को, यहाँ तक कि अपने सगे भाई को भी ठगा करते थे, जिसके लिए हम तरह-तरह के घृणित कार्य करते भी नहीं हिचकते थे, वही एक दिन मृत्यु के कराल गाल में प्रविष्ट हो जाता है, तब हमें एक जोर का धक्का लगता है। हमारे आत्मा से एक आवाज निकलती है और पूछती है, "कहो, अब आगे क्या होगा ?" हाँ, कभी-कभी मृत्यु से कोई आघात नहीं पहुँचता, पर ऐसे प्रसंग बहुत कम होते हैं। जब कोई वस्तु हमारे हाथ से निकल जाती है, तब हममें से अधिकांश

चिल्ला उठते हैं, "अब क्या होगा?" इंद्रियों पर यह हमारी कैसी घोर आसक्ति है? तुमने सुना ही है कि डूबता मनुष्य तिनके का सहारा पकड़ता है। मनुष्य पहले तो तिनके को ही पकड़ता है और जब वह तिनका उसकी सहायता नहीं कर पाता, तब वह किसी अन्य की सहायता की अपेक्षा करता है। फिर भी लोग उच्चतर वस्तुओं की प्राप्ति होने के पूर्व यौवन की मूर्खताओं में अवश्य पड़ जाते हैं।

भक्ति एक धर्म है। धर्म बहुत से लोगों की चीज नहीं होती। ऐसा होना असंभव है। घुटनों की कवायद, उठक-बैठक तो बहुत से लोगों के करने की चीज हो सकती है, पर 'धर्म' तो केवल थोड़े से ही व्यक्तियों की वस्तु है। प्रत्येक देश में कुछ सौ ही मनुष्य ऐसे होते हैं, जो धार्मिक हो सकते हैं और होंगे। शेष लोग धार्मिक नहीं हो सकते, क्योंकि एक तो वे जाग्रत् नहीं होते और न उन्हें वैसी इच्छा ही होती है। मुख्य बात है, ईश्वरप्राप्ति की आकांक्षा। हमारे सभी स्वार्थों की पूर्ति बाहरी संसार द्वारा हो जाती है। अत: हमें ईश्वर के सिवा सभी वस्तुओं की आकांक्षा होती है। अत: हमें इस बाह्य संसार के उस पार की चीजों की आवश्यकता होती है, तभी हम उनकी पूर्ति अंत:स्थ स्रोत या ईश्वर से करना चाहते हैं। हमारी आवश्यकताएँ जब तक इस भौतिक सृष्टि की संकुचित सीमा के भीतर की वस्तुओं तक ही परिसीमित रहती हैं, तब तक हमें ईश्वर की कोई आवश्यकता नहीं पड़ती। जब हम यहाँ की हरेक चीज से तृप्त होकर ऊब जाते हैं, तभी हमारी दृष्टि अपनी आवश्यकताओं की पूर्ति के लिए इस सृष्टि के परे दौड़ती है। जब आवश्यकता होती है, तभी उसकी माँग भी होती है। इसलिए इस संसार की बालक्रीड़ा से जितनी जल्दी हो सके, निपट लो। तभी तुम्हें इस संसार के परे की किसी वस्तु की आवश्यकता प्रतीत होगी और धर्म के प्रथम सोपान पर तुम कदम रख सकोगे।

धर्म का एक वह रूप है, जो केवल फैशन हो गया है। मेरी मित्र की बैठक फर्नीचर से भरी हुई है; जापानी फूलदान रखना एक फैशन है, अत: वे भी जापानी फूलदान रखेंगी, चाहे उसके लिए उन्हें हजार डॉलर भले ही खर्च करने पड़ें। इसी तरह वे एक नन्हा सा धर्म भी अपनाना चाहती हैं और

किसी धर्मसंघ या चर्च में शामिल हो जाती हैं, पर 'भक्ति' ऐसों के लिए नहीं है। यह 'चाह' नहीं है। 'चाह' वह है, जिसके बिना हम जी न सकें। हमें हवा की आवश्यकता है, भोजन की आवश्यकता है, कपड़ों की आवश्यकता है; इनके बिना हम जी नहीं सकते। जब मनुष्य इस संसार में किसी स्त्री से प्रेम करता है, तब कभी-कभी उसे प्रतीत होता है कि उस स्त्री के बिना वह जी ही नहीं सकता, यद्यपि उसकी यह भावना मिथ्या है। जब पति मरता है, तब पत्नी समझती है कि मैं पति के बिना नहीं जी सकती, पर फिर भी वह जीती ही है। किसी वस्तु की आवश्यकता की जाँच यही है कि उस वस्तु के अभाव में जीना असंभव हो जाए—या तो हमें उस वस्तु की प्राप्ति हो या उसके बिना हम मर जाएँ। जब हमें ईश्वर के संबंध में ऐसा ही लगने लगे, अर्थात् संसार के उस पार की किसी वस्तु की आवश्यकता अनुभव करने लगें; ऐसी वस्तु की, जो भौतिक शक्तियों से परे है, उनसे ऊपर है, तभी हम 'भक्त' बनते हैं। जब क्षण भर के लिए बादल हट जाता है और हम इस संसार के उस पार की एक झलक पा जाते हैं, जब उस एक क्षण के लिए ये ऐहिक नीच वासनाएँ सिंधु में एक बिंदु के समान मालूम पड़ती हैं, उस समय हमारे लघु जीवन में क्या रह जाता है? तभी आत्मा का विकास होता है, उसे ईश्वर का अभाव खटकता है, ईश्वरप्राप्ति के लिए तीव्र उत्कंठा होती है और उसे पाए बिना वह रह नहीं सकता।

इसलिए पहली सीढ़ी यह है कि हम चाहते क्या हैं, क्या हमें ईश्वर चाहिए? हम यह प्रश्न अपने से प्रतिदिन करें। तुम भले ही संसार की सारी पुस्तकें पढ़ डालो; पर यह प्रेम न तो वाग्मिता द्वारा, न तीव्र बुद्धि से और न शास्त्रों के अभ्यास से ही प्राप्त किया जा सकता है। जिसे ईश्वर की चाह है, उसी को भक्ति की प्राप्ति होगी और ईश्वर स्वयं को उसे दे देता है। प्रेम सर्वदा पारस्परिक और परावर्तक होता है। तुम मुझसे घृणा करते हो और यदि मैं तुमसे प्रेम करता हूँ, तो तुम मुझे दूर ही रखना चाहोगे, पर यदि मैं तुमसे सतत प्रेम करता ही रहूँ, तो महीने या वर्ष भर में तुम मुझसे अवश्य ही प्रेम करने लगोगे। यह एक सुविज्ञात वैज्ञानिक तथ्य है। जिस प्रकार प्रेमव्रता पत्नी अपने

गत पति का चिंतन करती है, उसी प्रकार के प्रेम से हमें ईश्वरप्राप्ति के लिए व्याकुल होना चाहिए, तभी ईश्वर की प्राप्ति होगी। समस्त ग्रंथ और शास्त्र हमें कुछ भी नहीं सिखा सकते। पुस्तकों को रटकर हम तोते बन जाते हैं। पुस्तकों को पढ़कर कोई पंडित नहीं होता। जो मनुष्य केवल 'प्रेम' का एक शब्द पढ़ लेता है, वही पंडित है। अतः हमारी पहली आवश्यकता है व्याकुलता।

प्रतिदिन हम अपने आप से यही प्रश्न करें—'क्या हमें ईश्वर को प्राप्त करने की लालसा है?' जब हम धर्म की बातें करें; खासकर जब हम ऊँचा आसन ग्रहण करके दूसरों को उपदेश देने लगें, तब हमें अपने से यही प्रश्न पूछना चाहिए। मैं अनेक बार देखता हूँ कि मुझे ईश्वर की चाह नहीं है; मुझे रोटी की चाह उससे अधिक है। यदि मुझे एक टुकड़ा रोटी न मिले, तो मैं पागल हो जाऊँगा। हीरे की पिन बिना बहुतेरी महिलाएँ पागल हो जाएँगी, पर उन्हें ईश्वरप्राप्ति के लिए इसी प्रकार की लालसा नहीं है। विश्व की उस एकमात्र 'यथार्थ वस्तु' का उन्हें ज्ञान नहीं है। हमारी भाषा में एक कहावत प्रचलित है—'मारै तो हाथी, लूटै तो भंडार।' भिखारियों को लूटकर या चींटियों का शिकार करके क्या लाभ हो सकता है? अतः यदि प्रेम करना है, तो ईश्वर से प्रेम करो। इन सांसारिक वस्तुओं की परवाह कौन करता है? इस संसार से निकलने का मार्ग ईश्वर के अतिरिक्त और दूसरा नहीं है। वही ईश्वर हमारे जीवन का ध्येय है। वे मत, जो संसार को जीवन का ध्येय बताते हैं, अनर्थकारी हैं।

इस संसार और इस शरीर का भी मूल्य है, पर वह गौण है, वह साध्य की प्राप्ति के लिए साधन मात्र है, किंतु संसार हमारा साध्य नहीं बन सकता। दुर्भाग्यवश हम संसार को प्रायः साध्य वस्तु और ईश्वर को उसका साधन बना बैठते हैं। हम देखते हैं, लोग गिरजाघर में जाकर कहते हैं, "हे ईश्वर! मुझे यह वस्तु दे, वह वस्तु दे! मेरी बीमारी अच्छी कर दे।" उनको सुंदर नीरोग शरीर चाहिए और उन्होंने सुन रखा है कि ऐसा कोई व्यक्ति एक जगह बैठा है, जो उनके इस काम को कर देगा; इसलिए वे जाते हैं और उससे प्रार्थना करते हैं। धर्म के संबंध में ऐसे विचार रखने की अपेक्षा नास्तिक होना बेहतर है। जैसा मैं

बता चुका हूँ, यह 'भक्ति' सर्वोच्च आदर्श है। मैं कह नहीं सकता कि भविष्य में करोड़ों वर्षों में भी हमें उस आदर्श (या 'भक्ति') की प्राप्ति होगी या नहीं, पर हमें तो उस ('भक्ति') को अपना सर्वोच्च आदर्श बनाना ही चाहिए और अपनी समस्त इंद्रियों को उस सर्वोच्च आदर्श की ओर ही उन्मुख कर देना चाहिए। इससे यदि हमें साध्य की प्राप्ति न भी होगी, तो कम-से-कम हम उसके अधिक निकट तो अवश्य पहुँच जाएँगे। संसार में इंद्रियों में से ही धीरे-धीरे अपना रास्ता बनाते हुए हमें ईश्वर तक पहुँचना है।

□

भक्ति में प्रतीक

भक्ति के दो विभाग हैं। एक वैधी भक्ति, जो विधिमयी या अनुष्ठानात्मक होती है और दूसरी मुख्य भक्ति या पराभक्ति। अत्यंत निम्नतम श्रेणी से लेकर उच्चतम श्रेणी तक की उपासना के सभी रूपों का समावेश 'भक्ति' शब्द में होता है। दुनिया के सभी देशों और सभी धर्मों में जितनी भी उपासनाएँ की जाती हैं, उन सबका नियमन प्रेम द्वारा होता है। इन उपासनाओं में बहुत सा भाग तो केवल विधियों का होता है और बहुत सा भाग विधियों के न होने पर भी प्रेम नहीं कहा जा सकता; असल में वह तो प्रेम से नीची श्रेणी का होता है, तथापि ये विधियाँ आवश्यक होती हैं। भक्ति का यह बाहरी भाग आत्मा को उन्नति के मार्ग में सहायता देने लिए नितांत आवश्यक है। मनुष्य यदि सोचे कि मैं कूदकर एकदम उच्चतम अवस्था पर पहुँच जाऊँगा, तो यह उसकी बड़ी भूल है। यदि बालक सोचे कि 'मैं एक दिन में वृद्ध बन जाऊँगा', तो यह उसका अज्ञान है। मैं आशा करता हूँ कि तुम सदा इस बात का ध्यान रखोगे कि धर्म न तो पुस्तकों में है, न बौद्धिक सम्मति देने में और न तर्कवाद में ही। तर्क-सिद्धांत, आप्तवाक्य, शास्त्राज्ञा, धार्मिक अनुष्ठान, ये सब धर्म के सहायक होते हैं, पर असली धर्म तो साक्षात्कार ही है। हम सब कहा करते हैं कि 'ईश्वर है।' क्या तुमने ईश्वर को देखा है ? यही प्रश्न है। तुम किसी मनुष्य को यह कहते सुनते हो कि 'स्वर्ग में एक ईश्वर है।' तुम उससे पूछते हो कि क्या तुमने ईश्वर को देखा है। यदि वह कहता है कि 'हाँ, मैंने ईश्वर को देखा है', तो तुम उस पर हँसोगे और उसे पागल कहोगे।

धर्म अधिकांश लोगों के लिए एक प्रकार की बौद्धिक सम्मति देने मात्र में ही समाप्त हो जाता है। मैं इसे धर्म नहीं कहता। इस तरह का धर्म पालन करने की अपेक्षा तो नास्तिक होना अच्छा है। हमारी बौद्धिक सम्मति या असम्मति पर धर्म अवलंबित नहीं रहता। तुम कहते हो कि आत्मा है। क्या तुमने आत्मा को देखा है, हम सब में आत्मा है, पर उसे हम देख नहीं पाते, यह कैसी बात है? तुमको इस बात का उत्तर देना होगा और आत्मा को देखने का उपाय निकालना होगा। यदि ऐसा नहीं हो सकता, तो धर्म की बात करना निरर्थक है। यदि कोई धर्म सच्चा है, तो उसे हमें अपने आप में ही आत्मा, ईश्वर और सत्य का दर्शन करा सकने में समर्थ होना चाहिए। यदि तुम और हम किसी धार्मिक सूत्र या शास्त्र के संबंध में सदा लड़ते रहें, तो हम कभी किसी निर्णय पर न पहुँच सकेंगे। इसी तरह लोग युगों से लड़ते आए हैं, पर नतीजा क्या हुआ? बुद्धि वहाँ तक कदापि नहीं पहुँच सकती। हमें तो बुद्धि के उस पार जाना होगा। धर्म का प्रमाण प्रत्यक्ष अनुभव से ही होता है। इस दीवाल के अस्तित्व का प्रमाण यही है कि इसे हम देखते हैं। यदि हम बैठ जाएँ और दीवाल के अस्तित्व के संबंध में युग-युगांतर तक बहस करें, तो कभी किसी निर्णय पर नहीं पहुँच सकेंगे, पर यदि तुम इसे प्रत्यक्ष देख लो, तो उतना ही पर्याप्त है। फिर यदि संसार के सारे मनुष्य तुमसे कहें कि दीवाल नहीं थी, तो तुम उनका कभी विश्वास नहीं करोगे, क्योंकि तुम जानते हो कि अपने चक्षुओं का प्रमाण संसार के सूत्रों और सिद्धांतों से बढ़कर है।

धार्मिक होने के लिए सर्वप्रथम तुम्हें पुस्तकें फेंक देनी होंगी। पुस्तकें जितनी कम पढ़ो, उतनी ही तुम्हारी भलाई है। एक समय में एक ही काम करो। इस जमाने में पाश्चात्य देशों में दिमाग की खिचड़ी करने की प्रवृत्ति चल रही है। सभी तरह के अपरिपक्व विचार दिमाग में उत्पात मचाते हैं और अराजकता फैला देते हैं। इन विषयों को दिमाग में ठंडा होने का और निश्चित आकार में जमने का मौका ही नहीं मिलता। बहुधा यह एक प्रकार का रोग सा हो जाता है। यह तो धर्म कदापि नहीं कहा जा सकता। इसके अतिरिक्त कुछ लोगों को कुछ सनसनी पैदा करने वाला चाहिए, उन्हें बताओ कि ऐसे-ऐसे

भूत होते हैं, या कि उत्तरी ध्रुव था और किसी दूर देश से लोग पंखों के सहारे उड़ते-उड़ते किसी विचित्र रूप में आ रहे हैं, अदृश्य रूप से उपस्थित हैं और उनकी तरफ ताक रहे हैं। उन्हें ऐसी-ऐसी बातें बताओ, जिनको सुनकर उनके हृदय में सनसनी पैदा हो। तब वे संतुष्ट होकर अपने घर जाएँगे, पर चौबीस घंटे बाद वे नई उत्तेजना लिये तैयार मिलेंगे। इसे ही कुछ लोग 'धर्म' कहते हैं, पर यह पागलखाने का रास्ता है, न कि धर्म का। यदि तुम इसी राह में एक शताब्दी तक चलोगे, तो इस देश को तुम एक बड़ा पागलखाना बना डालोगे। परमात्मा के पास दुर्बल लोग नहीं पहुँच सकते और वे सब अलौकिक वस्तुएँ दुर्बलता उत्पन्न करनेवाली हैं। अतः भूलकर भी उनके निकट न जाओ। इनसे मनुष्य केवल कमजोर बनता है, दिमाग में गड़बड़ी पैदा होती है, मन दुर्बल हो जाता है, आत्मा का नैतिक पतन होता है और नैराश्यपूर्ण संभ्रम ही इसका अंतिम फल होता है। तुम इस बात को ध्यान में रखो कि धर्म न बातों में है, न सिद्धांतों में, न पुस्तकों में, वह है प्रत्यक्ष अनुभव में। वह 'सीखना' नहीं है, 'होना' है। 'चोरी मत करो', इसे सब जानते हैं, पर इससे क्या? इसे तो यथार्थ में उसी ने जाना, जिसने चोरी नहीं की। 'दूसरों को हानि मत पहुँचाओ', यह बात हरेक को मालूम है, पर इससे क्या लाभ? जिन्होंने दूसरों को हानि नहीं पहुँचाई, उन्होंने इस वाक्य का अनुभव किया। उन्होंने इसे जाना और इस सिद्धांत पर अपने चरित्र का निर्माण किया। धर्म अनुभव करना है और मैं तुमको ईश्वर का उपासक तभी कहूँगा, जब तुम इस आदर्श को सिद्ध करने में समर्थ हो जाओगे। उसके पूर्व ये सारे व्यापार शब्द की वर्तनी मात्र हैं। साक्षात्कार या प्रत्यक्षानुभूति की यह शक्ति ही धर्म की निर्णायक है। अपने मस्तिष्क में सिद्धांतों, दर्शनों और नैतिक पुस्तकों को जितना चाहे ठूँस लो, उससे कुछ लाभ नहीं होने का; असली चीज है—वह, जो तुम हो तथा वह सत्य, जिसे तुमने उपलब्ध किया है। अतः हमें धर्म को जीवन में सिद्ध करना है और धर्म की यह सिद्धि एक लंबी प्रक्रिया है।

जब लोग किसी उच्च अद्भुत विषय के संबंध में सुनते हैं, तब वे यह समझने लगते हैं कि वे उसे एकदम प्राप्त कर लेंगे। क्षण भर भी वे यह नहीं

विचारते कि उसकी प्राप्ति के लिए उन्हें उसका रास्ता तय करना पड़ेगा। वे तो वहाँ एकदम कूदकर पहुँच जाना चाहते हैं। यदि वह स्थान उच्चतम है, तो भी हम वहाँ पहुँच जाना चाहते हैं। हम यह सोचने के लिए जरा भी नहीं रुकते कि हममें उतनी शक्ति है या नहीं। नतीजा यह होता है कि हम कुछ नहीं कर पाते। तुम किसी मनुष्य को जबरदस्ती उठाकर वहाँ ढकेलकर नहीं भेज सकते। हम सबको क्रमशः प्रयत्न करने की आवश्यकता होती है, अतः धर्म का यह पहला चरण वैधी भक्ति, उपासना की निचली श्रेणी है।

उपासना के ये निम्न स्तर क्या हैं? ये अनेक हैं। उस अवस्था में पहुँचने के लिए, जिसमें हम ईश्वर का अनुभव कर सकेंगे, हमें साकार वस्तु के माध्यम से जाना होगा; ठीक उसी तरह, जैसे कि बच्चे प्रथम साकार वस्तुओं का अभ्यास करके तदुपरांत क्रमशः भाववाचक की ओर जाते हैं। यदि तुम किसी बालक को 'दो पंजे दस' बताते हो, तो वह नहीं समझता, पर यदि तुम उसे दस चीजें दो और दो-दो चीजें पाँच बार उठाने से दस कैसे हुए, यह दिखा दो, तो वह उसे ठीक समझ लेगा। यहाँ धर्म के क्षेत्र में हम सब बच्चे ही हैं। हम उम्र में चाहे बूढ़े हों, संसार की सारी पुस्तकों का अध्ययन चाहे हमने कर लिया हो, पर आध्यात्मिक क्षेत्र में तो हम बच्चे ही हैं।

हमने सूत्रों और सिद्धांतों का तो अध्ययन किया है, पर अपने जीवन में अनुभूति या साक्षात्कार कुछ भी नहीं किया। अब हमें स्थूल या साकार रूप में विधि, मंत्र, स्तोत्र, संस्कार और अनुष्ठानों द्वारा प्रारंभ करना होगा। ये स्थूल विधियाँ हजारों हो सकती हैं। सबके लिए एक ही विधि होना आवश्यक नहीं है। किसी को मूर्ति से सहायता मिल सकती है और किसी को नहीं। किसी को बाहरी मूर्ति की आवश्यकता होती है और किसी को अपने मन में ही मूर्ति की कल्पना करने की आवश्यकता पड़ती है। मन में मूर्ति की कल्पना कर लेनेवाला कहता है, "मैं उच्च श्रेणी का हूँ, क्योंकि मानस-पूजा ठीक है; बाहरी मूर्ति की पूजा करना बुतपरस्ती है, निंदनीय है, मैं उसका विरोध करूँगा।" जब मनुष्य गिरजाघर या मंदिर के रूप में मूर्ति बनाता है, तो वह उसे पवित्र समझता है, पर यदि वह मूर्ति मनुष्य की आकृति हुई, तो उस पर वह आपत्ति करता है।

अतः मन अपना यह स्थूल अभ्यास भिन्न-भिन्न रूपों द्वारा करेगा और धीरे-धीरे हमें सूक्ष्म का ज्ञान प्राप्त होगा, सूक्ष्म का अनुभव होगा। एक ही विधि सबके लिए ठीक नहीं हो सकती। एक विधि मेरे लिए उपयुक्त हो सकती है। दूसरी किसी और के लिए, आदि-आदि। सभी मार्ग यद्यपि उसी ध्येय तक पहुँचाते हैं, तथापि वे सभी सबके योग्य नहीं होते। साधारणतः यहाँ पर हम एक गलती और करते हैं। मेरा आदर्श तुम्हारे लायक नहीं है, तो मैं उसे जबरदस्ती तुम्हारे गले क्यों मढ़ूँ? गिरजाघर बनाने का मेरा नमूना या स्तोत्र-पाठ करने को मेरी विधि यदि तुमको ठीक नहीं जँचती, तो मैं उस संबंध में तुम पर जबरदस्ती क्यों करूँ? तुम दुनिया में जाओ। हर मूर्ख यही कहेगा कि मेरी ही विधि ठीक है तथा अन्य सब विधियाँ आसुरी हैं, संसार में मेरे सिवा ईश्वर का कृपापात्र पैदा ही नहीं हुआ, पर वस्तुतः सभी विधियाँ अच्छी और उपयोगी हैं। मानव-प्रकृति भिन्न-भिन्न प्रकार की होती है। अतः यह आवश्यक है कि धर्म भिन्न-भिन्न प्रकार का हो और जितने भी अधिक प्रकार के धर्म हों, उतना ही संसार के लिए अच्छा है। यदि संसार में बीस प्रकार के धर्म हैं तो बहुत अच्छा है और यदि चार सौ प्रकार के धर्म हो गए, तो और भी अच्छा; क्योंकि उस अवस्था में धर्म पसंद करने का अवसर तथा क्षेत्र अधिक रहेगा। अतः हमें तो धर्म तथा धार्मिक आदर्शों की संख्या बढ़ने पर प्रसन्न ही होना चाहिए, क्योंकि ऐसा होने से प्रत्येक मनुष्य को किसी-न-किसी धर्म-पालन का अवसर मिलेगा तथा मानवजाति को और अधिक सहायता मिलेगी। ईश्वर करे, धर्मों की संख्या यहाँ तक बढ़े कि प्रत्येक मनुष्य को अपने लिए हर किसी के धर्म से अलग एक अपना धर्म मिल जाए। 'भक्तियोग' की यह कल्पना है।

अंतिम भाव यही है कि मेरा धर्म तुम्हारा नहीं हो सकता और न तुम्हारा धर्म मेरा। यद्यपि ध्येय और उद्देश्य एक ही है, तथापि हरेक का मार्ग अपनी-अपनी मानसिक प्रवृत्ति के अनुसार अलग-अलग है और यद्यपि ये मार्ग भिन्न-भिन्न हैं, तो भी सभी मार्ग ठीक होने ही चाहिए, क्योंकि वे सभी उसी स्थान को पहुँचाते हैं। इनमें से एक ही सत्य हो और बाकी सब गलत

हों, यह संभव नहीं। अपना मार्ग पसंद कर लेना ही भक्ति की भाषा में 'इष्ट' कहलाता है।

फिर है 'शब्द'। तुम सबने शब्दों की शक्ति के संबंध में सुना है। उनमें कैसी अद्भुत शक्ति होती है। धर्मग्रंथ बाइबिल, कुरान और वेद इन शब्दों की शक्ति से भरे पड़े हैं। कुछ शब्दों का मानवजाति पर अद्भुत प्रभाव होता है। फिर उपासना के दूसरे रूप भी हैं—जैसे, प्रतीक। प्रतीक प्रत्येक मनुष्य के मन पर बड़ा प्रभाव रखते हैं। धर्म के बड़े-बड़े प्रतीक ऐसे ही नहीं बना दिए गए हैं। वे विचारों को प्रकट करने की स्वाभाविक अभिव्यक्तियाँ हैं। हम प्रतीकों द्वारा ही विचार करते हैं। हमारे शब्द उनके पीछे रहनेवाले विचारों के प्रतीक मात्र हैं। भिन्न-भिन्न प्रतीकों का उपयोग बिना उनका कारण जाने ही करने लगे हैं। कारण पीछे रहते हैं और इन प्रतीकों का इन भावों और विचारों से संबंध रहता है। जिस तरह विचार इन प्रतीकों को बाहर प्रकट करते हैं, उसी प्रकार इसके विपरीत ये प्रतीक विचारों को भीतर ले जाते हैं। इसीलिए भक्ति के एक अंश में इन प्रतीकों, शब्दों और प्रार्थनाओं का वर्णन है। प्रत्येक धर्म में प्रार्थनाएँ हैं, पर एक बात ध्यान में रखनी होगी कि आरोग्य या धन के लिए प्रार्थना करना भक्ति नहीं है—वह सब कर्म या सत्कार्य है। किसी भौतिक लाभ के लिए प्रार्थना करना निरा कर्म है; जैसे स्वर्ग-प्राप्ति अथवा किसी अन्य कार्य के लिए प्रार्थना करना। जो ईश्वर से प्रेम करता है, उसे इस क्रय-विक्रय, इस 'दुकानदारी' के धर्म की गठरी बाँधकर अलग रख देनी होगी; तत्पश्चात् उस द्वार में प्रवेश करना होगा। ऐसी बात नहीं है कि जिस वस्तु के लिए प्रार्थना करते हो, वह मिलती नहीं। तुम सबकुछ पा सकते हो, पर यह तो भिखारी का धर्म हुआ। 'वह सचमुच मूर्ख है, जो गंगा के किनारे रहकर पानी के लिए कुआँ खोदता है। जो हीरों की खान में आकर काँच के टुकड़ों की खोज करता है, वह मूर्ख नहीं तो और क्या है?' यह शरीर कभी-न-कभी तो मरेगा ही। तब इसकी आरोग्यता के लिए प्रार्थना करने से क्या लाभ? धनी-से-धनी मनुष्य भी अपने धन के थोड़े से ही अंश का उपयोग कर सकता है। हम संसार की सभी चीजें प्राप्त नहीं कर सकते। जब हम उन्हें

प्राप्त नहीं कर सकते, तो क्या हमें उनकी चिंता में डूबे रहना चाहिए, जब यह शरीर ही नष्ट हो जाएगा, तब इन वस्तुओं की चिंता कैसी ? यदि अच्छी चीजें आएँ, तो उनका स्वागत है। यदि वे जाती हैं, तो भी स्वागत है ! जाने दो ! जब वे आती हैं, तो भी धन्य है; जब जाती हैं, तो भी धन्य है। हम तो राजाधिराज के समक्ष पहुँचने का प्रयत्न कर रहे हैं। हम वहाँ भिखारी के वेश में नहीं पहुँच सकते। यदि हम भिखारी के वेश में बादशाह के दरबार में प्रवेश करना चाहें भी, तो क्या हमें प्रवेश पा सकना चाहिए ? कदापि नहीं। हमें भगा दिया जाना चाहिए। वह सम्राटों का सम्राट् है और हम उसके समक्ष भिखारियों के चिथड़ों में प्रवेश नहीं कर सकते। वहाँ दुकानदारों को प्रवेश करने की आज्ञा कभी नहीं मिलती। वहाँ क्रय-विक्रय की भी गुंजाइश नहीं है। तुमने बाइबिल में पढ़ा ही है, ईसा ने खरीदने और बेचनेवालों को मंदिर से भगा दिया था। तुच्छ वस्तुओं के लिए कभी प्रार्थना न करो, यदि तुम केवल शारीरिक आराम की आकांक्षा करते हो, तो पशु और मनुष्य में अंतर ही क्या है ? अपने को पशुओं से थोड़ा ऊँचा तो समझो।

अत: यह स्पष्ट है कि भक्त बनने में पहला काम है, स्वर्ग तथा अन्य सभी विषयों के प्रति समस्त कामनाओं का त्याग, किंतु प्रश्न यह है कि इन सब कामनाओं का त्याग कैसे किया जाए, मनुष्य दुःखी क्यों है ? इसलिए कि वह दास है, नियमों में जकड़ा, प्रकृति की कठपुतली और खिलौनों की भाँति इधर-से-उधर लुढ़का दिया जानेवाला है। जिस शरीर को कोई भी वस्तु चूर्ण कर दे सकती है, उसी शरीर की चिंता हम निरंतर करते रहते हैं और इसी कारण हम निरंतर भय की स्थिति में अपना जीवन व्यतीत करते हैं। मैंने पढ़ा है कि मृग को भयभीत होते रहने के कारण प्रतिदिन 60-70 मील की दौड़ लगानी पड़ती है, परंतु हमें यह जान लेना चाहिए कि हम मृग से भी गई-बीती स्थिति में हैं। मृग को तो कुछ आराम मिलता भी है, पर हमें आराम कहाँ ? यदि मृग को पर्याप्त घास मिल जाती है, तो वह संतुष्ट हो जाता है, पर हम तो अपनी आवश्यकताएँ हमेशा बढ़ाते ही रहते हैं। अपनी आवश्यकताओं को बढ़ाने की हमारी प्रवृत्ति एक रुग्ण प्रवृत्ति है। हम ऐसे विक्षिप्त और

अस्वाभाविक बन गए हैं कि हमें किसी भी स्वाभाविक वस्तु से संतोष नहीं होता। हम सदा विकृत चीजों के पीछे, अस्वाभाविक उत्तेजनाओं के पीछे दौड़ा करते हैं। हमें खान-पान, वातावरण और जीवन भी अस्वाभाविक चाहिए और जहाँ तक भय का प्रश्न है, हमारा सारा जीवन भय की पोटली मात्र है। मृग को तो केवल बाघ, भेड़िया इत्यादि का ही डर रहता है, पर मनुष्य को सारी सृष्टि से डर बना रहता है।

अब प्रश्न यह है कि इससे हम अपने को मुक्त कैसे कर सकते हैं? उपयोगितावादी कहते हैं, "ईश्वर और परलोक की बातें मत करो। हम इनके विषय में कुछ नहीं जानते। इस संसार में ही सुख की जिंदगी बिताना उचित है।" यदि हम ऐसा कर सकते, तो सबसे पहले मैं ही यह करता, पर दुनिया हमें जब ऐसा करने दे, तब न? जब तक तुम प्रकृति के दास हो, उतना ही अधिक उलझते जाते हो। न जाने कितने वर्ष अपने को सुखी बनाने की योजनाओं में व्यस्त रहते हो, पर हर वर्ष यही देखते हो कि अवस्था उत्तरोत्तर बुरी होती जा रही है। दो सौ वर्ष पहले 'पूर्वी गोलार्ध' में मनुष्य की आवश्यकताएँ बहुत थोड़ी थीं, पर जैसे-जैसे मनुष्य का ज्ञान अंकगणितीय क्रम में बढ़ता गया, वैसे-वैसे उसकी आवश्यकताएँ ज्यामितीय क्रम में बढ़ती गईं। हम सोचते हैं कि मुक्ति में कम-से-कम हमारी सारी इच्छाएँ पूर्ण हो जाएँगी, इसलिए हम स्वर्ग जाने की इच्छा करते हैं, पर यह तृष्णा अनंत है, यह कभी बुझनेवाली नहीं। सदा किसी-न-किसी वस्तु की कमी बनी ही रहती है। यदि मनुष्य भिखारी है, तो उसे धन चाहिए। यदि धन मिला, तो उसे अन्य चीजें चाहिए, समाज चाहिए और उसके बाद भी कुछ और चाहिए। आराम या शांति कभी मिलती ही नहीं! तो इस तृष्णा को हम कैसे बुझा सकते हैं? यदि हम स्वर्ग को जाते हैं तो हमारी इच्छाओं की और भी वृद्धि होती है। यदि गरीब आदमी धनी हो जाता है तो उसकी वासना तृप्त नहीं होती। धन तो अग्नि में घृत छोड़ने के समान उसकी प्रदीप्त ज्वालाओं की वृद्धि ही करता है। स्वर्ग जाने का अर्थ है—अत्यधिक धनवान् होना और तब वासना अधिकाधिक बढ़ती जाती है। हम संसार के विभिन्न धर्मग्रंथों में स्वर्ग में अनेक मानवीय विषयों के संबंध

में पढ़ते हैं। वहाँ सभी बातें सर्वदा अच्छी नहीं होतीं, आखिर यह स्वर्ग जाने की इच्छा भी तो सुखभोग की वासना ही है। इस इच्छा का परित्याग करना चाहिए। तुम लोगों के लिए स्वर्ग जाने का विचार करना बहुत हीन और तुच्छ है। यह ठीक उसी सदृश है कि मैं करोड़पति होऊँगा और लोगों पर हुकूमत करूँगा। ऐसे स्वर्ग तो अनेक हैं, पर धर्म और प्रेम के द्वार में प्रवेश करने का अधिकार इन स्वर्गों द्वारा तुम कभी प्राप्त नहीं कर सकते।

□

आत्मविकास का मार्ग

यह निश्चित है कि प्रत्येक आत्मा को पूर्णता की प्राप्ति होगी और अंत में सभी प्राणी उस पूर्णावस्था को प्राप्त करेंगे। हम इस समय जो भी हैं, वह हमारे पिछले अस्तित्व और विचारों का परिणाम तथा हमारी भविष्य की अवस्था हमारे वर्तमान कार्यों और विचारों पर अवलंबित रहेगी, किंतु इससे हमारे लिए दूसरों से सहायता प्राप्त करना वर्जित नहीं हो जाता। किसी बाह्य सहायता से आत्मशक्तियों का विकास अधिक तेजी से होने लगता है। अत: संसार के अधिकांश मनुष्यों के लिए बाह्य सहायता की प्राय: अनिवार्य रूप में आवश्यकता होती है। हमारे विकास को स्फुरित करनेवाला प्रभाव बाहर से आता है और हमारी प्रसुप्त शक्तियों को जगा देता है। तभी से हमारी उन्नति प्रारंभ होती है, आध्यात्मिक जीवन आरंभ होता है और अंत में हम पावन और पूर्ण बन जाते हैं। यह स्फुरित शक्ति, जो बाहर से आती है, हमें पुस्तकों से प्राप्त नहीं हो सकती, एक आत्मा दूसरी आत्मा से ही प्रेरणा प्राप्त कर सकती है, किसी अन्य वस्तु से नहीं। हम जन्म भर पुस्तकों का अध्ययन करते रहें और बड़े बौद्धिक भी हो जाएँ, पर अंत में देखेंगे कि आध्यात्मिक दृष्टि से हम कुछ भी विकसित नहीं हुए हैं। यह आवश्यक नहीं है कि उच्च श्रेणी के बौद्धिक विकास के साथ मनुष्य का आत्मिक विकास भी समतुल्य हो जाए। प्रत्युत हम प्राय: यही देखते हैं कि बुद्धि का उच्च विकास आत्मा की ही वेदी पर होता है।

बुद्धि की उन्नति करने में तो हमें पुस्तकों से बहुत सहायता प्राप्त होती

है, पर आत्मा के विकास में उनसे लगभग शून्यप्राय ही सहायता प्राप्त होती है। ग्रंथों का अध्ययन करते-करते कभी-कभी हम भ्रमवश ऐसा सोचने लगते हैं कि हमारी आध्यात्मिक उन्नति में इस अध्ययन से सहायता मिल रही है, पर जब हम आत्मविश्लेषण करते हैं, तब पता लगता है कि ग्रंथों से केवल बुद्धि को ही सहायता मिली है, आत्मा को नहीं। यही कारण है कि हर व्यक्ति आध्यात्मिक विषयों पर अद्भुत व्याख्यान तो दे सकता है, पर जब कार्य करने का अवसर आता है, तो वह अपने को बिल्कुल निकम्मा पाता है। कारण यह है कि जो बाह्य शक्ति हमें आत्मोन्नति के पथ पर आगे बढ़ाती है, वह हमें पुस्तकों द्वारा नहीं मिल सकती। आत्मा को स्फुरित करने के लिए ऐसी शक्ति किसी दूसरी आत्मा से ही प्राप्त होनी चाहिए।

जिस आत्मा से यह शक्ति मिलती है, उसे गुरु या आचार्य कहते हैं और जिस आत्मा को यह शक्ति प्रदान की जाती है, वह शिष्य या चेला कहलाता है। इस शक्ति या संप्रेषण के लिए पहले तो यह आवश्यक है कि जिस आत्मा से यह शक्ति संचारित होती है, उसमें उस शक्ति को अपने पास से दूसरे में संप्रेषित कर सकने की क्षमता हो और दूसरी आवश्यकता यह है कि जिसको वह शक्ति संप्रेषित हो जाए, उसमें उसे ग्रहण करने की क्षमता हो। बीज सजीव हो और खेत अच्छी तरह से जुता हुआ हो। जब ये दोनों शर्तें पूरी हो जाती हैं, तब धर्म की आश्चर्यजनक उन्नति होती है। 'धर्म का वक्ता अलौकिक हो और श्रोता भी वैसा ही हो।' जब दोनों अलौकिक और असाधारण होंगे, तभी अत्युत्तम आत्मिक विकास संभव है, अन्यथा नहीं। ऐसे ही लोग यथार्थ गुरु हैं और ऐसे ही लोग यथार्थ शिष्य। अन्य तो मानो धर्म का केवल खिलवाड़ करते हैं। वे थोड़ा सा बौद्धिक प्रयास तथा कुछ कौतूहलपूर्ण शंकाओं का समाधान करते रहते हैं। उनके बारे में हम कह सकते हैं कि वे मानो धर्मक्षेत्र की केवल बाहरी परिधि पर खड़े हैं, पर उसकी भी कुछ-न-कुछ सार्थकता है। धर्म की सच्ची प्यास उससे जाग्रत् हो सकती है; समय आने पर ही सबकुछ प्राप्त होता है। प्रकृति का यह एक रहस्यपूर्ण नियम है कि खेत तैयार होते ही बीज मिलता है। ज्यों ही आत्मा को धर्म की आवश्यकता होती है, त्यों ही धार्मिक शक्ति

का देनेवाला कोई-न-कोई आना ही चाहिए। 'खोज करनेवाले पापी की भेंट खोज करनेवाले उद्धारक से हो ही जाती है।' जब ग्रहण करनेवाले आत्मा की आकर्षणशक्ति पूर्ण और परिपक्व हो जाती है, उस समय उस आकर्षण का उत्तर देनेवाली शक्ति आनी ही चाहिए।

पर मार्ग में बड़े खतरे भी हैं। एक खतरा यह है कि कहीं गृहीता आत्मा (शिष्य' अपने क्षणिक आवेश को यथार्थ धार्मिक पिपासा न समझने लगे। ऐसा हमें स्वयं अपने में भी मिलेगा। हमारे जीवन में प्रायः ऐसा घटित होता है कि जिस व्यक्ति पर हमारा बहुत प्रेम है, वह अचानक मर जाता है, उसकी मृत्यु से भी हमें धक्का पहुँचता है; क्षण भर के लिए हम सोचते हैं कि यह संसार हाथ से निकला जा रहा है, हमें संसार से कुछ उच्चतर वस्तु चाहिए और अब हम धार्मिक होने जा रहे हैं, पर कुछ दिनों के बाद वह तरंग निकल जाती है और हम जहाँ-के-तहाँ पड़े रह जाते हैं। हमें अनेक बार इन आवेशों में धर्म की सच्ची पिपासा का भ्रम हो जाता है, पर जब तक इन क्षणिक आवेशों में हमें इस प्रकार का भ्रम होता रहेगा, तब तक हमारी आत्मा की वह सतत यथार्थ पिपासा जाग्रत् नहीं होगी और हमें 'शक्तिदाता' (गुरु) प्राप्त न होंगे।

अतः जब हमारे मन में यह शिकायत उठे कि हमें सत्य की प्राप्ति नहीं हुई है, यद्यपि हम उसकी प्राप्ति के लिए इतने व्याकुल हैं, उस समय हमारा प्रथम कर्तव्य यह होना चाहिए कि हम आत्मनिरीक्षण करें और पता लगाएँ कि क्या हमें वास्तव में उस सत्य या धर्म की पिपासा है ? अकसर तो यही दिखेगा कि हमीं उसके योग्य नहीं हैं, हमें धर्म की आवश्यकता ही नहीं है, हममें अभी आध्यात्मिक पिपासा ही नहीं है।

'शक्तिदाता' गुरु के लिए तो और भी अधिक कठिनाइयाँ होती हैं। बहुतेरे तो ऐसे हैं, जो स्वयं अज्ञान में डूबे रहने पर भी अपने अंतःकरण में भरे अहंकार के कारण अपने को सर्वज्ञ समझते हैं। इतना ही नहीं, वे दूसरों का भार अपने कंधे पर उठाना चाहते हैं, इस प्रकार 'अंधा अंधे को राह दिखावे' वाली कहावत चरितार्थ करते हुए अपने साथ उन्हें भी गड्ढे में ले गिरते हैं।

संसार में ऐसों की ही भरमार है। हर कोई गुरु होना चाहता है, हर भिखारी लक्ष मुद्रा का दान करना चाहता है। जैसे ये भिखारी हँसी के पात्र हैं, वैसे ही ये गुरु भी।

तब प्रश्न यह है कि गुरु की पहचान हमें कैसे हो? सूर्य को दिखाने के लिए मशाल या दीपक की आवश्यकता नहीं होती। सूर्य को देखने के लिए हम मोमबत्ती नहीं जलाते। सूर्य का उदय होते ही उसके उदित होने का ज्ञान हमें स्वभावत: ही हो जाता है। उसी प्रकार जब हमें सहायता देने के लिए किसी जगद्गुरु का आगमन होता है, तब आत्मा को अपने स्वभाव से ही ऐसा लगने लगता है कि उसे सत्य की प्राप्ति हो गई। सत्य स्वयंसिद्ध होता है। उसे सिद्ध करने के लिए किसी प्रमाण की आवश्यकता नहीं होती। सत्य स्वयं प्रकाश होता है। वह हमारी प्रकृति की अंतरतम गुहाओं तक को भेद देता है, समस्त विश्व उठ खड़ा होता है और कहता है, 'यही सत्य है।' महान् आश्चर्य ऐसे ही होते हैं, पर हम तो इनकी अपेक्षा छोटे आचार्यों से भी सहायता पा सकते हैं, किंतु जिनके पास से हम दीक्षा लेना चाहते हैं या जिन्हें हम गुरु बनाना चाहते हैं, उनके विषय में ठीक या उचित राय कायम कर सकने के लिए पर्याप्त अंत:शक्ति हममें बहुधा नहीं होती, इसलिए कुछ कसौटियों की आवश्यकता है। जिस प्रकार शिष्य में कुछ लक्षणों का रहना आवश्यक है, उसी प्रकार गुरु में भी कुछ लक्षण होने चाहिए।

पवित्रता, यथार्थ ज्ञानपिपासा और धैर्य—ये लक्षण शिष्य में अवश्य हों। अपवित्र आत्मा कभी धार्मिक नहीं हो सकता। सबसे बड़ी आवश्यकता इसी पवित्रता की है। सब प्रकार की पवित्रता नितांत आवश्यक है। दूसरी आवश्यकता इस बात की है कि शिष्य को ज्ञानप्राप्ति की यथार्थ पिपासा हो। प्रश्न यही है कि चाहता कौन है? हम जो चाहते हैं, वही मिलता है—यह पुराना नियम है। जो चाहता है, वह पाता है। धर्म की चाह बड़ी कठिन बात है। इसे हम साधारणत: जितना सरल समझते हैं, उतना सरल यह नहीं है। फिर हम यह तो सदा भूल ही जाते हैं कि व्याख्यान सुनना या पुस्तकें पढ़ना धर्म नहीं है। धर्म एक सतत संघर्ष है। स्वयं अपनी प्रकृति का दमन करते रहना;

जब तक उस पर विजय प्राप्त न हो जाए, तब तक निरंतर लड़ते रहने का नाम धर्म है। यह एक या दो दिन, कुछ वर्षों या जन्मों का प्रश्न नहीं है। इसमें तो सैकड़ों जन्म बीत जाएँ, तो भी हमें इसके लिए तैयार रहना चाहिए। संभव है, हमें अपनी प्रकृति पर तुरंत विजय मिल जाए या संभव है, सैकड़ों जन्म तक हमें यह विजय प्राप्त न हो; पर हमें उसके लिए तैयार रहना आवश्यक है। जो शिष्य इस भावना के साथ अग्रसर होता है, उसको सफलता मिलती है।

गुरु में पहले तो हमें यह देखना चाहिए कि वह शास्त्रों के मर्म को जानता हो। सारा संसार बाइबिल, वेद, कुरान आदि आदि धर्मशास्त्रों को पढ़ता है, पर ये सब तो केवल शब्द, बाह्य विन्यास, वाक्य रचना, शब्द रचना और भाषाविज्ञान ही हैं, धर्म की सूखी, नीरस अस्थियाँ मात्र। गुरु चाहे किसी ग्रंथ का काल-निर्णय कर ले, पर शब्द तो वस्तुओं का बाहरी रूप मात्र है। जो शब्द की ही उलझन में अधिक पड़े रहते हैं और अपने मन को शब्दों की शक्ति में ही दौड़ाया करते हैं, वे भाव को खो बैठते हैं। इसीलिए गुरु को धर्मशास्त्रों के मर्म को जानना आवश्यक है। शब्दों का जाल गहन अरण्य के समान है, जहाँ मनुष्य का मन भटक जाता है और बाहर निकलने का मार्ग नहीं पाता। 'शब्दयोजना की विभिन्न रीतियाँ, सुंदर भाषा बोलने की विभिन्न शैलियाँ, शास्त्रों के अर्थ समझाने के अनेक रूप—ये सब विद्वानों के आनंदभोग की वस्तुएँ हैं; इनसे किसी को मुक्ति नहीं मिल सकती।' जो लोग इन सबका प्रयोग करते हैं, वे तो अपने पांडित्य का प्रदर्शन करने के लिए ही ऐसा करते हैं, जिससे संसार उनकी स्तुति करे और यह जाने कि वे विद्वान् हैं। तुम देखोगे कि संसार के किसी भी महान् आचार्य ने शास्त्र के वाक्यों के अनेक अर्थ नहीं किए, न शब्दों की खींचातानी का कोई प्रयत्न किया, न उन्होंने यह कहा कि इस शब्द का अर्थ अमुक है और इस शब्द तथा उस शब्द के बीच भाषाविज्ञान की दृष्टि से इस प्रकार का संबंध है और दूसरे लोगों ने, जिनके पास सिखाने को कुछ नहीं था, एक ही शब्द को ले लिया और उस पर तीन-तीन जिल्दों की पोथी रच डाली।

मेरे गुरुदेव मुझसे कहा करते थे कि तुम ऐसे लोगों से क्या कहोगे, जो

आम के बाग में जाने पर पेड़ों की पत्तियाँ गिनने, पत्ती के रंग जाँचने, शाखाओं की मोटाई नापने तथा उनकी संख्या गिनने इत्यादि में लगे रहें, जबकि उनमें से केवल एक ही में आम खाने की बुद्धि हो। अत: पत्ते और शाखाओं की गिनती करना और टिप्पणी तैयार करना दूसरों के लिए छोड़ दो। इन सब कार्यों का महत्त्व अपने उपयुक्त स्थान में है, पर इस धार्मिक क्षेत्र में नहीं। ऐसी चेष्टा से मनुष्य धार्मिक नहीं बन सकते। इन 'पत्ते गिननेवालों में' तुम्हें श्रेष्ठ शक्ति-संपन्न मनुष्य कदापि नहीं मिल सकता। मनुष्य का सर्वोपरि उद्देश्य, सर्वश्रेष्ठ पराक्रम धर्म है, किंतु उसके लिए 'पत्ते गिनने' की कोई आवश्यकता नहीं है। यदि तुम ईसाई होना चाहते हो, तो यह जानना आवश्यक नहीं कि ईसा मसीह कहाँ पैदा हुए थे—जेरुसलेम या बेथलेहम में; या उन्होंने 'शैलोपदेश' ठीक किस तारीख को सुनाया था; तुम्हें तो केवल उस शैलोपदेश के अनुभव करने की आवश्यकता है। यह उपदेश किस समय दिया गया, इस विषय में दो हजार शब्द पढ़ने की ज़रूरत नहीं। वह सब विद्वानों के विलास के लिए है। उन्हें उसे भोगने दो; 'तथास्तु' कह दो और आओ हम आम खाएँ।

दूसरी आवश्यकता यह है कि गुरु निष्पाप हो। इंग्लैंड में मुझसे एक मित्र पूछने लगे, "गुरु के व्यक्तित्व को हम क्यों देखें, हमें तो उनके उपदेशों की ही विचार करके ग्रहण कर लेना चाहिए?" नहीं, ऐसा ठीक नहीं। यदि कोई मनुष्य मुझे गतिशास्त्र, रसायनशास्त्र या कोई अन्य भौतिक विज्ञान सिखाना चाहता है, तब तो उस शिक्षक का आचरण चाहे जैसा भी हो, वह मुझे इन विषयों की शिक्षा दे सकता है, क्योंकि इन विषयों को सिखाने के लिए केवल बौद्धिक ज्ञान की ही आवश्यकता है। केवल बुद्धिबल द्वारा ही इन विषयों की शिक्षा दी जा सकती है, क्योंकि इन विषयों में, आत्मा की जरा सी भी उन्नति हुए बिना मनुष्य में बुद्धि की विराट् शक्ति का उत्पन्न होना संभव है, पर आध्यात्मिक विज्ञानों के संबंध में तो आदि से अंत तक अपवित्र आत्मा में धर्म की ज्योति का होना असंभव है। ऐसी आत्मा सिखलाएगी ही क्या? वह तो कुछ जानती ही नहीं। पवित्रता ही आध्यात्मिक सत्य है। 'पवित्र हृदयवाले धन्य हैं, क्योंकि वे ही ईश्वर का दर्शन करेंगे।' इस एक वाक्य में सब धर्मों का

निचोड़ है। यदि तुमने इतना ही जान लिया, तो भूतकाल में जो कुछ इस विषय में कहा गया है और भविष्यकाल में जो कुछ कहा जा सकता है, उन सबका ज्ञान तुम्हें प्राप्त हो गया। तुम्हें और किसी ओर दृष्टिपात करने की जरूरत नहीं, क्योंकि तुम्हें इस एक वाक्य में ही सारी आवश्यक सामग्री प्राप्त हो गई। यदि संसार के सभी धर्मशास्त्र नष्ट हो जाएँ, तो अकेला यह वाक्य ही संसार का उद्धार कर सकेगा। आत्मा के पवित्र हुए बिना, ईश्वर का दर्शन, इस जगत् के परे की झाँकी कभी नहीं मिल सकती। इसीलिए आध्यात्मिकता का उपदेश करनेवाले गुरु में पवित्रता होना अनिवार्य है; पहले हमें यह देखना चाहिए कि वे गुरु 'क्या हैं' और तदुपरांत वे 'क्या कहते हैं?' बौद्धिक विषयों के आचार्यों के पक्ष में यह बात आवश्यक नहीं है, वहाँ तो जो वे हैं, उसकी अपेक्षा जो वे कहते हैं, उसकी को हम महत्त्व देते हैं, पर धार्मिक गुरु के विषय में हमें पहले और सर्वोपरि यह देख लेना चाहिए कि वे क्या हैं और तभी उनके उपदेश का मूल्य है; क्योंकि वह तो संप्रेषण करनेवाला होता है। यदि स्वयं गुरु में वह आध्यात्मिक शक्ति न हो, तो वह शिष्य में किसका संचार करेगा? जैसे यदि गरमी पहुँचानेवाला पदार्थ स्वयं गरम हो, तभी वह गरमी के स्पंदन संप्रेषित कर सकेगा, अन्यथा नहीं। ठीक यही बात गुरु के उन मानस-स्पंदनों के संबंध में सत्य है, जिन्हें वह शिष्य में संचरित करता है। प्रश्न संवहन का है, केवल हमारी बौद्धिक क्षमताओं को उत्तेजित करने की बात नहीं है। कोई यथार्थ तथा प्रत्यक्ष शक्ति गुरु से निकलकर जाती है और शिष्य के हृदय में पल्लवित होने लगती है। इसी कारण गुरु का सच्चा होना एक अनिवार्य आवश्यकता है।

तीसरी बात है—उद्देश्य। हमें देखना चाहिए कि गुरु नाम, यश अथवा अन्य किसी ऐसे ही उद्देश्य से तो उपदेश नहीं देते, वरन् केवल प्रेम के निमित्त शिष्य के प्रति, शुद्ध प्रेम से परिचालित होकर उपदेश देते हैं, क्योंकि केवल प्रेम के ही माध्यम द्वारा गुरु से शिष्य में आध्यात्मिक शक्तियों का संचार किया जा सकता है। अन्य किसी माध्यम द्वारा गुरु इन आध्यात्मिक शक्तियों का संचार नहीं कर सकता। अर्थप्राप्ति या कीर्तिलाभ आदि किसी अन्य उद्देश्य से प्रेरित होने पर संप्रेषण का माध्यम तत्काल नष्ट हो जाता है।

अतः यह सब प्रेम द्वारा ही होना चाहिए। जिसने ईश्वर का साक्षात्कार कर लिया है, वही गुरु हो सकता है। जब तुमको गुरु में ये आवश्यक बातें मिल जाएँ तो तुम निरापद हो, तुम्हें कोई डर नहीं और यदि ये बातें गुरु में न हों, तो उनको स्वीकार करना बुद्धिमानी नहीं है। कारण, यदि वे सद्भाव का संचार नहीं कर सकते, तो कभी-कभी उनसे दुर्भाव के ही संचार होने का डर रहता है। इस बात के प्रति सजग रहना चाहिए। अतः स्वाभाविक निष्कर्ष यह है कि हम किसी भी ऐरे-गैरे से उपदेश नहीं ले सकते।

नदी-नालों और पत्थरों के प्रवचन करने की बात काव्यालंकार के रूप में तो ठीक हो सकती है, पर जिसके भीतर सत्य नहीं है, वह सत्य का अणुमात्र भी उपदेश नहीं कर सकता। नदी-नाले किसे प्रवचन देते हैं? उसी मानव-आत्मा को, जिसका जीवन कमल पहले ही मुकुलित हो चुका है। जब हृदय खुल जाता है, तब उसे नालों, पत्थरों से भी उपदेश प्राप्त हो सकता है, इन सबसे धार्मिक शिक्षा मिल सकती है, पर जो हृदय खुला नहीं है, उसे तो नाले और पत्थर के अतिरिक्त और कुछ दिखेगा ही नहीं। अंधा आदमी अजायबघर भले ही चला जाए, पर उसके हाथ केवल आना और जाना ही लगेगा। यदि उसे कुछ देखना है तो पहले उसकी आँखें खुलनी चाहिए। धर्म की आँखों को खोलने वाला गुरु होता है। अतः गुरु के साथ हमारा संबंध पूर्वज और वंशज का होता है। गुरु धार्मिक पूर्वज और शिष्य उसका धार्मिक वंशज होता है। स्वाधीनता और स्वतंत्रता की बातें चाहे जितनी अच्छी लगें, पर विनय, नम्रता, भक्ति, श्रद्धा और विश्वास के बिना कोई धर्म नहीं रह सकता।

यह उल्लेखनीय बात है कि जहाँ गुरु और शिष्य में ऐसे संबंध का अस्तित्व अब भी है, वहीं महान् आध्यात्मिक आत्माओं का विकास होता है, पर जहाँ उसे बहिष्कृत कर दिया जाता है, वहाँ धर्म केवल एक दिल-बहलाव की वस्तु बन जाता है। उन सब राष्ट्रों और धर्मसंघों में, जहाँ गुरु-शिष्य में यह संबंध विद्यमान नहीं है, आध्यात्मिकता प्रायः नहीं के बराबर रह जाती है। उस भावना के बिना आध्यात्मिकता कदापि नहीं आ सकती। वहाँ न तो कोई देनेवाला, संचार करनेवाला ही है और न ग्रहण करनेवाला; क्योंकि वे सब

स्वाधीन हैं। वे सीखेंगे किससे? यदि वे सीखने आते हैं तो असल में विद्या खरीदने आते हैं। हमें एक डॉलर का धर्म दो, क्या हम उसके लिए एक डॉलर खर्च नहीं कर सकते? धर्म की प्राप्ति इस प्रकार नहीं हो सकती।

आध्यात्मिक गुरु द्वारा संप्रेषित जो ज्ञान आत्मा को प्राप्त होता है, उससे उच्चतर एवं पवित्र वस्तु और कुछ नहीं है। यदि मनुष्य पूर्ण योगी हो चुका है, तो वह स्वतः ही उसे प्राप्त हो जाता है, किंतु पुस्तकों द्वारा उसे प्राप्त नहीं किया जा सकता। तुम दुनिया के चारों कोनों में—हिमालय, आल्प्स, काकेशस पर्वत अथवा गोबी या सहारा की मरुभूमि या समुद्र की तली में जाकर अपना सिर पटको, पर बिना गुरु मिले तुम्हें वह ज्ञान प्राप्त नहीं हो सकता। गुरु को प्राप्त करो, बालकवत् उनकी सेवा करो, उनका प्रभाव ग्रहण करने के लिए अपना हृदय खोल दो, उनमें परमात्मा के व्यक्त रूप का दर्शन करो। गुरु को ईश्वर की सर्वश्रेष्ठ अभिव्यक्ति समझकर उनमें अपना ध्यान केंद्रीभूत कर देना चाहिए और ज्यों-ज्यों उनमें हमारी यह ध्यानशक्ति एकाग्र होगी, त्यों-त्यों गुरु के मानवरूप का चित्र विलीन हो जाएगा, मानव शरीर का लोप हो जाएगा और यथार्थ ईश्वर ही वहाँ शेष रह जाएगा। सत्य की ओर जो इस श्रद्धा और प्रेम से अग्रसर होते हैं, उनके प्रति सत्य के भगवान् परम अद्‍भुत वचन कहते हैं, "अपने पैरों से जूते अलग कर दो, क्योंकि जिस जगह तुम खड़े हो, वह स्थान पवित्र है।" जिस स्थान में उस (भगवान्) का नाम लिया जाता है, वह स्थान पवित्र है; तब जो मनुष्य उसका नाम लेता है, वह कितना अधिक पवित्र होगा और जिस मनुष्य से आध्यात्मिक सत्यों की प्राप्ति होती है, उसके निकट हमें कितनी श्रद्धा और भक्ति के साथ पहुँचना चाहिए, इसी भाव से हमें शिक्षा ग्रहण करनी है। इसमें कोई संदेह नहीं कि ऐसे गुरु इस संसार में कम मिलते हैं, पर ऐसा भी नहीं है कि जगत् उनसे शून्य हो। जिस क्षण यह संसार ऐसे गुरुओं से रहित हो जाएगा, उसी क्षण इसका अंत हो जाएगा, यह घोर नरक बनकर रह जाएगा। ये गुरु ही मानवजीवन के सुंदर तथा अनुपम पुष्प हैं, जो संसार को चला रहे हैं। जीवन के इन हृदयों द्वारा व्यक्त शक्ति ही समाज की मर्यादाओं को सुरक्षित रखती है।

इनसे परे गुरुओं की एक श्रेणी है, जो इस पृथ्वी के ईसा मसीह होते हैं।

वे 'गुरुओं के भी गुरु' होते हैं; स्वयं भगवान् मनुष्य के रूप में आते हैं। वे बहुत ऊँचे होते हैं और अपने स्पर्श या इच्छामात्र से दूसरों के भीतर धार्मिकता एवं पवित्रता का संचार करते हैं, जिससे नितांत अधम और चरित्रहीन मनुष्य भी क्षण भर में साधु बन जाता है। उनके इस प्रकार के कार्यों के अनेक दृष्टांत क्या हमने नहीं पढ़े हैं? ये उस प्रकार के गुरु नहीं हैं, जिनकी चर्चा मैं कर रहा था, ये तो सब गुरुओं के भी गुरु हैं, मनुष्य को उपलब्ध होनेवाली ईश्वर की सर्वोच्च अभिव्यक्तियाँ हैं, बिना उनको माध्यम बनाए हम भगवान् के दर्शन और किसी तरह नहीं कर सकते। हम इनकी पूजा किए बिना नहीं रह सकते; ये ही ऐसी विभूतियाँ हैं, जिनकी पूजा करने को हम विवश हैं।

ईश्वर ने अपने को जिस रूप में अपने इन पुत्रों में व्यक्त किया है, उसके अतिरिक्त मनुष्य ईश्वर का दर्शन किसी अन्य रूप में नहीं कर पाया है। हम ईश्वर को देख नहीं सकते। यदि हम ईश्वर को देखने का प्रयत्न करते हैं तो हम ईश्वर को एक विकृत और भयानक व्यंग्य चित्र बना डालते हैं। एक भारतीय कथा है कि एक अज्ञानी मनुष्य से भगवान् शिव की मूर्ति बनाने के लिए कहा गया। वह कई दिनों तक खटपट करता रहा और अंत में उसने वानर की प्रतिमा बना डाली। इसी प्रकार जब कभी हम ईश्वर की मूर्ति बनाने का प्रयत्न करते हैं, तब हम उसका एक विकृत आकार ही बना पाते हैं; क्योंकि जब तक हम मनुष्य हैं, तब तक हम ईश्वर को मनुष्य से बढ़कर और कुछ समझ ही नहीं सकते। ऐसा समय अवश्य आएगा, तब हम अपनी मानव प्रवृत्ति को पार कर आगे बढ़ जाएँगे और उस समय हम ईश्वर को जैसा वह है, वैसा ही जान सकेंगे, किंतु जब तक हम मनुष्य हैं, तब तक उसकी हमें मनुष्य रूप में ही पूजा करनी होगी। हम बातें चाहे जैसी कर लें, प्रयत्न चाहे जो भी कर लें, परमात्मा को मनुष्य के अतिरिक्त अन्य किसी रूप में देख ही नहीं सकते। हम चाहे बड़े-बड़े बौद्धिक व्याख्यान दे डालें, बड़े तर्कवादी हो जाएँ और यह भी सिद्ध कर दें कि ईश्वर संबंधी सारी कथाएँ बेवकूफी की बातें हैं, पर साथ ही हमें अपने सहज-बोध से भी तो कुछ काम लेना चाहिए।

इस विचित्र बुद्धि का आधार क्या है? उत्तर मिलता है—शून्य, कुछ नहीं। इसके बाद जब कभी तुम किसी मनुष्य की ईश्वरपूजा के विरुद्ध बड़े-बड़े बौद्धिक व्याख्यान फटकारते सुनो, तो उसे पकड़कर यह पूछो कि ईश्वर के संबंध में उसकी कल्पना क्या है; 'सर्वशक्तिमत्ता', 'सर्वव्यापकता', 'सर्वव्यापी प्रेम' इत्यादि शब्दों का उनकी वर्तनी के अतिरिक्त वह और क्या अर्थ समझता है? देखोगे, वह कुछ नहीं जानता; वह इन शब्दों के भावों की कोई कल्पना अपने सामने नहीं ला सकता; एक रास्ता चलनेवाले अपढ़-निरक्षर व्यक्ति की अपेक्षा वह किसी प्रकार श्रेष्ठ नहीं है, बल्कि वह राहगीर शांत है और दुनिया की शांति को भंग नहीं करता, जबकि वह दुनिया को क्षुब्ध करता रहता है। उस पढ़े-लिखे व्यक्ति को भी कोई प्रत्यक्ष अनुभव नहीं है, अतः वह और राहगीर एक ही स्तर पर अवस्थित हैं।

प्रत्यक्ष अनुभव का साक्षात्कार ही धर्म है। मौखिक विवाद और प्रत्यक्ष अनुभव में महान् अंतर है, यह समझ लेना चाहिए। अपनी आत्मा में जो अनुभव हो, वही प्रत्यक्ष सत्यानुभव है। मनुष्य के पास आत्मा की कोई कल्पना नहीं है, उसके सम्मुख जो आकार है, उन्हीं की सहायता से वह आत्मा के विषय में सोच सकता है। नीला आकाश, विस्तृत खेतों का समूह, समुद्र या ऐसी ही किसी विशाल वस्तु की भावना उसे करनी पड़ती है। नहीं तो वह और किस तरह ईश्वर का विचार करेगा, अतः तुम वस्तुतः क्या कर रहे हो? 'सर्वव्यापकता' की बातें करते हो और समुद्र का चिंतन करते हो। क्या ईश्वर समुद्र है? अतः संसार के इस व्यर्थ विवाद को दूर करो। सहज-बोध की जरा अधिक आवश्यकता है। साधारण बुद्धि बड़ी दुर्लभ वस्तु है। संसार में बातों की भरमार है। हम अपनी वर्तमान संरचना के अनुसार सीमित हैं और ईश्वर को मनुष्य के ही रूप में देखने के लिए बाध्य हैं। यदि भैंसे ईश्वर की पूजा कर सकते, तो वे ईश्वर को एक बड़ा भैंसा ही समझते। यदि मछली ईश्वर की पूजा करना चाहे, तो वह ईश्वर को एक बड़ी मछली के आकार का समझेगी। ये सब केवल कल्पनाएँ हैं। तुम और हम, भैंसा और मछली मानो भिन्न-भिन्न पात्रों के समान हैं। ये पात्र अपनी-अपनी आकृति के अनुसार

समुद्र में पानी भरने जाते हैं। प्रत्येक पात्र में पानी के सिवा और कोई वस्तु नहीं है। ऐसा ही ईश्वर के विषय में सत्य है। जब मनुष्य ईश्वर को देखता है, तो वह उसे मनुष्य के रूप में देखता है। इसी प्रकार अन्य प्राणी भी ईश्वर को अपनी-अपनी कल्पना के अनुसार देखते हैं। परमेश्वर को तुम केवल इसी तरह देख सकते हो। मनुष्य के रूप में ही उसकी उपासना कर सकते हो; क्योंकि इसके सिवा दूसरा कोई मार्ग है ही नहीं। दो वर्ग के मनुष्य ऐसे हैं, जो ईश्वर की उपासना मनुष्य के रूप में नहीं करते, एक तो मानवरूपधारी पशु, जिनका कोई धर्म ही नहीं होता और दूसरे 'परमहंस', जो मनुष्यता के परे पहुँच गए हैं और जिन्होंने मन एवं शरीर को अलग कर दिया है तथा प्रकृति की मर्यादा के उस पार चले गए हैं। समस्त प्रकृति उनकी आत्मा बन गई है। उनके न मन है, न शरीर। वे ईसा या बुद्ध के समान ईश्वर की उपासना ईश्वर के ही रूप में कर सकते हैं। ईसा या बुद्ध ईश्वर की पूजा मनुष्य के रूप में नहीं करते थे। दूसरे सिरे पर मानवपशु हैं। ये दोनों छोरवाले व्यक्ति एक जैसे दिखते हैं। उसी प्रकार अत्यंत अज्ञानी और अत्युच्च ज्ञानी भी समान से प्रतीत होते हैं। ये दोनों ही किसी की उपासना नहीं करते। अत्यंत अज्ञानी मनुष्य को, पर्याप्त विकास न होने के कारण ईश्वर की उपासना की जरूरत नहीं पड़ती, इसलिए वह ईश्वर की पूजा नहीं करता। जो मनुष्य उच्चतम ज्ञान की प्राप्ति कर चुके हैं, वे भी ईश्वर की पूजा नहीं करते; क्योंकि वे तो परमात्मा का साक्षात्कार कर चुके हैं और ईश्वर के साथ एक हो चुके हैं। ईश्वर ईश्वर की पूजा नहीं करता। इन दो सीमांत अवस्थाओं का मध्यवर्ती कोई मनुष्य यदि यह कहे कि मैं मनुष्य रूप में ईश्वर की पूजा नहीं करता, तो उससे सावधान रहो। वह उत्तरदायित्वहीन बातें करनेवाला मनुष्य है। उसका धर्म उथले विचारवालों के लिए है, केवल बौद्धिक बकवास है।

अत: ईश्वर की मनुष्य के रूप में उपासना करना अनिवार्य है और जिन जातियों के पास ऐसे उपास्य 'देवमानव' हैं, वे धन्य हैं। ईसाइयों में ईसा मसीह के रूप में ऐसे मानवरूपधारी ईश्वर हैं। अत: उन्हें ईसा के प्रति दृढ़ आसक्ति रखनी चाहिए और उन्हें ईसा को कभी नहीं छोड़ना चाहिए। मनुष्य में ईश्वर

के दर्शन करना यही ईश्वर दर्शन का स्वाभाविक मार्ग है। ईश्वर संबंधी हमारे समस्त विचार वहीं केंद्रित हो सकते हैं। ईसाइयों में सबसे बड़ी कमी इस बात की है कि वे ईसा के अतिरिक्त ईश्वर के अन्य अवतारों के प्रति श्रद्धा नहीं रखते। जैसे ईसा ईश्वर के अवतार थे, उसी तरह बुद्ध भी ईश्वर के अवतार थे तथा अन्य सैकड़ों अवतार होंगे। ईश्वर को कहीं पर सीमाबद्ध मत करो। ईसाइयों को चाहिए कि ईश्वर की, जो भक्ति करना वे उचित समझें, वह वे ईसा के प्रति करें; यही एक उपासना उनके लिए संभव है। ईश्वर की पूजा नहीं हो सकती; क्योंकि ईश्वर तो सृष्टि में सर्वव्यापी हैं। उनके मानव रूप की ही हम उपासना कर सकते हैं। ईसा मसीह के नाम पर ईसाई लोगों का ऐसी प्रार्थना करना बहुत अच्छा होगा। उनका ईश्वर से प्रार्थना करना छोड़, केवल ईसा से ही प्रार्थना करना अधिक अच्छा होगा। ईश्वर मनुष्य की दुर्बलताओं को समझता है और मानवजाति का उपकार करने के लिए वह मनुष्य बनकर आता है। कृष्ण का कथन है, "जब-जब धर्म की हानि और अधर्म की वृद्धि होती है, तब-तब मैं मानवजाति का उद्धार करने आता हूँ। अज्ञानी लोग यह न जानकर कि सृष्टि के सर्वशक्तिमान और सर्वव्यापी ईश्वर, मैंने यह मानवरूप धारण किया है, मेरी अवहेलना करते हैं और सोचते हैं कि यह संभव नहीं है।' उनका मन आसुरी अज्ञान से आच्छादित रहता है, इसलिए वे उस मानवरूप ईश्वर में सृष्टि के स्वामी ईश्वर का दर्शन नहीं कर पाते। ईश्वर के महान् अवतार पूजनीय हैं। यही नहीं, पूजा तो केवल इन्हीं की हो सकती है। इनके जन्मदिवस तथा महासमाधि-दिवस पर हमें विशेष श्रद्धांजलि समर्पित करनी चाहिए। ईसा की पूजा करने में मैं उनकी पूजा ठीक उसी तरह करूँगा, जैसे उनकी इच्छा थी, उनके जन्मदिवस पर मैं दावत उड़ाने के बदले प्रार्थना और उपवास द्वारा उनकी पूजा करूँगा। जब हम इन अवतारों का, इन महान् विभूतियों का चिंतन करते हैं, तब से ये हमारी आत्मा के भीतर प्रकट होते हैं और हमें अपने समान बना देते हैं। हमारी संपूर्ण प्रकृति बदल जाती है और हम उनके समान हो जाते हैं।

पर तुम ईसा या बुद्ध को वायु में उड़नेवाले भूत-प्रेतों तथा उसी प्रकार

की अन्य मिथ्या कल्पनाओं के समान मत समझ लेना। 'शान्तं पापम्!' ईसा मसीह प्रेतचक्र में नाचने आते हैं। मैंने यह ढोंग इसी देश में देखा है। परमात्मा के ये अवतार इस तरह नहीं आया करते। किसी भी अवतार के स्पर्श मात्र से मनुष्य पर जो प्रभाव पड़ता है, वह बोल उठता है, जब ईसा का स्पर्श होगा, तो मनुष्य का दिव्यांतर हो जाएगा और वह मनुष्य दिव्यांतरित होकर ईसा जैसा ही बन जाएगा। उसका सारा जीवन आध्यात्मिक बन जाएगा और उसके शरीर के रोम-रोम से आध्यात्मिक शक्ति प्रवाहित होने लगेगी। ईसा की जो शक्तियाँ उनके चमत्कारों में आरोग्य प्रदान करने की घटनाओं में दिख पड़ती हैं, वे यथार्थ में क्या थी? वे तो तुच्छ और ग्राम्य चीजें थीं और वह सब करने के लिए वे असंस्कृत मनुष्यों के बीच रहने के कारण विवश हुए। वे चमत्कारपूर्ण कृत्य कहाँ किए गए? यहूदी लोगों के बीच और यहूदियों ने उन्हें स्वीकार नहीं किया और वैसे चमत्कार कहाँ नहीं किए गए? यूरोप में। वे चमत्कार तो यहूदियों को मिले, जिन्होंने ईसा का परित्याग किया। उनका 'शैलोपदेश' यूरोप को मिला, जिसने उनको अंगीकार किया। मनुष्य की आत्मा ने जो सत्य था, उसे ग्रहण किया और जो मिथ्या था, उसका परित्याग।

ईसा की महान् शक्ति आरोग्यदान के उनके चमत्कारों में नहीं है। यह तो एक मूर्ख भी कर सकता है। मूर्ख दूसरों को आरोग्य प्रदान कर सकते हैं, शैतान भी दूसरों के रोग भगा सकते हैं। मैंने भयानक आसुरी मनुष्यों को अद्भुत चमत्कार करते देखा है। ऐसे लोग मिट्टी से असली फल बना लेते हैं। मैंने मूर्खों और आसुरी मनुष्यों को भूत, वर्तमान और भविष्य की बातें बताते देखा है। मैंने उन्हें केवल एक दृष्टिपात द्वारा इच्छाशक्ति से बड़े भयानक रोगों को आराम करते देखा है। ये निस्संदेह शक्तियाँ हैं, पर बहुधा ये आसुरी हुआ करती हैं। दूसरी शक्ति ईसा की आध्यात्मिक शक्ति है—वह जीवित रहेगी और सदा जीवित रहती आई है; वह है उनका सर्वशक्तिशाली विराट् प्रेम और सत्य के वे शब्द, जिनका उन्होंने उपदेश दिया। उनका अपनी एक नजर से मनुष्यों को नीरोग कर देना कभी विस्मृत भी हो सकता है, पर 'जिनका अंतःकरण पवित्र है, वे धन्य हैं'—यह उनकी उक्ति आज भी अमर है। यह शब्द-समूह

शक्ति का महान् अक्षय भंडार है। जब तक मनुष्य का मन कायम रहेगा, जब तक हम ईश्वर के नाम को न भूलेंगे, तब तक ये शब्द चलते रहेंगे और इनका कभी अंत न होगा। इन्हीं शक्तियों का उपदेश ईसा ने किया और ये ही शक्तियाँ उनके पास थीं। पवित्रता की शक्ति यथार्थ शक्ति होती है, अतः हमें ईसा की उपासना करते समय, उनसे प्रार्थना करते समय यह सदा स्मरण रखना चाहिए कि हम किस वस्तु की इच्छा कर रहे हैं? चमत्कार-प्रदर्शन की उन मूर्खतापूर्ण वस्तुओं को हम नहीं चाहते, वरन् आत्मा की उन अद्‌भुत शक्तियों की आकांक्षा करते हैं, जो मनुष्य को स्वतंत्र बना देती हैं, उस समग्र प्रकृति पर अधिकार प्राप्त करा देती हैं और उसे दासत्व की शृंखला से मुक्त कर ईश्वर के दर्शन करा देती हैं।

□

राजयोग-विद्या का रहस्य

हमारे समस्त ज्ञान अनुभव पर आधारित हैं। जिसे हम आनुमानिक कहते हैं और जिसमें हम सामान्य से अधिक सामान्य या सामान्य से विशेष तक पहुँचते हैं, उसकी आधारभूमि अनुभव ही है। जिनको निश्चित विज्ञान कहते हैं, उनकी सत्यता सहज ही लोगों को समझ में आ जाती है, क्योंकि वे प्रत्येक मनुष्य के विशेष अनुभवों की ही ओर हमारा ध्यान आकृष्ट करते हैं। वैज्ञानिक तुमको किसी भी विषय पर विश्वास कर बैठने को न कहेंगे। उन्होंने स्वयं कुछ तथ्यों का प्रत्यक्ष अनुभव किया है, जिससे वे कुछ निष्कर्षों पर पहुँचे हैं और इन अनुभवों पर तर्क देते समय जब वे अपने उन निष्कर्षों पर हमसे विश्वास करने को कहते हैं, तब वे मनुष्य जाति के कुछ सार्वभौम अनुभव की ओर हमारी दृष्टि आकृष्ट करते हैं। प्रत्येक निश्चित विज्ञान की एक आधारभूमि है, जो समस्त मनुष्य जाति में सामान्य है और उससे जो निष्कर्ष उपलब्ध होते हैं, इच्छा करने पर कोई भी उनका सत्यासत्य तत्काल समझ सकता है। अब प्रश्न यह है—धर्म की ऐसी आधारभूमि कोई है या नहीं ? मुझे सकारात्मक और नकारात्मक, दोनों ही रूप में इस प्रश्न का उत्तर देना होगा।

संसार में धर्म के संबंध में सर्वत्र ऐसी शिक्षा मिलती है कि धर्म केवल श्रद्धा और विश्वास पर स्थापित है और अधिकांश स्थलों में तो वह भिन्न-भिन्न मतों का प्रकार मात्र है। इसी कारण हम देखते हैं कि सभी धर्म आपस में लड़ रहे हैं। ये मत फिर विश्वास पर स्थापित हैं। कोई मनुष्य कहता है कि बादलों के ऊपर एक महान् पुरुष बैठा है, वही सारे संसार का शासन करता है और वह केवल

अपने दावे के अधिकार पर ही मुझसे इसमें विश्वास करने को कहता है। मेरे भी ऐसे अनेक विचार हो सकते हैं, जिन पर विश्वास करने के लिए मैं दूसरों से कहता हूँ और यदि वे कोई तर्क चाहें, तो उन्हें कुछ नहीं दे सकता। इसीलिए आजकल धर्म और दर्शनशास्त्रों की इतनी निंदा सुनी जाती है। प्रत्येक शिक्षित व्यक्ति का मानो यही मनोभाव है—"अहो, ये धर्म कुछ मतों के गट्ठे भर हैं। उनके सत्यासत्य निर्णय का कोई मापदंड नहीं है; जिसके जी में जो आया, वही बक गया।" इन सबके बावजूद सभी धर्मों में सार्वभौमिक विश्वास की एक आधारभूमि है, जो विभिन्न देशों के विभिन्न संप्रदायों के भिन्न-भिन्न मतवादों और सब प्रकार की विभिन्न धारणाओं को नियमित करती है। उन सबके मूल में जाने पर हम देखते हैं कि वे भी सार्वजनिक अनुभव पर आधारित हैं।

पहली बात तो यह है कि तुम पृथ्वी के भिन्न-भिन्न धर्मों का जरा विश्लेषण करो, तो तुमको ज्ञात हो जाएगा कि वे दो श्रेणियों में विभक्त हैं; कुछ की शास्त्रभित्ति है और कुछ की शास्त्रभित्ति नहीं। जो शास्त्रभित्ति पर स्थापित हैं, वे सुदृढ़ हैं, उन धर्मों के अनुयायियों की संख्या भी अधिक है। जिनकी शास्त्रभित्ति नहीं है, वे धर्म प्रायः लुप्त हो गए हैं। कुछ नए उठे अवश्य हैं, पर उनके अनुयायी बहुत थोड़े हैं। फिर भी उक्त सभी संप्रदायों में यह मतैक्य दीख पड़ता है कि उनकी शिक्षा विशिष्ट व्यक्तियों के परिणाम हैं। ईसाई तुमसे अपने धर्म पर, ईसा पर, ईसा के अवतार के रूप पर, ईश्वर और आत्मा के अस्तित्व पर और उस आत्मा की उन्नत भविष्य-स्थिति पर विश्वास करने को कहता है। यदि मैं उससे इस विश्वास का कारण पूछूँ, तो वह कहता है, "यह मेरा विश्वास है।" किंतु यदि तुम ईसाई धर्म के मूल स्रोत में जाओ, तो देखागे कि वह भी अनुभव पर आधारित है।

ईसा ने कहा है, "मैंने ईश्वर के दर्शन किए हैं।" उनके शिष्यों ने भी कहा है, "हमने ईश्वर का अनुभव किया है।" आदि-आदि। बौद्ध धर्म के संबंध में भी ऐसा ही है। बुद्ध के अनुभव पर यह धर्म-आधारित है। उन्होंने कुछ सत्यों का अनुभव किया था, उनको देखा था, उनके संस्पर्श में आए थे और उन्हीं का उन्होंने संसार में प्रचार किया था। हिंदुओं के संबंध में भी ठीक यही बात

है, उनके शास्त्रों में 'ऋषि' नाम से संबोधित किए जानेवाले ग्रंथकर्ता घोषणा करते हैं कि उन्होंने कुछ सत्यों के अनुभव किए हैं और उन्हीं का संसार में प्रचार कर गए हैं। अत: यह स्पष्ट है कि संसार के समस्त धर्म प्रत्यक्ष अनुभव पर स्थापित हैं, जो हमारे समस्त ज्ञान की सार्वभौमिक और सुदृढ़ आधारशिला है। सभी धर्माचार्यों ने ईश्वर के दर्शन किए थे; उन सभी ने अपनी आत्मा का दर्शन किया था; अपने अनंत स्वरूप का ज्ञान सभी को हुआ था, सबने अपनी भविष्य अवस्था देखी थी और जो कुछ उन्होंने देखा था, उसी का वे प्रचार कर गए। भेद इतना ही है कि इनमें से अधिकांश धर्मों में, विशेषत: आजकल, एक अद्भुत दावा हमारे सामने उपस्थित होता है और वह यह कि इस समय ये अनुभव असंभव हैं। जो धर्म के प्रथम संस्थापक थे, बाद में जिनके नाम से उस धर्म का प्रवर्तन और प्रचलन हुआ, ऐसे केवल थोड़े व्यक्तियों के लिए ही ऐसा प्रत्यक्ष अनुभव संभव हुआ था। अब ऐसे अनुभव के लिए कोई रास्ता नहीं रहा, फलत: अब धर्म पर विश्वास भर कर लेना होगा। इस बात को मैं पूरी शक्ति से अस्वीकृत करता हूँ।

यदि संसार में किसी प्रकार के विज्ञान के किसी विषय की किसी ने कभी प्रत्यक्ष उपलब्धि की है, तो इससे इस सार्वभौमिक सिद्धांत पर पहुँचा जा सकता है कि पहले भी कोटि-कोटि बार उसकी उपलब्धि की संभावना थी और भविष्य में भी अनंतकाल तक उसकी उपलब्धि की संभावना बनी रहेगी। एकरूपता ही प्रकृति का एक बड़ा नियम है। एक बार जो घटित हुआ है, वह पुन: घटित हो सकता है।

इसलिए योग-विद्या के आचार्य कहते हैं कि धर्म पूर्वकालीन अनुभवों पर केवल स्थापित ही नहीं, वरन् इन अनुभवों से स्वयं संपन्न हुए बिना कोई भी धार्मिक नहीं हो सकता। जिस विद्या द्वारा ये अनुभव प्राप्त होते हैं, उसका नाम है योग। धर्म के सत्यों का जब तक कोई अनुभव नहीं कर लेता, तब तक धर्म की बात करना ही व्यर्थ है। भगवान् के नाम पर इतनी लड़ाई, विरोध और झगड़ा क्यों? भगवान् के नाम पर जितना खून बहा है, उतना और किसी कारण से नहीं। ऐसा क्यों? इसीलिए कि कोई भी व्यक्ति मूल तक नहीं गया। सब लोग पूर्वजों

के कुछ आचारों का अनुमोदन करके ही संतुष्ट थे। वे चाहते थे कि दूसरे भी वैसा ही करें। जिन्हें आत्मा की अनुभूति या ईश्वर साक्षात्कार न हुआ हो, उन्हें यह कहने का क्या अधिकार है कि आत्मा या ईश्वर है?

यदि ईश्वर हो तो उसका साक्षात्कार करना होगा; यदि 'आत्मा' नामक कोई चीज हो, तो उसकी उपलब्धि करनी होगी, अन्यथा विश्वास न करना ही भला। ढोंगी होने से स्पष्टवादी नास्तिक होना अच्छा है। एक ओर, आजकल के विद्वान् कहलाने वाले मनुष्यों के मन का भाव यह है कि धर्म, दर्शन और एक परम पुरुष का अनुसंधान, यह सब निष्फल है और दूसरी ओर, जो अर्धशिक्षित हैं, उनका मनोभाव ऐसा जान पड़ता है कि धर्म, दर्शन आदि की वास्तव में कोई बुनियाद नहीं; उनकी इतनी ही उपयोगिता है कि वे संसार के मंगल-साधन की बलशाली प्रेरक शक्तियाँ हैं। यदि लोगों को ईश्वर की सत्ता में विश्वास रहेगा, तो वे सत् और नीति-परायण बनेंगे, इसीलिए अच्छे नागरिक होंगे। जिनके ऐसे मनोभाव हैं, इसके लिए उनको दोष नहीं दिया जा सकता, क्योंकि वे धर्म के संबंध में जो शिक्षा पाते हैं, वह केवल सारशून्य, अर्थहीन अनंत शब्द-समष्टि पर विश्वास मात्र है। उन लोगों से शब्दों पर जीवित रहने के लिए कहा जाता है; क्या ऐसा कोई कभी कर सकता है? यदि मनुष्य द्वारा यह संभव होता, तो मानव-प्रकृति पर मेरी तिलमात्र श्रद्धा न रहती। मनुष्य चाहता है सत्य, वह सत्य का स्वयं अनुभव करना चाहता है और जब वह सत्य की धारणा कर लेता है, सत्य का साक्षात्कार कर लेता है, हृदय के अंतरतम प्रदेश में उसका अनुभव कर लेता है। वेद कहते हैं, "केवल तभी उसके सारे संदेह दूर होते हैं, सारा तमोजाल छिन्न-भिन्न हो जाता है और सारी वक्रता सीधी हो जाती है।" "हे अमृत के पुत्रो, यहाँ तक कि हे दिव्यधामनिवासियो, सुनो—मैंने अज्ञानांधकार से आलोक में जाने का रास्ता पा लिया है। जो समस्त तम के पार है, उसको जानने पर ही वहाँ जाया जा सकता है। मुक्ति का और कोई दूसरा उपाय नहीं।"

इस सत्य को प्राप्त करने के लिए, राजयोग-विद्या मानव के समक्ष यथार्थ, व्यावहारिक और साधनोपयोगी वैज्ञानिक प्रणाली रखने का प्रस्ताव करती है। पहले तो प्रत्येक विद्या के अनुसंधान और साधन की प्रणाली पृथक्-पृथक् है।

यदि तुम ज्योतिषी होने की इच्छा करो और बैठे-बैठे केवल ज्योतिष-ज्योतिष कहकर चिल्लाते रहो, तो तुम कभी ज्योतिषशास्त्र के अधिकारी न हो सकोगे। रसायनशास्त्र के संबंध में भी ऐसा ही है, उसमें भी एक निर्दिष्ट प्रणाली का अनुसरण करना होगा; प्रयोगशाला में जाकर विभिन्न द्रव्यादि लेने होंगे, उनको एकत्र करना होगा, उन्हें उचित अनुपात में मिलाना होगा, फिर उनको लेकर उनकी परीक्षा करनी होगी और तभी इससे रसायनशास्त्र का ज्ञान प्राप्त होगा। यदि तुम ज्योतिषी होना चाहते हो, तो तुम्हें वेधशाला में जाकर दूरबीन की सहायता से तारों और ग्रहों का पर्यवेक्षण करके उनके विषय में अध्ययन करना होगा, तभी तुम ज्योतिषी हो सकोगे।

प्रत्येक विद्या की अपनी एक निर्दिष्ट प्रणाली है। मैं तुम्हें सैकड़ों उपदेश दे सकता हूँ, परंतु तुम यदि साधना न करो, तो तुम कभी धार्मिक न हो सकोगे। सभी युगों में, सभी देशों में, निष्काम, शुद्ध स्वभाव साधु-महापुरुष इसी सत्य का प्रचार कर गए हैं। संसार का हित छोड़कर अन्य कोई कामना उनमें नहीं थी। उन सभी लोगों ने कहा है कि इंद्रियाँ हमें जहाँ तक सत्य का अनुभव करा सकती हैं, हमने उससे उच्चतर सत्य प्राप्त कर लिया है और वे उसकी परीक्षा के लिए तुम्हें बुलाते हैं। वे कहते हैं कि हम एक निर्दिष्ट साधन प्रणाली लेकर ईमानदारी से साधना करते रहें और यदि यह उच्चतम सत्य प्राप्त न हो, तो फिर भले ही कह सकते हैं कि इस उच्चतम सत्य के संबंध की बातें केवल कपोलकल्पित हैं, पर हाँ, इससे पहले इन उक्तियों की सत्यता को बिल्कुल अस्वीकृत कर देना किसी तरह युक्तिपूर्ण नहीं है। अतएव निर्दिष्ट साधन प्रणाली लेकर श्रद्धापूर्वक साधना हमारे लिए आवश्यक है और तब प्रकाश अवश्य आएगा।

कोई ज्ञान प्राप्त करने के लिए हम साधारणीकरण की सहायता लेते हैं और साधारणीकरण घटनाओं के पर्यवेक्षण पर आधारित है। हम पहले घटनावली का पर्यवेक्षण करते हैं, फिर उनका साधारणीकरण करते हैं और फिर उनसे अपने सिद्धांत और निष्कर्ष निकालते हैं। हम जब तक यह प्रत्यक्ष नहीं कर लेते कि हमारे मन के भीतर क्या हो रहा है और क्या नहीं, तब तक हम अपने मन के संबंध में मनुष्य की आभ्यंतरिक प्रकृति के संबंध में, मनुष्य के विचार के

संबंध में कुछ भी नहीं जान सकते। बाह्यजगत् के व्यापारों का पर्यवेक्षण करना अपेक्षाकृत सहज है, क्योंकि उसके लिए हजारों यंत्र निर्मित हो चुके हैं, पर अंतर्जगत् के व्यापार को समझने के लिए मदद करनेवाला कोई भी यंत्र नहीं, किंतु फिर भी हम यह निश्चयपूर्वक जानते हैं कि किसी विषय का यथार्थ ज्ञान प्राप्त करने के लिए पर्यवेक्षण आवश्यक है। उचित विश्लेषण के बिना विज्ञान निरर्थक और निष्फल होकर केवल भित्तिहीन अनुमान में परिणत हो जाता है। इसी कारण उन थोड़े से मनस्तत्त्वान्वेषियों को छोड़कर, जिन्होंने पर्यवेक्षण करने के उपाय जान लिये हैं, शेष सब लोग चिरकाल से परस्पर केवल विवाद ही करते आ रहे हैं।

राजयोग-विद्या पहले मनुष्यों को उसकी अपनी आभ्यंतरिक अवस्थाओं के पर्यवेक्षण का इस प्रकार उपाय दिखा देती है। मन ही उस पर्यवेक्षण का यंत्र है। मनोयोग की शक्ति का सही-सही नियमन कर जब उसे अंतर्जगत् की ओर परिचालित किया जाता है, तभी वह मन का विश्लेषण कर सकती है और तब उसके प्रकाश से हम यह सही समझ सकते हैं कि हमारे मन के भीतर क्या हो रहा है? मन की शक्तियाँ इधर-उधर बिखरी हुई प्रकाश की किरणों के समान हैं। जब उन्हें केंद्रीभूत किया जाता है, तब वे सबकुछ आलोकित कर देती हैं। यही ज्ञान का हमारा एकमात्र उपाय है। बाह्यजगत् में हो अथवा अंतर्जगत् में, लोग इसी को काम में ला रहे हैं, पर वैज्ञानिक जिस सूक्ष्म पर्यवेक्षण-शक्ति का प्रयोग बहिर्जगत् में करता है, मनस्तत्त्वान्वेषी उसी का मन पर करते हैं। इसके लिए काफी अभ्यास आवश्यक है।

बचपन से हमने केवल बाहरी वस्तुओं में मनोनिवेश करना सीखा है, अंतर्जगत् में मनोनिवेश करने की शिक्षा नहीं पाई। इसी कारण हममें से अधिकांश आभ्यंतरिक क्रिया-विधि की निरीक्षण-शक्ति खो बैठे हैं। मन को अंतर्मुखी करना, उसकी बहिर्मुखी गति को रोकना, उसकी समस्त शक्तियों को केंद्रीभूत कर, उस मन के ही ऊपर उनका प्रयोग करना, ताकि वह अपना स्वभाव समझ सके, अपने आपको विश्लेषण करके देख सके; एक अत्यंत कठिन कार्य है, पर इस विषय में वैज्ञानिक प्रथा के अनुसार अग्रसर होने के

लिए यही एकमात्र उपाय है।

इस तरह के ज्ञान की उपयोगिता क्या है? पहले तो ज्ञान स्वयं ज्ञान का सर्वोच्च पुरस्कार है; दूसरे इसकी उपयोगिता भी है। यह हमारे समस्त दुःखों का हरण करेगा। जब मनुष्य अपने मन का विश्लेषण करते-करते ऐसी एक वस्तु के साक्षात् दर्शन कर लेता है, जिसका किसी काल में नाश नहीं, जो स्वरूपतः नित्यपूर्ण और नित्यशुद्ध है, तब उसका फिर दुःख नहीं रह जाता, उसका सारा विषाद न जाने कहाँ गायब हो जाता है। भय और अतृप्त वासना ही समस्त दुःखों का मूल है। पूर्वोक्त अवस्था के प्राप्त होने पर मनुष्य समझ जाता है कि उसकी मृत्यु किसी काल में नहीं है, तब उसे फिर मृत्यु-भय नहीं रह जाता। अपने को पूर्णतः समझ लेने पर असार वासनाएँ फिर नहीं रहतीं। पूर्वोक्त कारणद्वय का अभाव हो जाने पर फिर कोई दुःख नहीं रह जाता। उसकी जगह इसी देह में परमानंद की प्राप्ति हो जाती है।

इस ज्ञान की प्राप्ति के लिए एकमात्र उपाय है—एकाग्रता। रसायनविद् अपनी प्रयोगशाला में जाकर अपने मन की समस्त शक्तियों को केंद्रीभूत करके जिन वस्तुओं का विश्लेषण करता है, उन पर प्रयोग करता है और इस प्रकार वह उनके रहस्य जान लेता है। ज्योतिषी अपने मन की समुदय शक्तियों को एकत्र करके दूरबीन के भीतर से आकाश में प्रदीप्त करता है और बस त्यों ही सूर्य, चंद्र और तारे अपने-अपने रहस्य उसके निकट खोल देते हैं। मैं जिस विषय पर बातचीत कर रहा हूँ, उस विषय में मैं जितना मनोवेश कर सकूँगा, उतना ही उस विषय का गूढ़ तत्त्व तुम लोगों के निकट प्रकट कर सकूँगा। तुम लोग मेरी बात सुन रहे हो और तुम लोग जितना इस विषय में मनोवेश करोगे, उतनी ही मेरी बात को स्पष्ट रूप से धारण कर सकोगे।

मन की शक्तियों को एकाग्र करने के सिवा अन्य किसी तरह संसार में ये समस्त ज्ञान उपलब्ध हुए हैं? यदि प्रकृति के द्वार पर कैसे खटखटाना चाहिए, उस पर कैसे आघात देना चाहिए, केवल यह ज्ञात हो गया, तो बस प्रकृति अपना सारा रहस्य खोल देती है। उस आघात की शक्ति और तीव्रता एकाग्रता से ही आती है। मानस-मन की शक्ति की कोई सीमा नहीं। वह जितना ही एकाग्र

होता है, उतनी ही उसकी शक्ति एक लक्ष्य पर केंद्रित होती है, यही रहस्य है।

मन को बाहरी विषय पर स्थिर करना अपेक्षाकृत सहज है। मन स्वभावतः बहिर्मुखी है, किंतु धर्म, मनोविज्ञान अथवा दर्शन के विषय में ऐसा नहीं है। यहाँ तो ज्ञाता और ज्ञेय (विषयी और विषय) एक हैं। यहाँ प्रमेय (विषय) एक अंदर की वस्तु है—मन ही स्वयं यहाँ प्रमेय है। मन का अध्ययन करना ही यहाँ प्रयोजन है और मन-ही-मन के अध्ययन का कर्ता है। हमें मालूम है कि मन की एक ऐसी शक्ति है, जिससे वह अपने अंदर जो कुछ हो रहा है, उसे देख सकता है; इसको अंतःपर्यवेक्षण-शक्ति कह सकते हैं। मैं तुमसे बातचीत कर रहा हूँ, फिर साथ ही मैं मानो एक और व्यक्ति होकर बाहर खड़ा हूँ और जो कुछ कह रहा हूँ, वह जान-सुन रहा हूँ। तुम एक ही समय काम और चिंतन दोनों कर रहे हो, परंतु तुम्हारे मन का एक और अंश, मानो बाहर खड़े होकर तुम जो चिंतन कर रहे हो, उसे देख रहा है।

मन की समस्त शक्तियों को एकत्र करके मन पर ही उनका प्रयोग करना होगा। जैसे सूर्य की तीक्ष्ण किरणों के सामने घने अंधकारमय स्थान भी अपने गुप्त तथ्य खोल देते हैं, उसी तरह यह एकाग्र मन अपने सब अंतरतम रहस्य प्रकाशित कर देगा। तब हम विश्वास की सच्ची बुनियाद पर पहुँचेंगे। तभी हमको सही धर्म-प्राप्ति होगी। तभी आत्मा है या नहीं, जीवन केवल पाँच मिनट का है अथवा अनंतकाल व्यापी है और संसार में कोई ईश्वर है या नहीं, यह सब हम स्वयं देख सकेंगे। सबकुछ हमारे ज्ञान-चक्षुओं के सामने उद्भासित हो उठेगा। राजयोग हमें यही शिक्षा देना चाहता है। इसमें जितने उपदेश हैं, उन सबका उद्देश्य प्रथमतः मन की एकाग्रता का साधन है।

इसके बाद है—उसके गंभीरतम प्रदेश में कितने प्रकार के भिन्न-भिन्न कार्य हो रहे हैं, उनका ज्ञान प्राप्त करना और तत्पश्चात् उनसे साधारण सत्यों को निकालकर उनसे अपने एक सिद्धांत पर उपनीत होना। इसीलिए राजयोग की शिक्षा किसी धर्म विशेष पर आधारित नहीं है। तुम्हारा धर्म चाहे जो हो, तुम चाहे आस्तिक हो या नास्तिक, यहूदी या बौद्ध या ईसाई, इससे कुछ बनता-बिगड़ता नहीं। तुम मनुष्य हो, बस, यही पर्याप्त है। प्रत्येक मनुष्य में धर्म-तत्त्व

का अनुसंधान करने की शक्ति है, उसे उसका अधिकार है और उसमें ऐसी शक्ति भी है कि वह अपने भीतर से ही उन प्रश्नों के उत्तर पा सके, पर हाँ, उसे इसके लिए कुछ कष्ट उठाना पड़ेगा।

अब तक हमने देखा, इस राजयोग की साधना में किसी प्रकार के विश्वास की आवश्यकता नहीं। जब तक कोई बात स्वयं प्रत्यक्ष न कर सको, तब तक उस पर विश्वास न करो; राजयोग यही शिक्षा देता है। सत्य को प्रतिष्ठित करने के लिए अन्य किसी सहायता की आवश्यकता नहीं। क्या तुम कहना चाहते हो कि जाग्रत् अवस्था की सत्यता के प्रमाण के लिए स्वप्न अथवा कल्पना की सहायता की जरूरत है ? नहीं, कभी नहीं। इस राजयोग की साधना में दीर्घ काल और निरंतर अभ्यास की आवश्यकता है। इस अभ्यास का कुछ अंश शरीर-संयम विषयक है, परंतु इसका प्रमुख अंश मन संयमात्मक है। हम क्रमशः समझेंगे, मन और शरीर में किस प्रकार का संबंध है ? यदि हम विश्वास करें कि मन शरीर की केवल एक सूक्ष्म अवस्था विशेष है और मन शरीर पर कार्य करता है, तो हमें यह भी स्वीकार करना होगा कि शरीर भी मन पर कार्य करता है। शरीर के अस्वस्थ होने पर मन भी अस्वस्थ हो जाता है, शरीर स्वस्थ रहने पर मन भी स्वस्थ और तेजस्वी रहता है। जब किसी व्यक्ति को क्रोध आता है, तब उसका मन अस्थिर हो जाता है। मन की अस्थिरता के कारण शरीर भी पूरी तरह अस्थिर हो जाता है। अधिकांश लोगों का मन शरीर के संपूर्ण अधीन रहता है। असल में, उनके मन की शक्ति बहुत थोड़े परिमाण में विकसित हुई रहती है। अधिकांश मनुष्य पशु से बहुत थोड़े ही उन्नत हैं, क्योंकि अधिकांश स्थलों में तो उनकी संयम की शक्ति पशु-पक्षियों से कोई विशेष अधिक नहीं। हममें मन के निग्रह की शक्ति बहुत थोड़ी है। मन पर यह अधिकार पाने के लिए, शरीर और मन पर आधिपत्य लाने के लिए कुछ बहिरंग साधनाओं की; दैहिक साधनाओं की आवश्यकता है। शरीर जब पूरी तरह अधिकार में आ जाएगा, तब मन को हिलाने-डुलाने का समय आएगा। इस तरह मन जब बहुत कुछ वश में आ जाएगा, तब हम इच्छानुसार उससे काम ले सकेंगे, उसकी वृत्तियों को एकमुखी होने के लिए मजबूर कर सकेंगे।

राजयोगी के मतानुसार यह संपूर्ण बहिर्जगत्, अंतर्जगत् या सूक्ष्मजगत् का स्थूल विकास मात्र है। सभी स्थलों में सूक्ष्म को कारण और स्थूल को कार्य समझना होगा। इस नियम से बहिर्जगत् कार्य है और अंतर्जगत् कारण। इसी हिसाब से स्थूल जगत् की परिदृश्यमान शक्तियाँ आभ्यंतरिक सूक्ष्मतर शक्तियों का स्थूल भाग मात्र हैं। जिन्होंने इन आभ्यंतरिक शक्तियों का आविष्कार करके उन्हें इच्छानुसार चलाना सीख लिया है, वे संपूर्ण प्रकृति को वश में कर सकते हैं। संपूर्ण जगत् को वशीभूत और संपूर्ण प्रकृति पर अधिकार हासिल करना; इस बृहत् कार्य को ही योगी अपना कर्तव्य समझते हैं। वे एक ऐसी अवस्था में जाना चाहते हैं, जहाँ हम जिन्हें 'प्रकृति के नियम' कहते हैं, वे उन पर कोई प्रभाव नहीं डाल सकते, जिस अवस्था में वे उन सबको पार कर जाते हैं। तब वे आभ्यंतरिक और बाह्य समस्त प्रकृति पर प्रभुत्व प्राप्त कर लेते हैं। मनुष्य जाति की उन्नति और सभ्यता इस प्रकृति को वशीभूत करने की शक्ति पर ही निर्भर है।

इस प्रकृति को वशीभूत करने के लिए भिन्न-भिन्न जातियाँ भिन्न-भिन्न प्रणालियों का सहारा लेती हैं। जैसे एक ही समाज के भीतर कुछ व्यक्ति बाह्य प्रकृति और अंत:प्रकृति को वशीभूत करने की चेष्टा करते हैं, वैसे ही भिन्न-भिन्न जातियों में कुछ जातियाँ बाह्य प्रकृति को, तो कोई-कोई अंत:प्रकृति को वशीभूत करने का प्रयत्न करती हैं। किसी के मत से, अंत:प्रकृति को वशीभूत करने पर सबकुछ वशीभूत हो जाता है; फिर दूसरों के मत से, बाह्यप्रकृति को वशीभूत करने पर सबकुछ वश में आ जाता है। इन दो सिद्धांतों के चरम भावों को देखने पर यह प्रतीत होता है कि दोनों ही सिद्धांत सही हैं; क्योंकि यथार्थत: प्रकृति में बाह्य और आभ्यंतर जैसा कोई भेद नहीं। यह केवल एक काल्पनिक विभाग है। ऐसे विभाग का कोई अस्तित्व ही नहीं और यह कभी था भी नहीं। बहिर्वादी और अंतर्वादी जब अपने ज्ञान की चरम सीमा प्राप्त कर लेंगे, तब दोनों अवश्य एक ही स्थान पर पहुँच जाएँगे। जैसे भौतिक विज्ञानी जब अपने ज्ञान को चरम सीमा पर ले जाएँगे, तो अंत में उन्हें दार्शनिक होना होगा, उसी प्रकार दार्शनिक भी देखेंगे कि वे मन और भूत के नाम से जो भेद कर रहे थे, वह वास्तव में कल्पना मात्र है; वह एक दिन बिल्कुल विलीन हो जाएगी।

जिस एक से यह बहु उत्पन्न हुआ है, जो एक बहु रूपों में प्रकाशित हुआ है, उस एकत्व को प्राप्त करना ही समस्त विज्ञान का उद्देश्य और लक्ष्य है। राजयोगी कहते हैं, 'हम पहले अंतर्जगत् का ज्ञान प्राप्त करेंगे, फिर उसी के द्वारा बाह्य और अंतर, उभय प्रकृति को वशीभूत कर लेंगे।' प्राचीन काल से ही लोग इसके लिए प्रयत्नशील रहे हैं। भारतवर्ष में इसकी विशेष चेष्टा होती रही है, परंतु दूसरी जातियों ने भी इस ओर कुछ प्रयत्न किए हैं। पाश्चात्य देशों में लोग इसको रहस्य या गुह्य विद्या सोचते थे; जो लोग इसका अभ्यास करने जाते थे, उन पर अघोरी, डाइन, ऐंद्रजालिक आदि अपवाद लगाकर उन्हें जला दिया अथवा मार डाला जाता था। भारतवर्ष में अनेक कारणों से यह विद्या ऐसे व्यक्तियों के हाथ पड़ी, जिन्होंने इसका 90 प्रतिशत अंश नष्ट कर डाला और शेष को गुप्त रीति से रखने की चेष्टा की। आजकल पश्चिमी देशों में भारतवर्ष के गुरुओं की अपेक्षा निकृष्टतर अनेक गुरु नामधारी व्यक्ति दिखाई पड़ते हैं। भारतवर्ष के गुरु फिर भी कुछ जानते थे, पर ये आधुनिक व्याख्याकार तो कुछ भी नहीं जानते।

इन सारी योग-प्रणालियों में जो कुछ गुह्य या रहस्यात्मक है, सब छोड़ देना पड़ेगा। जिससे बल मिलता है, उसी का अनुसरण करना चाहिए। अन्यान्य विषयों में जैसा है, धर्म में भी ठीक वैसा ही है; जो तुमको दुर्बल बनाता है, वह समूल त्याज्य है। रहस्य-स्पृहा मानव-मस्तिष्क को दुर्बल कर देती है। इसके कारण ही आज योगशास्त्र नष्ट सा हो गया है, किंतु वास्तव में यह एक महाविज्ञान है। चार हजार वर्ष से भी पहले यह आविष्कृत हुआ था। तब से भारतवर्ष में यह प्रणालीबद्ध होकर वर्णित और प्रचलित होता रहा है। यह एक आश्चर्यजनक बात है कि व्याख्याकार जितना आधुनिक है, उसका भ्रम भी उतना ही अधिक है और लेखक जितना प्राचीन है, उसने उतनी ही अधिक युक्तियुक्त बात कही है। आधुनिक लेखों में ऐसे अनेक हैं, जो नाना प्रकार की रहस्यात्मक और अद्भुत बातें कहा करते हैं। इस प्रकार, जिसके हाथ यह शास्त्र पड़ा, उन्होंने समस्त शक्तियाँ अपने अधिकार में रखने की इच्छा से इसको महागोपनीय बना डाला और युक्तिरूप प्रभाकर का पूर्ण आलोक इस

पर न पड़ने दिया।

मैं पहले ही कह देना चाहता हूँ कि मैं जो कुछ प्रचार कर रहा हूँ, उसमें गुह्य नाम की कोई चीज नहीं है। मैं जो कुछ थोड़ा सा जानता हूँ, वही तुमसे कहूँगा। जहाँ तक यह युक्ति से समझाया जा सकता है, वहाँ तक समझाने की कोशिशा करूँगा, परंतु जो मैं नहीं समझ सकता, उसके बारे में कह दूँगा, "शास्त्र का यह कथन है।" अंधविश्वास करना ठीक नहीं। अपनी विचार-शक्ति और युक्ति काम में लानी होगी। यह प्रत्यक्ष करके देखना होगा कि शास्त्र में जो कुछ लिखा है, वह सत्य है या नहीं। भौतिक विज्ञान तुम जिस ढंग से सीखते हो, ठीक उसी प्रणाली से यह धर्मविज्ञान भी सीखना होगा। इसमें गुप्त रखने की कोई बात नहीं, किसी विपत्ति की भी आशंका नहीं। इसमें जहाँ तक सत्य है, उसका सबके समक्ष राजपथ पर स्पष्ट दिव्यलोक में प्रचार करना आवश्यक है। यह सब किसी प्रकार छिपा रखने की चेष्टा करने से अनेक प्रकार की महान् विपत्तियाँ उत्पन्न होती हैं।

कुछ और अधिक कहने के पहले मैं सांख्य दर्शन के संबंध में कुछ कहूँगा। इस सांख्य दर्शन पर राजयोग आधारित है। सांख्य दर्शन के मत से किसी विषय के ज्ञान की प्रणाली इस प्रकार है—प्रथमतः विषय के साथ चक्षु आदि बाह्य कारणों का संयोग होता है। ये चक्षु आदि बाहरी कारण, फिर उसे मस्तिष्क स्थित अपने-अपने केंद्र, अर्थात् इंद्रियों के पास भेजते हैं; इंद्रियाँ मन के निकट और मन उसे निश्चयात्मिका बुद्धि के पास ले जाता है, तब पुरुष या आत्मा उसको ग्रहण करती है। फिर जिस सोपानक्रम में से होता हुआ वह विषय अंदर आया था, उसी में से होते हुए लौट जाने की पुरुष मानो उसे आज्ञा देता है। इस प्रकार विषय गृहीत होता है। पुरुष को छोड़कर सब शेष जड़ है, पर आँख आदि बाहरी कारणों की अपेक्षा मन सूक्ष्मतर भूत से निर्मित है। मन जिस उपादान से निर्मित है, उसी से 'तन्मात्रा' नामक सूक्ष्म भूतों की उत्पत्ति होती है। यही सांख्य का मनोविज्ञान है। अतएव बुद्धि और परिदृश्यमान स्थूल भूत में अंतर केवल स्थूलता के तारतम्य में है। एकमात्र पुरुष ही चेतन है। मन तो मानो आत्मा के हाथों एक यंत्र है। उसके द्वारा आत्मा बाहरी विषयों को

ग्रहण करती है। मन सतत परिवर्तनशील है, इधर-से-उधर दौड़ता रहता है, कभी सभी इंद्रियों से लगा रहता है, तो कभी एक से और कभी किसी भी इंद्रिय में संलग्न नहीं रहता।

मान लो, मैं मन लगाकर एक घड़ी की टिक-टिक सुन रहा हूँ। ऐसी दशा में आँखें खुली रहने पर भी मैं कुछ देख न पाऊँगा। इससे स्पष्ट समझ में आ जाता है कि मन जब श्रवणेंद्रिय से लगा था, तो दर्शनेंद्रिय से उसका संयोग न था, पर पूर्णता प्राप्त मन सभी इंद्रियों से एक साथ लगाया जा सकता है। उसी मन में अंतर्दृष्टि की शक्ति है, जिसके बल से मनुष्य अपने अंदर के सबसे गहरे प्रदेश तक में नजर डाल सकता है। इस अंतर्दृष्टि का विकास-साधन ही योगी का उद्देश्य है। मन की समस्त शक्तियों को एकत्र करके भीतर की ओर मोड़कर वे जानना चाहते हैं कि भीतर क्या हो रहा है ? इसमें केवल विश्वास की कोई बात नहीं; यह तो दार्शनिकों के मनस्तत्त्व-विश्लेषण का फल मात्र है। आधुनिक शरीर विज्ञानविद् का कथन है कि आँखें यथार्थत: दर्शनेंद्रिय नहीं हैं; वह इंद्रिय तो मस्तिष्क के अंतर्गत स्नायु-केंद्र में अवस्थित हैं और समस्त इंद्रियों के संबंध में ठीक ऐसा ही समझना चाहिए। उनका यह भी कथन है कि मस्तिष्क जिस पदार्थ से निर्मित है, ये केंद्र भी ठीक उसी पदार्थ से बने हैं। सांख्य भी ऐसा ही कहता है। अंतर यह है कि सांख्य का सिद्धांत मनोविज्ञान पर आधारित है और वैज्ञानिकों का भौतिकता पर। फिर भी दोनों एक ही बात हैं। हमारे शोध के क्षेत्र इन दोनों के परे हैं।

योगी प्रयत्न करते हैं कि वे अपने को ऐसा सूक्ष्म अनुभूतिसंपन्न कर लें, जिससे वे विभिन्न मानसिक अवस्थाओं को प्रत्यक्ष कर सकें। समस्त मानसिक प्रक्रियाओं को पृथक्-पृथक् रूप से मानस-प्रत्यक्ष करना आवश्यक है। इंद्रिय गोलकों पर विषयों का आघात होते ही उससे उत्पन्न हुई संवेदनाएँ उस-उस करण की सहायता से किस तरह स्नायु से होती हुई जाती हैं, मन किस प्रकार उनको ग्रहण करता है, किस प्रकार फिर वे निश्चयात्मिका बुद्धि के पास जाती हैं, तत्पश्चात् किस प्रकार वह पुरुष के पास उन्हें पहुँचाता है—इन समस्त व्यापारों को पृथक्-पृथक् रूप से देखना होगा। प्रत्येक विषय की शिक्षा की

अपनी एक निर्दिष्ट प्रणाली है। कोई भी विज्ञान क्यों सीखो, पहले अपने आपको उसके लिए तैयार करना होगा, फिर एक निर्दिष्ट प्रणाली का अनुसरण करना होगा, इसके अतिरिक्त उस विज्ञान के सिद्धांतों को समझने का और कोई दूसरा उपाय नहीं है। राजयोग के संबंध में भी ठीक ऐसा ही है।

भोजन के संबंध में कुछ विषय आवश्यक हैं। जिससे मन खूब पवित्र रहे, ऐसा भोजन करना चाहिए। तुम यदि किसी अजायबघर में जाओ, तो भोजन के साथ जीव का क्या संबंध है, यह भलीभाँति समझ में आ जाएगा। हाथी बड़ा भारी प्राणी है, परंतु उसकी प्रकृति बड़ी शांत है और यदि तुम सिंह या बाघ के पिंजड़े की ओर जाओ तो देखागे, वे बड़े चंचल हैं। इससे समझ में आ जाता है कि आहार का तारतम्य कितना भयानक परिवर्तन कर देता है। हमारे शरीर के अंदर जितनी शक्तियाँ कार्यशील हैं, वे आहार से पैदा हुई हैं और यह हम प्रतिदिन प्रत्यक्ष देखते हैं। यदि तुम उपवास करना आरंभ कर दो, तो तुम्हारा शरीर दुर्बल हो जाएगा, दैहिक शक्तियों का ह्रास हो जाएगा और कुछ दिनों बाद मानसिक शक्तियाँ भी क्षीण होने लगेंगी। पहले स्मृति शक्ति जाती रहेगी, फिर ऐसा एक समय आएगा, जब सोचने के लिए भी सामर्थ्य न रह जाएगा—किसी विषय पर गंभीर रूप से विचार तो दूर की बात रही। इसीलिए साधना की पहली अवस्था में, भोजन के संबंध में विशेष ध्यान रखना होगा; फिर बाद में साधना में विशेष प्रगति हो जाने पर उतना सावधान न रहने से भी चलेगा। जब तक पौधा छोटा रहता है, तब तक उसे घेरकर रखते हैं, नहीं तो जानवर उसे चर जाएँ। उसके बड़े वृक्ष हो जाने पर घेरा निकाल दिया जाता है। तब वह सारे आघात झेलने के लिए पर्याप्त शक्त है।

योगी को अधिक विलास और कठोरता, दोनों को ही त्याग देना चाहिए। उनके लिए उपवास करना या देह को किसी प्रकार कष्ट देना उचित नहीं। 'गीता' कहती है, जो अपने को अनर्थक क्लेश देते हैं, वे कभी योगी नहीं हो सकते। अतिभोजनकारी, उपवासशील, अधिक जागरणशील, अधिक निद्रालु, अत्यंत कर्मी अथवा बिल्कुल आलसी—इनमें से कोई भी योगी नहीं हो सकता।

□

8

क्रियात्मक आध्यात्मिकता

दूसरों की समीक्षा करते समय हम सदा यह भूल कर बैठते हैं; हम सदा यही सोचा करते हैं कि हमारी छोटी बुद्धि जितना समझ सकती है, उतना ही यह विश्व है; हमारा नीतिशास्त्र, हमारा आचरणशास्त्र, हमारी अपनी कर्तव्य विषयक भावना, हमारी अपनी उपयोगिता के विचार—केवल ये ही श्रेयस्कर हैं। एक दिन मार्सेल्स से होकर यूरोप जाते समय मैंने देखा कि साँड़ लड़ाए जा रहे हैं। यह देखकर जहाज में बैठे हुए सब अंग्रेज जोश से पागल हो गए; कहने लगे, "यह तो बिल्कुल निष्ठुर है," और बड़े दोष बतलाकर गालियाँ देने लगे। जब मैं इंग्लैंड गया, तो वहाँ मैंने मुक्केबाजों के एक दल के विषय में सुना, जो पेरिस गए थे और जिन्हें फ्रांसीसियों ने ठोकरें मारकर निकाल दिया था; क्योंकि फ्रांसीसी मुक्केबाजी को बेरहम समझते हैं। जब इस तरह की बातें मैं अनेक देशों में सुनता हूँ, तो ईसा के अप्रतिम शब्दों का तात्पर्य मेरी समझ में आ जाता है, "दूसरों की समीक्षा न करो, जिससे तुम्हारी भी समीक्षा न हो।" जितना ही अधिक हम ज्ञान प्राप्त करते हैं, उतना ही अधिक हमें पता लगता है कि हम कितने अज्ञ हैं और मनुष्य का मन कितना बहुमुखी और बहुपक्षीय है। जब मैं छोटा था, तब मैं अपने देशवासियों की तापस साधनाओं के संबंध में नुक्ताचीनी किया करता था। हमारे देश के बड़े-बड़े आचार्यों ने भी उनके संबंध में नुक्ताचीनी की है; यही नहीं, दुनिया के श्रेष्ठतम पुरुष भगवान् बुद्ध ने भी आलोचना की है, लेकिन जैसे-जैसे मैं बड़ा होता जा रहा हूँ, मैं देखता हूँ कि उनकी इस तरह समीक्षा करने का मुझे कोई

अधिकार नहीं है। यद्यपि बातें असंबद्ध होती हैं, तो भी कभी-कभी मैं चाहता हूँ कि उनकी कार्यक्षमता तथा सहनशक्ति का एक अंश मुझमें आ जाए। मुझे अकसर लगता है कि मैं जो समीक्षा और आलोचना करता हूँ, वह इसलिए नहीं कि मुझे देह-यातना पसंद नहीं, बल्कि इसलिए कि मैं डरपोक हूँ, मुझमें वह करने की हिम्मत नहीं, मैं उसे आचरण में नहीं ला सकता।

फिर तुम यह भी देखते हो कि बल, शक्ति तथा साहस, ये ऐसी बातें हैं, जो बहुत विचित्र हैं। हम प्राय: कहा करते हैं कि यह मनुष्य शूर है, हिम्मतवाला या वीर है; लेकिन हमें स्मरण रखना चाहिए कि शौर्य, साहस या अन्य गुण हमें उस मनुष्य में सभी अवस्थाओं में दिखाई देंगे, ऐसा नहीं। एक मनुष्य, जो तोप के मुँह में घुस जाएगा, डॉक्टर का चाकू देखकर पीछे हट जाता है; लेकिन दूसरा मनुष्य, जो तोप को देखने तक की हिम्मत न करेगा, मौका पड़ने पर डॉक्टर द्वारा किए बड़े ऑपरेशान को शांति से सहन कर लेता है। इसलिए दूसरों की समीक्षा करते समय तुम्हें पहले 'साहस' या 'महानता' की अपनी व्याख्या देनी चाहिए। हो सकता है कि जिस मनुष्य को मैं बुरा कहता हूँ, वह अन्य कुछ बातों में आश्चर्यजनक रूप से अच्छा हो, जिनमें मैं कभी अच्छा नहीं हो सकता।

दूसरा उदाहरण लो। जब लोग पुरुष और स्त्री की कार्य-शक्ति के संबंध में बातचीत करते हैं, तो तुम देखोगे कि वे यही भूल कर बैठते हैं। पुरुष युद्ध तथा कठिन शारीरिक श्रम कर सकता है, इसलिए वे समझते हैं कि वह अधिक श्रेष्ठ है और इसके साथ स्त्री-जाति की शारीरिक दुर्बलता तथा युद्ध-विमुखता की तुलना करते हैं, पर यह अन्याय है। स्त्री भी उतनी ही साहसी होती है, जितना कि पुरुष। अपने-अपने ढंग से दोनों ही अच्छे हैं। भला एक ऐसा पुरुष तो बताओ, जो बच्चे का लालन-पालन उतनी ही सहनशीलता, धैर्य एवं प्यार के साथ कर सकता हो, जितनी एक स्त्री। पुरुष ने यदि अपनी कर्मठता का सामर्थ्य बढ़ाया है, तो स्त्री ने सहनशीलता का। स्त्री में यदि कार्यक्षमता की कमी है, तो पुरुष कष्ट सहने में कच्चा है। यह संपूर्ण विश्व पूर्णतया संतुलित है। कौन कह सकता है कि शायद एक दिन एक कीड़े में भी

कुछ ऐसा गुण दिखे, जो हमारी मनुष्यता को संतुलित करता हो। अत्यंत दुष्ट मनुष्य में भी वे गुण हो सकते हैं, जो मुझमें बिल्कुल न हों। अपने जीवन में यह सत्य मैं प्रतिदिन देख रहा हूँ। एक जंगली व्यक्ति की ओर ही देखो। मैं कितना चाहता हूँ कि मेरा शरीर भी ऐसा ही मजबूत होता। वह भरपेट खाता-पीता है और बीमारी क्या चीज है, यह शायद जानता तक नहीं। इसके विपरीत मैं सर्वदा बीमार रहता हूँ। अगर मैं अपने मस्तिष्क में इसका शरीर बदल ले सकता, तो मुझे कितना हर्ष होता?

सारा विश्व लहर और गर्त के सदृश है; ऐसी कोई लहर नहीं, जिसके साथ गर्त न हो। संतुलन सर्वत्र विद्यमान है। यदि तुम्हारे पास एक वस्तु बड़ी है, तो तुम्हारे पड़ोसी के पास दूसरी। पुरुष या स्त्री की समीक्षा करते समय उनकी विशिष्टताओं के मापदंड से निर्णय करो। प्रत्येक का कार्यक्षेत्र भिन्न है। किसी को भी 'वह दुष्ट है' ऐसा कहने का अधिकार नहीं। यह वही पुराना अंधविश्वास हुआ, जो कहता है, "अगर तुम ऐसा करोगे तो संसार नष्ट हो जाएगा।" यह तो चलता ही आ रहा है और फिर संसार आज तक नष्ट नहीं हुआ। इस देश में ऐसा कहा जाता था कि अगर हब्शी मुक्त कर दिए जाएँ, तो यह सारा देश रसातल को पहुँच जाएगा, पर क्या ऐसा हुआ? लोग यह भी कहते थे कि अगर साधारण जनता में शिक्षा का प्रसार होगा, तो दुनिया का नाश हो जाएगा, पर इस शिक्षा-प्रसार से तो उन्नति ही हुई। कई वर्ष पहले एक पुस्तक छपी थी, जिसमें यह बतलाया गया था कि इंग्लैंड का सबसे अधिक बुरा क्या हो सकता है। लेखक ने यह दिखलाया था कि मजदूरी बढ़ती जा रही है, इस कारण इंग्लैंड का व्यापार घटता जा रहा है। यह आवाज उठाई गई थी कि अंग्रेज मजदूर बेहद मजदूरी माँगते हैं, जबकि जर्मन मजदूर बहुत कम वेतन पर काम करते हैं। इस बात की जाँच के लिए एक समिति जर्मनी भेजी गई और उसने आकर यह बतलाया कि जर्मनी के मजदूर, जो अधिक वेतन पाते हैं, ऐसा क्यों हुआ, जन-साधारण में शिक्षा के प्रसार के कारण। साधारण जनता के पढ़ी-लिखी होने से दुनिया नष्ट होनेवाली थी न? पर ऐसा हुआ तो नहीं, विशेषकर भारत में, हमें समस्त देश में ऐसे पुराने सठियाए बूढ़े मिलते

हैं, जो सबकुछ साधारण जनता से गुप्त रखना चाहते हैं। इसी कल्पना में वे अपना बड़ा समाधान कर लेते हैं कि वे सारे विश्व में सर्वश्रेष्ठ हैं। वे समझते हैं कि ये भयावह प्रयोग उनको हानि नहीं पहुँचा सकते। केवल साधारण जनता को ही उनसे हानि पहुँचेगी।

अच्छा, अब हम क्रियात्मक साधना की ओर आएँ। व्यावहारिक जीवन में मनोविज्ञान के उपयोग की ओर भारत ने बहुत प्राचीन काल से ध्यान दिया है। ईसा के लगभग 1400 वर्ष पूर्व भारत में एक बहुत बड़े तत्त्वज्ञ हो गए हैं, जिनका नाम पतंजलि था। उन्होंने मनोविज्ञान के समस्त तथ्य, प्रमाण तथा आविष्कृत सिद्धांत संकलित किए और पूर्वकालीन सभी अनुभवों से लाभ उठाया। यह नहीं भूलना चाहिए कि दुनिया बहुत पुरानी है। ऐसा मत समझो कि यह केवल दो-तीन हजार वर्ष पूर्व ही रची गई है। इधर तुम पाश्चात्यों को यह सिखलाया जाता है कि समाज का आरंभ 1800 वर्ष पूर्व 'नव व्यवस्था' के साथ ही हुआ, इसके पहले समाज नहीं था। संभव है, यह बात पश्चिम के बारे में सत्य हो, परंतु सारी दुनिया के लिए यह सत्य नहीं हो सकती। जब मैं लंदन में भाषण दिया करता था, तब एक बुद्धिमान और बौद्धिक मित्र मुझसे वाद-विवाद किया करता था। एक दिन अपने सारे शस्त्र चला चुकने के बाद वह एकदम बोल उठा, "लेकिन यह तो बताओ कि तुम्हारे ऋषि इस इंग्लैंड में हमें ज्ञान देने क्यों नहीं आए?" मैंने उत्तर दिया, "तब इंग्लैंड था ही कहाँ, जो ज्ञान देने आते, क्या वे जंगलों को सिखलाते?"

इंगरसोल ने मुझसे कहा था, "यदि तुम पचास साल पहले यहाँ ज्ञान सिखलाने आते, तो या तो तुम्हें फाँसी पर चढ़ा दिया जाता या जिंदा जला दिया जाता अथवा पत्थर मार मारकर तुम्हें गाँवों से बाहर निकाल दिया जाता।"

अतएव यह मानने में कोई असंगति नहीं कि सभ्यता ईसा के 1400 वर्ष पूर्व भी विद्यमान थी। यह बात अभी तक निश्चित नहीं हुई है कि सभ्यता की गति सदैव नीचे से ऊपर की ओर ही हुई है। यह सिद्धांत प्रस्थापित करने के लिए जो आधार तथा प्रमाण पेश किए गए हैं, उनसे यह भी सिद्ध किया जा सकता है कि आज का जंगली समाज एक समय के उन्नत समाज का

अध:पतित रूप है। चीन के लोगों का ही उदाहरण लो। उनका कभी इस बात पर विश्वास ही नहीं हो सकता कि संस्कृति का उदय जंगली स्तर से हुआ है। उनका अनुभव इसके बिल्कुल प्रतिकूल है, लेकिन जब तुम अमेरिका की सभ्यता के बारे में बात करते हो, तो तुम्हारी दृष्टि से उसका अर्थ केवल स्वजाति का चिरजीवत्व तथा उसका सतत विकास होता है।

यह सहज ही विश्वास किया जा सकता है कि जिन हिंदुओं का आज 700 वर्षों से पतन हो रहा है, वे एक समय निश्चय ही विशेष सुसंस्कृत रहे होंगे। इसके प्रतिकूल प्रमाण हम उपस्थित कर ही नहीं सकते।

ऐसा एक भी उदाहरण नहीं है, जहाँ सभ्यता आप ही आप पैदा हो। ऐसा कभी नहीं हुआ कि किसी दूसरी सभ्य जाति के संपर्क में आए बिना कोई जाति उन्नत हो गई हो। सभ्यता का उदय पहले एक या दो जातियों में हुआ होगा और फिर ये जातियाँ दूसरी जातियों से मिलीं, उन्होंने अपने विचार फैलाए और इस तरह सभ्यता का विस्तार हुआ।

व्यावहारिकता की दृष्टि से आधुनिक वैज्ञानिक भाषा में ही हमें चर्चा करनी चाहिए; लेकिन मुझे तुमको सचेत कर देना चाहिए कि जिस तरह धर्म के संबंध में अविश्वास है, उसी तरह वैज्ञानिक विषयों में भी है। धार्मिक कार्य को अपना वैशिष्ट्य माननेवाले पुरोहितों के सदृश भौतिक विज्ञान के भी पुरोहित होते हैं, जो वैज्ञानिक कहलाते हैं। ज्यों ही डार्विन या हक्सले जैसे वैज्ञानिक का नाम लिया जाता है, त्यों ही हम आँख बंद कर उनका अनुसरण करने लगते हैं। यह तो आजकल का एक फैशन हो गया है। जिसे हम वैज्ञानिक ज्ञान कहते हैं, उसका नब्बे प्रतिशत केवल परिकल्पना ही होता है और इसमें से बहुत सा तो अनेक हाथ और सिरवाले भूतों में अंधविश्वास के सदृश ही होता है। अंतर केवल इतना है कि इस दूसरी परिकल्पना में मनुष्य को पत्थरों अथवा डंठलों से कुछ पृथक् माना जाता है। सच्चा विज्ञान हमें सावधान रहना सिखलाता है। जिस तरह पुरोहितों से हमें सावधान रहना चाहिए, उसी तरह वैज्ञानिकों से भी। पहले अविश्वास से आरंभ करो। छान-बीन करो, परीक्षा करो और प्रत्येक वस्तु का प्रमाण माँगने के बाद उसे

स्वीकार करो। आजकल के विज्ञान के बहुत से प्रचलित सिद्धांत, जिनमें हम विश्वास करते हैं, सिद्ध नहीं हुए हैं। गणित जैसे शास्त्र में भी बहुत से सिद्धांत ऐसे हैं, जो केवल कामचलाऊ परिकल्पना के सदृश ही हैं। जब ज्ञान की वृद्धि होगी तो ये फेंक दिए जाएँगे।

ईसा के 1400 वर्ष पूर्व एक बड़े महात्मा ने मनोविज्ञान के कुछ सत्यों की व्यवस्थित रचना तथा विश्लेषण कर उनके व्यापक सिद्धांत निकालने का प्रयत्न किया था। उनके बाद उनके अनेक अनुयायी आए, जिन्होंने उनके आविष्कृत ज्ञान के अंशों को लेकर उनका विशेष रूप से अध्ययन आरंभ किया। प्राचीन जातियों में केवल हिंदुओं ने ही ज्ञान के इस विभाग का अध्ययन लगन से किया है। मैं अब तुम्हें उसी की शिक्षा दूँगा, लेकिन प्रश्न यह है कि तुममें से कितने उस पर चलेंगे, कितने दिन या कितने महीनों के बाद तुम उसे छोड़ दोगे? मैं जानता हूँ कि इस विषय में तुम लोग कर्म-कुशल नहीं हो। भारत में लोग युगों तक धैर्यपूर्वक प्रयत्न करते रहते हैं। तुम्हें सुनकर आश्चर्य होगा कि न तो उनका कोई गिरजाघर है और न कोई सामुदायिक प्रार्थना। वहाँ इस तरह के अन्य कोई साधन नहीं हैं, परंतु फिर भी वे प्रतिदिन प्राणायाम का अभ्यास करते हैं तथा मन को एकाग्र करने का प्रयत्न करते हैं। उनकी उपासना का मुख्य अंश यही है। असल में यह तो उस देश का धर्म ही है। हाँ, उनमें से प्रत्येक की प्राणायाम तथा मन को एकाग्र करने की कोई विशेष पद्धति हो सकती है, पर यह आवश्यक नहीं कि किसी व्यक्ति की स्त्री भी उसकी यह विशेष पद्धति जाने, या बाप लड़के का विशेष तरीका जाने। हिंदुओं को ये अभ्यास करने ही पड़ते हैं। इन अभ्यासों में कोई 'गुह्य' नहीं है। 'गुह्य' शब्द इन पर लागू नहीं होता। रोज हजारों मनुष्य गंगा के किनारे आँखें मूँदकर ध्यान लगाए हुए प्राणायाम का अभ्यास करते हुए दिखाई देते हैं। साधारण जनता किसी-किसी प्रक्रिया को आचरण में नहीं ला सकती। इसके दो कारण हो सकते हैं। पहला तो यह कि आचार्यों के मत से जनसाधारण इस अभ्यास के योग्य नहीं होता। इस मत में कुछ सत्यांश हो सकता है, लेकिन अधिक सच्चा कारण है—गर्व। दूसरा कारण है—अत्याचार का भय।

उदाहरणार्थ, तुम्हारे देश में सबके सामने प्राणायाम करना कोई पसंद न करेगा, क्योंकि लोग उस व्यक्ति को शायद सोचने लगें कि कैसा विचित्र प्राणी है यह! कारण, इस देश का रिवाज ऐसा नहीं है। इसके विपरीत, भारत में अगर कोई ऐसी प्रार्थना करे, "हे प्रभो! आज के दिन हमें हमारी हर रोज की रोटी दो," तो लोग उस पर हँसेंगे। "हे पिता! जो तू स्वर्ग में रहता है", इसके समान दूसरी मूर्खता की कल्पना तो हिंदुओं की दृष्टि में हो ही नहीं सकती। जब हिंदू उपासना करता है, तो समझता है कि परमेश्वर उसके हृदय में विराजमान हैं।

योगियों के मत से मुख्यत: तीन नाड़ियाँ हैं—'इड़ा', 'पिंगला' और बीच में 'सुषुम्ना', और ये तीनों मेरुदंड में स्थित हैं। इड़ा और पिंगला दाहिनी और बाईं नाड़ी-तंतुओं के गुच्छ हैं, पर सुषुम्ना उनका गुच्छ नहीं है, वह पोली है। सुषुम्ना बंद रहती है और साधारण मनुष्य के लिए इसका कोई उपयोग नहीं होता। वह इड़ा और पिंगला से ही अपना काम लिया करता है। इन्हीं नाड़ियों द्वारा संवेदना का प्रवाह लगातार आता-जाता रहता है और वे संपूर्ण शरीर में फैले हुए नाड़ीय सूत्रों द्वारा शरीर की पृथक् इंद्रियों तक आदेश पहुँचाती रहती हैं।

इड़ा और पिंगला का व्यवहार नियमित करना और उनमें लय उत्पन्न करना प्राणायाम का महत् उद्‌देश्य है, पर यह कोई बड़ी बात नहीं है। यह तो केवल अपने फेफड़ों में काफी हवा लेना है, रक्त साफ करने के अतिरिक्त इसका और कोई विशेष उपयोग नहीं। श्वासोच्छ्वास द्वारा हवा फेफड़ों में खींचना और उसके द्वारा खून साफ करना, इसमें कुछ गुह्य नहीं है; यह तो केवल गति मात्र है। इस गति को ऐकिक गति में विकसित किया जा सकता है, जिसे प्राण कहते हैं। विश्व में सर्वत्र दिखाई देनेवाली सब क्रियाएँ इस प्राण की विभिन्न अभिव्यक्तियाँ हैं। यह प्राण विद्युत् शक्ति है, चुंबक शक्ति है, मस्तिष्क द्वारा वह विचार के रूप में बहिर्गत होती है। सब वस्तुएँ प्राण ही हैं और यह प्राण ही सूर्य, चंद्र, तारों आदि को चला रहा है। हम कहते हैं कि इस विश्व में जो कुछ विद्यमान है, वह सब प्राण के स्पंदन से ही उत्पन्न हुआ है। प्राण के सर्वोच्च स्पंदनों का कार्य है, 'विचार'। इससे उच्च अगर कुछ

है, तो वह हमारी कल्पनाशक्ति के बाहर है। इस प्राण द्वारा इड़ा और पिंगला का कार्य होता है। विभिन्न शक्तियों का रूप लेकर शरीर के प्रत्येक भाग को प्राण ही चलाता है। यह पुरानी कल्पना छोड़ दो कि ईश्वर नाम की कोई वस्तु है, जो कर्म या फल उत्पन्न करता है और जो सिंहासन पर बैठकर न्याय कर रहा है। काम करते समय हम थक जाते हैं, क्योंकि उसमें उतने प्राण का क्षय हो जाता है।

प्राणायाम नामक श्वासोच्छ्वास का व्यायाम श्वासोच्छ्वास को नियमित करता है और प्राण की क्रिया को लयात्मक बनाता है। जब प्राण की गति लयात्मक होती है, तो सब कार्य ठीक-ठीक होते हैं। जब योगियों का शरीर उनके वश में हो जाता है, तब यदि शरीर के किसी अंग में रोग उत्पन्न होता है, तो वे जान लेते हैं कि उस अंग में प्राण की गति लयात्मक नहीं हो रही है और फिर वे प्राण को उस विकृत अंग की ओर प्रेरित करते हैं, जिससे लय फिर से नियमित हो जाती है।

जिस तरह तुम अपने शरीरस्थ प्राण को नियंत्रित कर सकते हो, उसी तरह अगर तुम काफी शक्तिमान हो, तो यहाँ से ही भारत के किसी मनुष्य के प्राण का भी नियंत्रण कर सकते हो। प्राण विभक्त नहीं है। एकत्व ही उसका धर्म है। भौतिक, दैविक, आध्यात्मिक, मानसिक, नैतिक और तात्त्विक—सभी दृष्टियों से सब एक ही हैं। जीवन तो सिर्फ एक स्पंदन है। आकाश के सागर को जो स्पंदित करता है, वही तुमको भी स्पंदित करता है। जिस तरह सरोवर में बर्फ के विभिन्न घनत्व के भिन्न-भिन्न स्तर होते हैं, या जैसे वाष्प के सागर में घनत्व के विविध परिणाम होते हैं, उसी प्रकार यह विश्वब्रह्मांड भी जड़ द्रव्य का सागर है। यह सागर आकांक्षा का है, जिसमें हमें सूर्य, चंद्र, तारे और हम स्वयं, विविध घनत्व की वस्तुएँ मिलती हैं, लेकिन सातत्य खंडित नहीं होता, वह सर्वत्र एकरस है।

जब हम दर्शनशास्त्र का अध्ययन करते हैं, तो हमें यह ज्ञान होता है कि संपूर्ण विश्व एक है। आध्यात्मिक, भौतिक, मानसिक तथा ऊर्जा जगत्, ये भिन्न-भिन्न नहीं हैं। विश्व एक है, अलग-अलग दृष्टिकोणों से देखे जाने के

कारण विभिन्न प्रतीत होता है। 'मैं शरीर हूँ', इस भावना से जब तुम अपनी ओर देखते हो, तो 'मैं मन भी हूँ', यह भूल जाते हो और जब तुम अपने को मनोरूप देखने लगते हो, तो तुम्हें अपने शरीरत्व की विस्मृति हो जाती है। विद्यमान वस्तु केवल एक है और वह तुम हो। वह तुम्हें या तो जड़ या शरीर के रूप में अथवा मन या आत्मा के रूप में दिख सकती है। जन्म, जीवन, मरण—ये सब भ्रममात्र हैं। मन कभी न मरता है और न कोई कभी जन्म लेता है, केवल मनुष्य एक स्थिति से दूसरी स्थिति में चला जाता है। पाश्चात्यों को मृत्यु से इतना भय खाते देख मुझे दुःख होता है—वे मानो जीवन को पकड़ रखने की सतत चेष्टा करते रहते हैं। वे कहते हैं, "मृत्यु के बाद हमें जीवन दो। हमें मरणोत्तर जीवन दो!" यदि कोई आए और उन्हें बताए कि मृत्यु के बाद भी वे विद्यमान रहेंगे, तो वे कितने आनंदित होते हैं। वस्तुतः मनुष्य के अमरत्व में मैं अविश्वास ही किस तरह कर सकता हूँ, मैं मृत हूँ, यह कल्पना ही किस तरह कर सकता हूँ? यदि तुम अपने को मरा सोचने की कोशिश करो, तो देखोगे कि तुम अपने मृत शरीर के देखने के लिए वर्तमान हो ही। जीवन का अस्तित्व एक ऐसा आश्चर्यमय सत्य है कि तुम एक क्षण भी उसका विस्मरण नहीं कर सकते। तब तो तुम अपने अस्तित्व में भी संदेह कर सकते हो। मैं हूँ—यह ज्ञान ही चैतन्य का आदि तथ्य है। जिसका कभी अस्तित्व ही नहीं था, उसकी कल्पना ही कौन कर सकता है? सभी सत्यों में यह सर्वाधिक स्वयंसिद्ध सत्य है। अतः अमरत्व की भावना मनुष्य में स्वभावतः विद्यमान रहती है। अकल्पनीय विषय पर कोई विवाद नहीं कर सकता, इसीलिए इस स्वयंसिद्ध विषय पर किसी विवाद की आवश्यकता नहीं है।

अतएव हम किसी भी दृष्टि से देखें, हमें प्रतीत होगा कि यह संपूर्ण जगत् एक इकाई है। अभी हमें यह समग्र विश्व प्राण तथा आकाश, अर्थात् शक्ति एवं जड़ का बना हुआ प्रतीत होता है और तुम लोग खयाल रखो कि अन्य मूलभूत सिद्धांतों के समान यह सिद्धांत भी स्व-विरोधी है। शक्ति क्या है? शक्ति वह है, जो जड़ को गति देती है और जड़ क्या है? जड़ वह है, जो शक्ति द्वारा गतिशील होता है। यह तो गोल-मोल बात हुई! हमें अपने ज्ञान

तथा विज्ञान का गर्व होते हुए भी हमारे कोई-कोई मूलभूत तर्क-सिद्धांत बड़े विचित्र होते हैं। संस्कृत कहावत के अनुसार यह तो 'बे-सिर के सिरदर्द' के समान हुआ। इस वस्तुस्थिति का नाम है 'माया'। न तो वह विद्यमान है और न अविद्यमान ही। तुम उसे विद्यमान नहीं कह सकते, क्योंकि केवल वही वस्तु विद्यमान कहलाती है, जो देश-काल से परे हो और जिसके अस्तित्व के लिए किसी दूसरे की आवश्यकता न हो। फिर भी यह विश्व आंशिक रूप से हमारी अस्तित्व की धारणा की पूर्ति करता है। अतएव उसका प्रतीयमान अस्तित्व है।

परंतु इस समस्त विश्व में एक सत् वस्तु ओत-प्रोत है और वह देश, काल तथा कार्य-करण के जाल में मानो फँसी हुई है। मनुष्य का सच्चा स्वरूप वह है, जो अनादि, अनंत, आनंदमय तथा नित्य मुक्त है; वही देश, काल और परिणाम के फेर में फँसा है। यही प्रत्येक वस्तु के संबंध में भी सत्य है। प्रत्येक वस्तु का परमार्थ-स्वरूप वही अनंत है। यह विज्ञानवाद नहीं है; इसका अर्थ यह नहीं कि विश्व का अस्तित्व ही नहीं है। इसका अस्तित्व सापेक्ष है और सापेक्षता के सब लक्षण इसमें विद्यमान हैं, लेकिन इसकी स्वयं की कोई स्वतंत्र सत्ता नहीं है। यह इसलिए विद्यमान है कि इसके पीछे देश-काल-निमित्त से अतीत निरपेक्ष अद्वितीय सत्ता मौजूद है।

खैर, यह विषयांतर हो गया है। आओ, अब हम फिर अपने मुख्य विषय की ओर आएँ।

सारी क्रियाएँ, चाहे वे सहज हों या ऐच्छिक, नाड़ियों के माध्यम से प्राण के ही कार्य हैं। इससे तुम्हें अब मालूम होगा कि अपनी सहज क्रियाओं पर नियंत्रण रखना एक बहुत अच्छी बात होगी।

एक दूसरे अवसर पर मैंने तुम्हें मनुष्य और परमेश्वर की परिभाषा बतलाई थी। मनुष्य एक असीम वृत्त है, जिसकी परिधि कहीं भी नहीं है, लेकिन जिसका केंद्र एक स्थान में निश्चित है और परमेश्वर एक ऐसा असीम वृत्त है, जिसकी परिधि कहीं भी नहीं है, परंतु जिसका केंद्र सर्वत्र है। वह सब हाथों द्वारा काम करता है, सब आँखों द्वारा देखता है, सब पैरों द्वारा चलता है, सब शरीरों द्वारा साँस लेता है, सब जीवों में वास करता है, सब मुखों

द्वारा बोलता है और सब मस्तिष्क द्वारा विचार करता है। यदि मनुष्य अपनी आत्मचेतना को अनंत गुना कर ले, तो वह ईश्वर रूप बन सकता है और संपूर्ण विश्व पर अपना अधिकार चला सकता है। इसलिए चैतन्य का ज्ञान परमावश्यक है। मान लो, अँधेरे में एक अनंत रेखा है। हम वह रेखा देख नहीं सकते, लेकिन उस रेखा पर एक तेजोमय बिंदु है, जो गतिमान है। इस रेखा पर चलते हुए जैसे-जैसे वह बिंदु आगे बढ़ता है, वैसे-वैसे वह विभिन्न भागों पर क्रमशः प्रकाश डालता जाता है और जो हिस्से पीछे होते जाते हैं, वे फिर अँधेरे में डूब जाते हैं। हमारी चेतनावस्था को भी ठीक इस प्रकाशमान बिंदु की उपमा दी जा सकती है। इस चेतनावस्था के गत अनुभवों का स्थान वर्तमान अनुभव ने ले लिया है या यूँ कहो कि गत अनुभव अवचेतन स्तर में आ चुके हैं। इनके अस्तित्व का हमें बोध नहीं होता, परंतु फिर भी ये विद्यमान हैं और हमारे मन तथा शरीर को अज्ञात रूप से प्रभावित करते जा रहे हैं। आज जो-जो कार्य बिना चेतना की सहायता के होते दिखाई दे रहे हैं, वे सब पहले चेतनायुक्त थे। अब उनमें इतनी गति आ गई है कि वे स्वयं ही कार्य कर सकते हैं।

सभी नीतिशास्त्रों का अनपवाद रूप से एक बड़ा दोष यह है कि उन्होंने उन साधनों का कभी उपदेश नहीं दिया, जिनके द्वारा मनुष्य बुरा करने से अपने को रोक सके। सभी नीतिशास्त्र कहते हैं कि 'चोरी मत करो।' ठीक है; लेकिन मनुष्य चोरी करता ही क्यों है? कारण यह है कि चोरी, डाका, दुर्व्यवहार आदि कुकर्म यांत्रिक सहज क्रियाएँ बन बैठे हैं। डाका डालनेवाले चोर, झूठे तथा अन्यायी स्त्री-पुरुष—ये ऐसे इसलिए हो गए हैं कि अन्यथा होना उनके हाथ नहीं। सचमुच यह मनोविज्ञान के लिए एक बड़ी विकट समस्या है। मनुष्य की ओर हमें बड़ी उदारता की दृष्टि से देखना चाहिए। अच्छा बनना इतनी सरल बात नहीं है। जब तक तुम मुक्त नहीं होते, तब तक एक यंत्र के सिवा तुम और क्या हो, क्या तुम्हें इस बात पर अभिमान होना चाहिए कि तुम अच्छे मनुष्य हो? बिल्कुल नहीं। तुम इसलिए अच्छे हो कि तुम अन्यथा नहीं हो सकते। दूसरा मनुष्य इसलिए बुरा है कि अन्यथा होना उसके बस की बात

नहीं। अगर तुम उसकी जगह होते, तो कौन जानता है कि तुम क्या होते ? एक वेश्या या जेलबंद चोर मानो ईसा मसीह है, जो इसलिए सूली पर चढ़ाया गया है कि तुम अच्छे बनो। प्रकृति में इसी तरह साम्यावस्था रहती है। सब चोर और खूनी, सब अन्यायी और पतित, सब बदमाश और राक्षस मेरे लिए ईसा मसीह हैं! देवरूपी ईसा तथा दानवरूपी ईसा, दोनों ही मेरे लिए आराध्य हैं! यही मेरा धर्म है, इससे अन्यथा मेरे बस की बात नहीं! अच्छे और साधु पुरुषों को मेरा प्रणाम! बदमाश और शैतानों को भी मेरा प्रणाम! वे सभी मेरे गुरु हैं, मेरे धर्मोपदेशक आचार्य हैं, मेरे त्राता हैं, मैं चाहे किसी एक को शाप दूँ, परंतु संभव है, फिर उसी के दोषों से मेरा लाभ भी हो; दूसरे को मैं आशीर्वाद दूँ और उसके शुभ कर्मों से मेरा हित हो। यह सूर्यप्रकाश के समान सत्य है। दुराचारी स्त्री को मुझे इसलिए दुत्कारना पड़ता है कि समाज वैसा चाहता है। आह, वह मेरी तारिणी, जिसकी वेश्यावृत्ति के कारण ही दूसरी स्त्रियों का सतीत्व सुरक्षित रहा, इसका विचार तो करो! भाइयो और बहनो! इस प्रश्न को जरा अपने मन में सोचा। यह सत्य है—बिल्कुल सत्य है। मैं जितनी ही अधिक दुनिया देखता हूँ, जितना ही अधिक स्त्री-पुरुषों के संपर्क में आता हूँ, उतनी ही मेरी यह धारणा दृढ़तर होती जाती है। मैं किसको दोष दूँ, मैं किसकी तारीफ करूँ ? हमें वस्तुस्थिति का सभी पक्षों से विचार करना चाहिए।

हमारे सामने बहुत बड़ा कार्य है और इसमें सर्वप्रथम और सबसे महत्त्व का काम है, अपने सहस्रों सुप्त संस्कारों पर अधिकार चलाना, जो अनैच्छिक सहज क्रियाओं में परिणत हो गए हैं। यह बात सच है कि असत्कर्म-समूह मनुष्य के जाग्रत् क्षेत्र में रहता है, लेकिन जिन कारणों ने इन बुरे कामों को जन्म दिया, वे इसके पीछे प्रसुप्त और अदृश्य जगत् के हैं, इसलिए अधिक प्रभावशाली हैं।

व्यावहारिक मनोविज्ञान प्रथम हमें यह सिखलाता है कि हम अपने अचेतन मन का नियंत्रण किस तरह कर सकते हैं। हम जानते हैं कि हम ऐसा कर सकते हैं। क्यों ? इसलिए कि हम जानते हैं, चेतन मन ही अचेतन का कारण है। हमारे जो लाखों पुराने चेतन विचार और चेतन कार्य थे, वे

ही घनीभूत होकर प्रसुप्त हो जाने पर अचेतन विचार बन जाते हैं। हमारा उधर खयाल ही नहीं जाता, हमें उनका ज्ञान नहीं होता, हम उन्हें भूल जाते हैं, लेकिन देखो, यदि प्रसुप्त अज्ञात संस्कारों में बुरा करने की शक्ति है, तो उनमें अच्छा करने की भी शक्ति है। हमारे भीतर नाना प्रकार के संस्कार भरे पड़े हैं, मानो एक जेब में बहुत ही चीजें भरी हुई हैं। उन्हें हम भूल गए हैं, हम उनका विचार तक नहीं करते। उनमें से बहुत से तो वहीं पड़े सड़ते रहते हैं और सचमुच भयावह बनते जाते हैं। वे ही प्रसुप्त कारण एक दिन मन के ज्ञानयुक्त क्षेत्र पर आ उठते हैं और मानवता का नाश कर देते हैं। अतएव सच्चा मनोविज्ञान उनको चेतन मन के अधीन लाने का प्रयत्न करेगा। अतएव महत्त्वपूर्ण बात है, पूरे मनुष्य को पुनरुज्जीवित जैसा कर देना, जिससे कि वह अपना पूर्ण स्वामी बन जाए। शरीरांतर्गत यकृत आदि अवयवों की स्वतःप्रवृत्त क्रियाओं को भी हम अपना आज्ञापालक बना सकते हैं।

अचेतन को अपने अधिकार में लाना हमारी साधना का पहला भाग है। दूसरा है, चेतन के परे जाना। जिस तरह, अचेतन चेतन के नीचे—उसके पीछे रहकर कार्य करता रहता है, उसी तरह चेतन के ऊपर—उसके अतीत भी एक अवस्था है। जब मनुष्य इस अतिचेतन अवस्था को पहुँच जाता है, तब वह मुक्त हो जाता है, ईश्वरत्व को प्राप्त हो जाता है। तब मृत्यु अमरत्व में परिणत हो जाती है, दुर्बलता असीम शक्ति बन जाती है और अज्ञान की लौह-शृंखलाएँ मुक्ति बन जाती हैं। अतिचेतन का यह असीम राज्य ही हमारा एकमात्र लक्ष्य है।

अतएव यह स्पष्ट है कि हमें दो कार्य अवश्य ही करने होंगे, एक तो यह कि इड़ा और पिंगला के प्रवाहों का नियमन कर अचेतन कार्यों को नियमित करना और दूसरा, इसके साथ ही साथ चेतन के भी परे चले जाना।

ग्रंथों में कहा है कि योगी वही है, जिसने दीर्घकाल तक चित्त की एकाग्रता का अभ्यास करके इस सत्य की उपलब्धि कर ली। अब सुषुम्ना का द्वार खुल जाता है और इस मार्ग में वह प्रवाह प्रवेश करता है, जो इसके पूर्व उसमें कभी नहीं गया था। वह, जैसा कि आलंकारिक भाषा में कहा गया है,

धीरे-धीरे विभिन्न कालचक्रों में से होता हुआ, कमलदलों को खिलाता हुआ, अंत में मस्तिष्क तक पहुँच जाता है। तब योगी को अपने सत्यस्वरूप का ज्ञान हो जाता है, वह जान लेता है कि वह स्वयं परमेश्वर ही है।

हममें से प्रत्येक व्यक्ति बिना किसी अपवाद के योग की इस अंतिम अवस्था को प्राप्त कर सकता है, लेकिन यह अत्यंत कठिन कार्य है। यदि मनुष्य को इस सत्य का अनुभव करना हो, तो उसे केवल वक्तृता सुनने और श्वासोच्छवास की थोड़ी सी क्रियाओं का अभ्यास करने के अतिरिक्त कुछ और विशेष साधनाएँ भी करनी होंगी। महत्त्व है, तैयारी का। दीपक जलाने में कितनी देर लगती है ? केवल एक सेकंड, लेकिन उस मोमबत्ती को बनाने में कितना समय लग जाता है। खाना खाने में कितनी देर लगती है ? शायद आधा घंटा, लेकिन वही खाना पकाने के लिए कितने घंटे लग जाते हैं। हम चाहते हैं कि दीप एक क्षण में जल उठे, लेकिन हम यह भूल जाते हैं कि मोमबत्ती बनाना ही तो मुख्य है।

इस प्रकार यद्यपि ध्येय-प्राप्ति बहुत कठिन है, तथापि हमारे द्वारा किया गया लघुतम प्रयास भी व्यर्थ नहीं जाता। हम जानते हैं कि कोई भी वस्तु नष्ट नहीं होती। गीता में अर्जुन ने कृष्ण से प्रश्न किया है कि 'वे मनुष्य, जिनकी योग-साधना इस जन्म में सिद्ध नहीं हुई, किस दशा को प्राप्त होते हैं, क्या वे ग्रीष्मकाल के मेघों की तरह नष्ट-भ्रष्ट हो जाते हैं ?' कृष्ण उत्तर देते हैं, "हे मित्र! कोई भी वस्तु नष्ट नहीं होती। जो कुछ मनुष्य करता है, वह उसका अपना हो जाता है और यदि योग की सिद्धि इस जन्म में न हुई, तो दूसरे जन्म में मनुष्य फिर वह अभ्यास आरंभ कर देता है।" यदि ऐसा न हो तो ईसा मसीह, बुद्ध अथवा शंकराचार्य की अलौकिक बाल्यावस्था की व्याख्या तुम कैसे करोगे ?

आसन, प्राणायाम इत्यादि योग के सहायक हैं अवश्य, लेकिन वे केवल शारीरिक क्रियाएँ मात्र हैं। मुख्य तैयारी तो मन की है। सबसे पहले यह आवश्यक है कि हमारा जीवन शांतिपूर्ण तथा समाधानयुक्त हो।

यदि तुम योगी बनना चाहते हो, तो तुम्हें स्वतंत्र होना होगा और अपने

को ऐसे वातावरण में रखना होगा, जहाँ तुम एकाकी और सर्व चिंताओं से मुक्त होकर रह सको! "जो भोग-विलासपूर्ण जीवन की इच्छा रखते हुए आत्मानुभूति की चाह रखता है, वह उस मूर्ख के समान है, जिसने नदी पार करने के लिए एक मगर को लकड़ी का लट्ठा समझकर पकड़ लिया।"

"पहले भगवत् राज्य को प्राप्त कर लो, शेष सबकुछ तुम्हें स्वयं ही मिल जाएगा।" यही एक महान् कर्तव्य है, यही त्याग है। एक आदर्श के लिए जिंदा रहो और मन में कोई दूसरा विचार आने ही न दो। आओ, हम अपनी सब शक्तियाँ उस आध्यात्मिक पूर्णता की ओर लगाएँ, जिसका कभी क्षय नहीं होता। अगर हमें आत्म-बोध की सच्ची लगन है, तो हमें साधना करनी चाहिए और उसी के द्वारा हमारी उन्नति होगी। हमसे गलतियाँ होंगी ही, लेकिन वे हमारे लिए अज्ञात वरदान रूप हो सकती हैं।

आध्यात्मिक जीवन का सबसे बड़ा सहायक 'ध्यान' है। ध्यान द्वारा हम अपनी भौतिक भावनाओं से अपने आप को स्वतंत्र कर लेते हैं और अपने ईश्वरीय स्वरूप का अनुभव करने लगते हैं। ध्यान करते समय हमें किन्हीं बाहरी साधनों पर अवलंबित नहीं रहना पड़ता। गहरे अँधेरे स्थान को भी आत्मा की ज्योति दिव्य प्रकाश से भर देती है, बुरी-से-बुरी वस्तु में भी वह अपना सौरभ उत्पन्न कर सकती है, वह अत्यंत दुष्ट मनुष्य को भी देवता बना देती है और संपूर्ण स्वार्थी भावनाएँ, संपूर्ण शत्रुभाव नष्ट हो जाते हैं। शरीर का जितना कम खयाल हो, उतना ही अच्छा, क्योंकि यह शरीर ही है, जो हमें नीचे गिराता है। इस शरीर से आसक्ति और उससे तादात्म्य ही हमारे दुःखों का कारण है। "मैं आत्मा हूँ, मैं शरीर नहीं हूँ, यह विश्व और उसके संपूर्ण संबंध, उसकी भलाई और बुराई—यह सब एक चित्रावली-चित्रपट पर खिंचे हुए विभिन्न दृश्य हैं और मैं उनका साक्षी हूँ"—यह निदिध्यासन ही धर्मजीवन का रहस्य है।

□

9

वेदांत दर्शन

भारत में इस समय जितने दार्शनिक संप्रदाय हैं, वे सभी वेदांत के अंतर्गत आते हैं। वेदांत की कई प्रकार की व्याख्याएँ हुई हैं और मेरे विचार से वे सभी प्रगतिशील रही हैं। प्रारंभ में व्याख्याएँ द्वैतवादी हुईं, अंत में अद्वैतवादी। वेदांत का शाब्दिक अर्थ है, 'वेद का अंत'। वेद हिंदुओं के आदि धर्मग्रंथ हैं।

वेद दो अंशों में विभक्त हैं—कर्मकांड तथा ज्ञानकांड। कर्मकांड के अंतर्गत ब्राह्मणों के प्रख्यात मंत्र तथा अनुष्ठान आते हैं। जिन ग्रंथों में अनुष्ठानादि से भिन्न आध्यात्मिक विषयों का विवरण है, उन्हें उपनिषद् कहते हैं। उपनिषद् ज्ञानकांड के अंतर्गत हैं। सभी उपनिषदों की रचना वेदों से पृथक् हुई हो, ऐसा नहीं है। कुछ उपनिषद् तो ब्राह्मणों के अंतर्गत हैं। कम-से-कम एक उपनिषद् तो संहिता भाग या ऋचाओं के ही अंतर्गत है। कभी-कभी उपनिषद् शब्द उन ग्रंथों के लिए भी प्रयुक्त होता है, जो वेद के अंतर्गत नहीं हैं, जैसे गीता, किंतु साधारणतः उपनिषद् शब्द का प्रयोग वेदों के मध्य विकीर्ण दार्शनिक प्रकरणों के लिए ही होता है। इन दार्शनिक प्रकरणों का संकलन हुआ है और उसे वेदांत कहते हैं।

कभी-कभी पाश्चात्य देशों में 'वेद' को केवल ऋचाएँ और कर्मकांड ही समझा जाता है, किंतु अब इनको अधिक महत्त्व नहीं दिया जाता और भारत में साधारणतः वेद शब्द से वेदांत ही समझा जाता है। यहाँ के भाष्यकार जब धर्मग्रंथों से कुछ उद्धृत करना चाहते हैं, तो साधारणतः वे वेदांत से ही उद्धृत करते हैं। ये लोग वेदांत को श्रुति कहते हैं। 'श्रुति' का अर्थ है—'जो सुना

हुआ है।' यद्यपि श्रुति के अंतर्गत समस्त वैदिक साहित्य आ जाता है, फिर भी भाष्यकार श्रुति शब्द का मुख्यत: उपनिषदों के लिए ही प्रयोग करते हैं। ऐसी बात नहीं है कि जो ग्रंथ वेदांत के नाम से विख्यात हैं, उनकी रचना वैदिक कर्मकांड के बाद हुई। ईशोपनिषद्, जो यजुर्वेद का चालीसवाँ अध्याय है, वेदों के प्राचीनतम अंशों में एक है। ऐसे भी उपनिषद् हैं, जो ब्राह्मणों के अंश हैं। उपनिषदों की संख्या 108 मानी जाती है। निश्चित रूप से इनका समय-निर्धारण नहीं किया जा सकता, किंतु यह तो निश्चित है कि वे बौद्ध मत से प्राचीन हैं। यह ठीक है कि कुछ गौण उपनिषदों में ऐसे निर्देश हैं, जिनसे उनके अर्वाचीन होने का संकेत मिलता है, किंतु इससे यह नहीं सिद्ध होता कि वे उपनिषद् अर्वाचीन हैं। संस्कृत साहित्य के प्राचीन मूल ग्रंथों को संप्रदायवादी अपने-अपने मतों की उत्कृष्टता स्थापित करने के लिए परिवर्तित करते रहे हैं। अन्य उपनिषद् न तो ब्राह्मणों के, न वेद के अन्य भागों के ही अंतर्गत हैं, किंतु इससे यह नहीं समझना चाहिए कि वे वेद के अन्य भागों से पूर्णत: स्वतंत्र हैं। यह तो हम जानते हैं कि वेद के अनेक भाग सर्वथा अप्राप्य हैं तथा अनेक ब्राह्मण भी नष्ट हो चुके हैं। अत: यह संभव है कि जो उपनिषद् अब स्वतंत्र ग्रंथ जैसे प्रतीत होते हैं, वे ब्राह्मणों के अंतर्गत रहे हों। ऐसे ब्राह्मण-ग्रंथ लुप्त हो गए हैं, मात्र उपनिषद् अवशिष्ट हैं। इन उपनिषदों को आरण्यक भी कहते हैं।

व्यावहारिक रूप में वेदांत ही हिंदुओं का धर्मग्रंथ है। जितने भी आस्तिक दर्शन हैं, सभी इसी को अपना आधार मानते हैं। यदि उनके उद्देश्य के अनुकूल होता है, तो बौद्ध तथा जैन भी वेदांत को प्रमाण मानकर उससे एक उद्धरण प्रस्तुत करते हैं। यद्यपि भारत के सभी आस्तिक दर्शन वेदों पर आधारित हैं, फिर भी उनके नाम भिन्न-भिन्न हैं। अंतिम दर्शन, जो व्यास का है, पूर्व प्रतिपादित दर्शनों की अपेक्षा वैदिक विचारों पर अधिक आधारित है। इसमें सांख्य और न्याय जैसे प्राचीन दर्शनों का वेदांत के साथ यथासंभव सामंजस्य स्थापित करने का प्रयत्न किया गया है, इसलिए इसे विशेष रूप से वेदांत कहा जाता है। आधुनिक भारतीयों के अनुसार, 'व्यास-सूत्र' ही वेदांत दर्शन का आधार माना जाता है। विभिन्न भाष्यकारों ने व्यास के सूत्रों की व्याख्या

विभिन्न प्रकार से की है। सामान्यत: अभी भारत में तीन प्रकार के व्याख्याकार हैं। उनकी व्याख्याओं से तीन दार्शनिक पद्धतियों एवं संप्रदायों की उत्पत्ति हुई है—द्वैत, विशिष्टाद्वैत तथा अद्वैत। अधिकांश भारतीय द्वैत एवं विशिष्टाद्वैत के अनुयायी हैं। अद्वैतवादियों की संख्या अपेक्षाकृत कम है। मैं इन तीन संप्रदायों की विचार-पद्धतियों की चर्चा तुम्हारे सम्मुख करना चाहता हूँ। इसके पहले कि मैं ऐसा कहूँ, मैं आपको यह बतला देना चाहता हूँ कि इन तीनों वेदांत दर्शनों की मनोवैज्ञानिक पद्धतियाँ सांख्य की मनोवैज्ञानिक पद्धति के समान ही हैं। सांख्य दर्शन का मनोविज्ञान न्याय एवं वैशेषिक दर्शनों के मनोविज्ञानों के सदृश ही है। इनके मनोविज्ञानों में केवल गौण विषयों में भेद पाया जाता है।

सभी वेदांती तीन बातों में एक मत हैं। ये सभी ईश्वर को, वेदों के श्रुत रूप को तथा सृष्टि-चक्र को मानते हैं। वेदों की चर्चा तो हम कर चुके हैं। सृष्टि संबंधी मत इस प्रकार है—समस्त विश्व का जड़ पदार्थ आकाश नामक मूल जड़सत्ता से उद्भूत हुआ है। गुरुत्वाकर्षण, आकर्षण या विकर्षण, जीवन आदि जितनी शक्तियाँ हैं, वे सभी आदि शक्ति प्राण से उद्भूत हुई हैं। आकाश पर प्राण का प्रभाव पड़ने से विश्व का सृजन या प्रक्षेपण होता है। सृष्टि के प्रारंभ में आकाश स्थिर तथा अव्यक्त रहता है। बाद में प्राण ज्यों-ज्यों अधिकाधिक क्रियाशील होता है, त्यों-त्यों अधिकाधिक स्थूल पदार्थ उत्पन्न होते जाते हैं, यथा पेड़, पौधे, पशु, मनुष्य, नक्षत्र आदि। कालांतर में सृष्टि की प्रगति समाप्त हो जाती है और प्रलय प्रारंभ होता है। सभी पदार्थ सूक्ष्मातिसूक्ष्म रूपों को प्राप्त करते हुए मूलभूत आकाश एवं प्राण में परिवर्तित हो जाते हैं। तब नया सृष्टि-चक्र प्रारंभ होता है। आकाश एवं प्राण के परे भी एक सत्ता है, जिसे महत् कहते हैं। महत् आकाश एवं प्राण का निर्माण नहीं करता, स्वयं उनका रूप धारण कर लेता है।

अब मैं मन, आत्मा तथा ईश्वर के संबंध में चर्चा करूँगा। सर्वमान्य सांख्य दर्शन के अनुसार, चाक्षुष प्रत्यक्ष के लिए चक्षु जैसे उपकरणों की आवश्यकता होती है। इन उपकरणों के पीछे चाक्षुष स्नायु-तंतु तथा उसके स्नायु-केंद्र दर्शनेंद्रिय हैं। ये बाह्य उपकरण नहीं हैं, फिर भी इनके बिना

आँखें देख नहीं सकतीं। प्रत्यक्ष के लिए अन्य उपकरण की भी आवश्यकता होती है। इंद्रिय के साथ मन का संयोग भी आवश्यक है। फिर बुद्धि से भी संवेदना का संयोग आवश्यक है, क्योंकि मन की वह शक्ति, जिससे रूप निर्धारण करनेवाली प्रतिक्रिया उत्पन्न होती है, बुद्धि ही है। बुद्धि के कारण जब प्रतिक्रिया उत्पन्न होती है, तब साथ-ही-साथ बाह्यजगत् तथा अहंकार प्रतिभासित हो उठते हैं और तब इच्छा उत्पन्न होती है। मन के स्वरूप का वर्णन यहीं पूरा नहीं होता। जैसे प्रकाश के आनुक्रमिक संवेगों से रचित चित्र को संपूर्ण बनाने के लिए उनका किसी स्थिर आधार पर संघटित होना आवश्यक है, उसी प्रकार मन के लिए यह आवश्यक है कि उसके सभी प्रत्यय सम्मिलित हों और शरीर एवं मन से अपेक्षाकृत अधिक स्थिर सत्ता पर उनका प्रक्षेपण हो। ऐसी स्थिर सत्ता को पुरुष या आत्मा कहते हैं।

सांख्य दर्शन के अनुसार, मन की प्रतिक्रियात्मक शक्ति, जिसे बुद्धि की संज्ञा दी जाती है, महत् से उद्‌भूत होती है। ऐसा कहा जा सकता है कि बुद्धि महत् का परिवर्तित रूप है या उसकी अभिव्यक्ति है। महत् स्पंदनशील बुद्धि में परिवर्तित होता है। बुद्धि का एक अंश इंद्रियों में तथा दूसरा अंश तन्मात्राओं में परिवर्तित होता है। इन सबके संयोग से विश्व का निर्माण होता है। सांख्य के अनुसार, महत् के परे भी सत् की एक अवस्था है, जिसे अव्यक्त कहते हैं। इस अवस्था में मन का अस्तित्व नहीं रहता, केवल इसके कारण विद्यमान रहते हैं। सत् की अवस्था को प्रकृति भी कहते हैं। प्रकृति से पुरुष सतत भिन्न होता है। सांख्य के अनुसार पुरुष ही आत्मा है, जो निर्गुण सर्वव्यापी होता है। पुरुष कर्ता नहीं, द्रष्टा मात्र है।

पुरुष का स्वरूप समझाने के लिए स्फटिक का उदाहरण दिया जाता है। स्फटिक स्वयं बिना रंग का होता है, किंतु यदि किसी प्रकार का रंग उसके समीप रखा जाता है, तो वह उसी प्रकार के रंग में रँगा दीख पड़ता है। वेदांती सांख्य के आत्मा एवं जगत् संबंधी मतों को नहीं मानते। सांख्य के अनुसार, पुरुष एवं प्रकृति के बीच बड़ा पार्थक्य है। इस पार्थक्य को दूर करना आवश्यक है। सांख्य इसे दूर करना चाहता है, पर सफल नहीं होता।

जब़ पुरुष वास्तव में रंगहीन है, तो उस पर प्रकृति का रंग कैसे चढ़ सकता है? इसलिए वेदांती मौलिक स्तर पर ही यह मानते हैं कि पुरुष और प्रकृति अभिन्न हैं। द्वैतवादी भी यह स्वीकार करते हैं कि आत्मा या ईश्वर संसार का केवल निमित्त कारण ही नहीं, उपादान कारण भी है, किंतु यथार्थ में वे ऐसा केवल कहते हैं। उनके कहने का अभिप्राय दूसरा होता है, क्योंकि उनके विचारों से जो सही परिणाम निकलते हैं, उनको वे स्वीकार नहीं करना चाहते। वे कहते हैं कि विश्व में तीन प्रकार की सत्ताएँ हैं—'ईश्वर, आत्मा और प्रकृति'। प्रकृति और आत्मा, मानो ईश्वर का शरीर है। इस कारण यह कहा जा सकता है कि ईश्वर और प्रकृति अभिन्न हैं, किंतु पारमार्थिक दृष्टि से तो प्रकृति और आत्माओं में भिन्नता रह ही जाती है। सृष्टि-चक्र के प्रारंभ होने पर वे व्यक्त रूप धारण करती हैं और जब सृष्टि-चक्र का अंत होता है, तो वे सूक्ष्म रूप धारण कर लेती हैं और सूक्ष्मावस्था में ही रहती हैं।

अद्वैत वेदांती आत्मा की इस व्याख्या को नहीं मानते और इनके मत का समर्थन तो प्राय: सभी उपनिषदों में पाया जाता है। उपनिषदों के आधार पर ही वे अपने दर्शन का प्रतिपादन करते हैं। सभी उपनिषदों का विषय एक है, उद्देश्य एक है—इस विचार को स्थापित करना : मिट्टी के एक टुकड़े के बारे में ज्ञान प्राप्त कर लेने से हम संसार की सभी मिट्टी के बारे में ज्ञान प्राप्त कर लेते हैं। इसी प्रकार अवश्य ऐसा कोई तत्त्व है, जिसको जान लेने से हम संसार की सभी वस्तुओं का ज्ञान प्राप्त कर ले सकते हैं। वह तत्त्व क्या है? अद्वैतवादी समस्त विश्व को एक सामान्य रूप देना चाहते हैं, विश्व के एकमात्र तत्त्व को बतलाना चाहते हैं। उनका मूल सिद्धांत यह है कि सारा विश्व एक है और एक ही सत् नाना रूपों में प्रतिभासित होता है। उनके अनुसार सांख्य की प्रकृति का अस्तित्व तो है, परंतु प्रकृति ईश्वर से अभिन्न है। विश्व, मनुष्य, जीवात्मा तथा जितनी भी अन्य सत्ताएँ हैं, सभी सत् के ही भिन्न-भिन्न रूप हैं। मन तथा महत् उस सत् के व्यक्त रूप हैं। इस मत के विरोध में कहा जा सकता है, यह तो सर्वेश्वरवाद है। यह भी प्रश्न उठ सकता है कि अपरिवर्तनशील सत् (वेदांती सत् को ऐसा ही मानते हैं,

क्योंकि जो निरपेक्ष है, वह अपरिवर्तनशील है) परिवर्तनशील तथा नाशवान में कैसे परिवर्तित हो सकता है? इस समस्या के समाधान में (अद्वैत) वेदांती विवर्तवाद के सिद्धांत को प्रस्तुत करते हैं।

सांख्य मतानुयायियों तथा द्वैतवादियों के अनुसार, समस्त विश्व प्रकृति से उद्भूत हुआ है, कुछ अद्वैतवादियों तथा कुछ द्वैतवादियों के अनुसार, सारा विश्व ईश्वर से उत्पन्न हुआ है, किंतु शंकराचार्य के अनुयायियों के अनुसार (सही अर्थ में ये ही अद्वैतवादी हैं) समस्त विश्व ब्रह्म का प्रतिभासिक रूप है। ब्रह्म विश्व का वास्तविक नहीं, केवल आभासी उपादान कारण है, इस संबंध में रज्जु और सर्प का प्रसिद्ध उदाहरण दिया जाता है। रज्जु सर्प जैसा आभासित होता है, वह वास्तव में सर्प नहीं है। उसका सर्प में परिवर्तन नहीं होता। इसी तरह सारा विश्व वास्तव में सत् है। सत् का परिवर्तन नहीं होता। हम इसमें जितने भी परिवर्तन पाते हैं, सभी आभास मात्र हैं। ये परिवर्तन देश, काल तथा निमित्त के कारण होते हैं अथवा मनोवैज्ञानिक सिद्धांत की दृष्टि से नामरूप के कारण होते हैं। नाम और रूप द्वारा एक ही वस्तु का दूसरी वस्तु में भेद किया जाता है। अत: नाम और रूप ही उन वस्तुओं के भेद के कारण हैं। वास्तव में दोनों वस्तुएँ एक हैं।

अद्वैत वेदांतियों के अनुसार, सत् और जगत् परस्पर भिन्न सत्ताएँ नहीं हैं। रज्जु और सर्प जैसा दिखना भ्रमात्मक है। भ्रम के समाप्त होने पर सर्प का दिखना भी समाप्त हो जाता है। अज्ञानवश व्यक्ति जगत् को देखता है, ब्रह्म को नहीं। जब उसे ब्रह्म का ज्ञान होता है, तब उसके लिए जगत् नहीं होता। अज्ञान, जिसे माया कहते हैं, जगत् का कारण है, क्योंकि इसी के कारण निरपेक्ष अपरिवर्तनशील सत् व्यक्त जगत् के रूप में प्रतिभासित होता है। माया शून्य या असत् नहीं है। यह सत् भी नहीं है, क्योंकि निरपेक्ष परिवर्तनशील तत्त्व ही एकमात्र सत् है। पारमार्थिक दृष्टि से तो माया को असत् कहा जाना चाहिए, किंतु इसे असत् भी नहीं कहा जा सकता, क्योंकि तब तो इसके कारण जगत् का प्रतिभासित होना भी संभव नहीं हो सकता। अत: यह न तो सत् है, न असत् है। वेदांत में इसे अनिर्वचनीय कहते हैं। यही जगत् का यथार्थ कारण

है। ब्रह्म उपादान कारण है और माया नामरूप का कारण है। ब्रह्म नाना रूपों से परिवर्तित जैसा प्रतिभासित होता है। इस प्रकार अद्वैतियों के लिए जीवात्मा का स्वतंत्र अस्तित्व नहीं है। उनके अनुसार, माया ही जीवात्मा के अस्तित्व का कारण है। पारमार्थिक दृष्टि से उसका अपना कोई अस्तित्व नहीं है। इस प्रकार सत्ता यदि केवल एक है, तो यह कैसे संभव हो सकता है कि मैं एक पृथक् सत्ता हूँ और तुम एक पृथक् सत्ता हो ? यथार्थ में हम लोग सभी एक हैं। हमारी द्वैत दृष्टि ही सभी अनिष्ट का कारण है। तभी मैं यह समझता हूँ कि मैं संसार से पृथक् हूँ, तभी पहले भय उत्पन्न होता है और तब दु:ख का अनुभव होता है। जहाँ व्यक्ति दूसरे से सुनता है, दूसरे को देखता है, वह अल्प है। जहाँ व्यक्ति दूसरे को देखता नहीं, दूसरे को सुनता नहीं, वह भूमा है; वह ब्रह्म है। भूमा में परम सुख है, अल्प में नहीं।

अद्वैत दर्शन के अनुसार, परमतत्त्व के विघटन से सांसारिक नामरूपों के प्रतिभासिक होने के कारण मनुष्य का पारमार्थिक स्वरूप छिप जाता है, पर उसमें वास्तविक परिवर्तन कदापि नहीं होता। निम्न-से-निम्न कीट में तथा उच्च-से-उच्च मनुष्य में एक ही आध्यात्मिक तत्त्व विद्यमान है। कीट निम्न कोटि का इसलिए है कि उसके देवत्व पर मायाजनित अध्यास अधिक रहता है। जिस पदार्थ में इस तरह का अध्यास सबसे कम रहता है, वह सबसे ऊँची कोटि का होता है। सभी वस्तुओं के पीछे उसी देवत्व का अस्तित्व है और इसी से नैतिकता का आधार प्रस्तुत होता है। दूसरों को कष्ट नहीं देना चाहिए। प्रत्येक व्यक्ति को अभिन्न समझकर उसके साथ प्रेम करना चाहिए, क्योंकि समस्त विश्व मौलिक स्तर पर एक है। दूसरे को कष्ट देना अपने आपको कष्ट देना है। दूसरे के साथ प्रेम करना, अपने आपसे प्रेम करना है। इसी से अद्वैत नैतिकता का वह सिद्धांत उद्भूत होता है, जिसका समाहार एक आत्मोसर्ग शब्द में किया गया है।

अद्वैतवादियों के अनुसार, जीवात्मा ही दु:खों का कारण है। अत: यही घृणा, ईर्ष्या, दु:ख, संघर्ष आदि अनिष्टों का कारण है। इसके परिहार से सभी संघर्ष, सभी दु:ख समाप्त हो जाते हैं, अत: इसका परिहार आवश्यक है।

निम्न-से-निम्न सत्ताओं के लिए भी हमें अपने जीवन का उत्सर्ग करने को तत्पर रहना चाहिए। मनुष्य जब एक लघु कीट के लिए अपने जीवन तक का उत्सर्ग करने को तत्पर हो जाता है, तो वह पूर्णत्व को प्राप्त कर लेता है। अद्वैतवादियों के अनुसार, पूर्णत्व ही जीवन का अभीष्ट है। मनुष्य जब उत्सर्ग के योग्य हो जाता है, तो उसके अज्ञान का आवरण दूर हो जाता है और वह अपने को पहचान लेता है। जीवन-काल में ही उसे यह अनुभव हो जाता है कि उसमें और संसार में कोई अंतर नहीं है। कुछ समय के लिए तो ऐसे व्यक्ति के लिए जगत् का नाश हो जाता है और वह समझ लेता है कि उसका वास्तविक स्वरूप क्या है? किंतु जब तक उसके वर्तमान शरीर का कर्म अवशिष्ट रहता है, तब तक उसे जीवन धारण करते रहना पड़ता है। ऐसी स्थिति में अविद्या का आवरण तो नष्ट हो चुका रहता है, पर शरीर को कुछ अवधि के लिए रहना पड़ता है। इसे वेदांती 'जीवनमुक्ति' कहते हैं।

मनुष्य मरीचिका को देखकर कुछ समय के लिए भ्रम में अवश्य पड़ जाता है, किंतु एक दिन मरीचिका विलीन हो जाती है। बाद में मरीचिका के सम्मुख आने पर भी मनुष्य भ्रम में नहीं पड़ता। मरीचिका जब पहली बार घटित होती है, मनुष्य सत्य और मिथ्या में भेद नहीं कर सकता, किंतु जब वह एक बार नष्ट हो जाती है, तब नेत्रादि इंद्रियों के वर्तमान रहने के कारण मनुष्य उसे देखता तो है, पर उसके कारण भ्रम में नहीं पड़ता। अब तो उसे मरीचिका तथा वास्तविक जगत् के भेद का ज्ञान प्राप्त रहता है। इसलिए वह मरीचिका के कारण भ्रम में नहीं पड़ता। इस प्रकार अद्वैत वेदांतियों के अनुसार, व्यक्ति जब अपने आपका यथार्थ ज्ञान प्राप्त कर लेता है, तो उसके लिए संसार का मानो लोप हो जाता है। संसार फिर से प्रत्यक्ष तो होता है, किंतु अब वह दुःखमय नहीं रह जाता। जो संसार पहले दुःखमय कारागार था, वह सच्चिदानंद हो जाता है। अद्वैत के अनुसार, सच्चिदानंद की अवस्था को प्राप्त करना ही जीवन का अभीष्ट है।

□

10

आत्मा का अनंत एकत्व

युक्तिवादी पाश्चात्य जाति अपने यहाँ के सारे दर्शनों और नीतिविज्ञान की नींव खोजने की प्राणपण से चेष्टा कर रही है, पर तुम सब भलीभाँति जानते हो कि कोई व्यक्तिविशेष, चाहे वह कितना महान्, देवोपम क्यों न हो, जब वह जन्म-मरण के अधीन है, तो उसके द्वारा अनुमोदित होने से ही किसी धर्म या नीतिविज्ञान की प्रामाणिकता नहीं मानी जा सकती। दर्शन या नीति के विषय में यदि केवल यही एकमात्र प्रमाण पेश किया जाएगा, तो संसार के उच्च कोटि के चिंतनशील लोगों के लिए वह प्रमाण स्वीकृत नहीं हो सकता। वे किसी व्यक्तिविशेष द्वारा अनुमोदित होने को प्रामाणिकता नहीं मान सकते; पर वे उसी दार्शनिक या नैतिक सिद्धांत को मानने के लिए तैयार हैं, जो सनातन तत्त्वों के आधार पर खड़ा हो। नीतिविज्ञान की नींव सनातन आत्मतत्त्व के सिवा और क्या हो सकती है? यही एक ऐसा सत्य और अनंत तत्त्व हैं, जो तुममें, हममें और हम सबकी आत्माओं में विद्यमान हैं। आत्मा का अनंत एकत्व ही सब तरह की नीति की नींव है। हममें और तुममें केवल 'भाई-भाई' का ही संबंध नहीं है। मनुष्य जाति को दासता के बंधन से मुक्त करने की चेष्टा से जितने भी ग्रंथ लिखे गए हैं, उन सबमें मनुष्य के इस परस्पर 'भाई-भाई' के संबंध का उल्लेख है, परंतु वास्तविक बात तो यह है कि तुम और हम बिल्कुल एक हैं। सब तरह के नीतिविज्ञान और धर्मविज्ञान की एकमात्र नींव यही है। जिस प्रकार पैरों के तले कुचले हुए जनसमूह को इस सिद्धांत की आवश्यकता है, उसी प्रकार यूरोप के लोगों को भी आज उसकी आवश्यकता

है। सच तो यह है कि इंग्लैंड, जर्मनी, फ्रांस और अमेरिका में जिस तरीके से राजनीतिक और सामाजिक उन्नति की चेष्टा की जा रही है, उससे यह स्पष्ट प्रतीत होता है कि उसकी जड़ में यद्यपि वे इसे नहीं जानते—यही महान् तत्त्व मौजूद है।

जो विधान बृहत् ब्रह्मांड में बड़े पैमाने पर काम कर रहा है, वही विधान सूक्ष्म ब्रह्मांड में भी छोटे पैमाने पर काम कर रहा है। जिस तरह विविधता तथा पृथकता में विश्व का अस्तित्व है—यद्यपि सारी वस्तुएँ एक अभिन्नता और एकता की ओर अग्रसर हो रही हैं, उसी प्रकार अपने इस छोटे जगत् में भी प्रत्येक आत्मा, मानो अन्य सभी वस्तुओं से पृथक् सत्ता के रूप में जन्म लेता है। जो प्राणी जितना ही अज्ञानी है, जितना ही अप्रबुद्ध है, वह उतना ही अधिक अपने को विश्व की अन्य वस्तुओं से भिन्न समझता है। जो जितना ही अज्ञानी है, वह उतना ही अधिक सोचता है कि वह मर जाएगा अथवा जन्म लेगा और यह विचार ही विश्व से उसकी पृथकता का द्योतक है, पर हम ऐसा भी देखते हैं कि आदमी जैसे-जैसे विकसित होता और ज्ञानलाभ करता है, वैसे-वैसे उसमें नैतिकता का विकास होता है और अपृथक्कता की भावना का प्रादुर्भाव होता है। चाहे हम समझें अथवा नहीं, पर यह सत्य है कि कोई एक ऐसी सत्ता अवश्य है, जो छिपे रूप में हमें निस्स्वार्थता की ओर अग्रसर करती रहती है और सारी नैतिकता की भित्ति यही है। यही सारे नीतिशास्त्रों का मूल तत्त्व है, चाहे वे किसी भी भाषा में, किसी भी धर्म में अथवा संसार के किसी भी उपदेशक द्वारा उपदिष्ट हों। "तू निस्स्वार्थ बन", "मैं नहीं, वरन् तू", यह भाव ही सारे नीतिशास्त्र की पृष्ठभूमि है और इसका तात्पर्य है, व्यक्तित्व के अभाव का परिज्ञान। इस भाव का आना कि तुम मेरे अंग हो और मैं तुम्हारा, तुमको चोट लगने से मुझे स्वयं चोट लगेगी और तुम्हारी सहायता करके मैं स्वयं की सहायता करूँगा। जब तक तुम जीवित हो, मेरी मृत्यु नहीं हो सकती। जब तक इस विश्व में एक कीट भी जीवित रहेगा, मेरी मृत्यु कैसे हो सकती है? क्योंकि उस कीट के जीवन में भी तो मेरा जीवन है! साथ ही यह भाव यह भी सिखाता है कि हम अपने किसी भी सहजीवी प्राणी की सहायता किए

बिना नहीं रह सकते, क्योंकि उसके हित में ही हमारा भी हित सन्निहित है।

निम्न-से-निम्न कीट में तथा उच्च-से-उच्च मनुष्य में एक ही आध्यात्मिक तत्त्व विद्यमान है। कीट निम्न कोटि का इसलिए है कि उसके देवत्व पर मायाजनित अध्यास अधिक रहता है। जिस पदार्थ में इस तरह का अध्यास सबसे कम रहता है, वह सबसे ऊँची कोटि का होता है। सभी वस्तुओं के पीछे उसी देवत्व का अस्तित्व है और इसी से नैतिकता का आधार प्रस्तुत होता है। दूसरों को कष्ट नहीं देना चाहिए। प्रत्येक व्यक्ति को अभिन्न समझकर उसके साथ प्रेम करना चाहिए, क्योंकि समस्त विश्व मौलिक स्तर पर एक है। दूसरे को कष्ट देना अपने आपको कष्ट देना है। दूसरे के साथ प्रेम करना अपने आपसे प्रेम करना है। इसी से अद्वैत नैतिकता का वह सिद्धांत उद्भूत होता है, जिसका समाहार एक 'आत्मोत्सर्ग' शब्द में किया गया है। अद्वैतवादियों के अनुसार, यह क्षुद्र संकुचित व्यक्तित्व या 'अहं भाव' ही दुःखों का कारण है। व्यक्ति-सीमित जीवात्मा के कारण मैं अपने को अन्य वस्तुओं से भिन्न समझता हूँ। अतः यही घृणा, ईर्ष्या, दुःख, संघर्ष आदि अनिष्टों का कारण है। इसके परिहार से सभी संघर्ष, सभी दुःख समाप्त हो जाते हैं। अतः इसका परिहार आवश्यक है। निम्न-से-निम्न जीवों के लिए भी हमें अपने जीवन का उत्सर्ग करने को तत्पर रहना चाहिए। मनुष्य जब एक लघु कीट के लिए अपने जीवन तक का उत्सर्ग करने को तत्पर हो जाता है, तो वह पूर्णत्व को प्राप्त कर लेता है।

जिनका जीवन संपूर्ण जगत् को व्याप्त किए हुए है, वे ही जीवित हैं और हम जितना ही अपने जीवन को शरीर आदि छोटे-छोटे सात पदार्थों में बद्ध करके रखेंगे, उतना ही हम मृत्यु की ओर अग्रसर होंगे। जितने क्षण हमारा जीवन समस्त जगत् में व्याप्त रहता है, दूसरों में व्याप्त रहता है, उतने ही क्षण हम जीवित रहते हैं। इस क्षुद्र जीवन में अपने को बद्ध कर रखना तो मृत्यु है और इसी कारण हमें मृत्यु भय होता है। एक प्राचीन भारतीय दार्शनिक ने कहा है कि आत्मा अनंत है, इसलिए आत्मा ही 'व्यक्ति' - 'अविभाज्य' हो सकता है। 'मनुष्य' के नाम से जिसको हम जानते हैं, वह इस 'व्यक्तित्व' को व्यक्त

जगत् में प्रकाशित करने के प्रयत्न का फलमात्र है; 'क्रमविकास' आत्मा से नहीं है। यह जो सब परिवर्तन हो रहा है—बुरा व्यक्ति भला हो रहा है, पशु मनुष्य हो रहा है—यह सब कभी आत्मा में नहीं होता। यह प्रकृति की ओर से क्रमविकास और आत्मा की ओर से उसकी अभिव्यक्ति है। कल्पना करो कि एक परदा मेरे सामने है और उसमें एक छोटा सा छिद्र है, जिसमें से मैं केवल कुछ चेहरे देख सकता हूँ। यह छिद्र जितना बड़ा होता जाता है, सामने का दृश्य उतना ही अधिक मेरे सम्मुख प्रकाशित होता जाता है और जब यह छिद्र पूरे परदे को व्याप्त कर लेता है, तब मैं तुम सबको स्पष्ट देख लेता हूँ। तुम जो कुछ भी अच्छा विचार या अच्छा कार्य करते हो, उससे मानो वह आवरण धीरे-धीरे छिन्न होता रहता है और प्रकृति के अंदर स्थित वह शुद्ध स्वरूप, अनंत ईश्वर स्वयं अभिव्यक्त होता रहता है।

प्रत्येक व्यक्ति वह आत्मा है और सब लोग विभिन्न उपायों से इसी आत्मा को जीवन में प्रकाशित करने का प्रयत्न कर रहे हैं। यदि ऐसा न होता, तो ये सब नीति-प्रणालियाँ कहाँ से आतीं, सारी नीति-प्रणालियों का तात्पर्य क्या है? सभी नीति-प्रणालियों में एक ही भाव भिन्न-भिन्न रूप से प्रकाशित हुआ है और वह है—दूसरों का उपकार करना। मनुष्यों के प्रति, सारे प्राणियों के प्रति दया ही मानवजाति के समस्त सत्कर्मों का मूल आधार है और ये सब 'मैं ही जगत् हूँ, यह जगत् एक अखंड स्वरूप है', इसी सनातन सत्य के विभिन्न भावमात्र हैं। यदि ऐसा न हो तो दूसरों का हित करने में भला कौन सी युक्ति है, मैं क्यों दूसरों का उपकार करूँ, परोपकार करने को मुझे कौन बाध्य करता है? सर्वत्र समदर्शन से उत्पन्न जो सहानुभूति का भाव है, उसी से यह बात होती है। अत्यंत कठोर अंतःकरण भी कभी-कभी दूसरों के प्रति सहानुभूति से भर जाता है और तो और, जो व्यक्ति "यह आपातप्रतीयमान व्यक्तित्व वास्तव में भ्रममात्र है, इस भ्रमात्मक व्यक्तित्व में आसक्त रहना अत्यंत नीच कार्य है", ये सब बातें सुनकर भयभीत हो जाता है, वही व्यक्ति तुमसे कहेगा कि संपूर्ण आत्मत्याग ही सारी नैतिकता की भित्ति है, किंतु पूर्ण आत्मत्याग क्या है? संपूर्ण आत्मत्याग हो जाने पर क्या शेष रहता है? आत्मत्याग का अर्थ है,

इस मिथ्या 'अहं' या 'व्यक्तित्व' का त्याग, सब प्रकार स्वार्थपरता का त्याग। यह अहंकार और ममता पूर्व कुसंस्कारों के फल हैं और जितना ही इस 'अहं' का त्याग होता जाता है, उतनी ही आत्मा अपने नित्य स्वरूप में, अपनी पूर्ण महिमा में प्रकाशित होती है। यही वास्तविक आत्मत्याग है और यही समस्त नैतिक शिक्षा की भित्ति है, केंद्र है। मनुष्य इसे जाने या न जाने, समस्त जगत् धीरे-धीरे इसी दिशा में जा रहा है, अल्पाधिक परिमाण में इसी का अभ्यास कर रहा है। बात इतनी है कि अधिकांश लोग इसे अज्ञात भाव से कर रहे हैं। वे इसे ज्ञात भाव से करें। यह 'मैं' और 'मेरा' प्रकृत आत्मा नहीं है, यह जानकर वे इस त्याग-यज्ञ का अनुष्ठान करें। यह व्यावहारिक जीव ससीम जगत् में आबद्ध है। आज जो मनुष्य नाम से परिचित है, वह जगत् के अतीत उस अनंत सत्ता का सामान्य आभासमात्र है, उस सर्वस्वरूप अनंत अग्नि का कणमात्र है, किंतु वह अनंत ही उसका वास्तविक स्वरूप है।

मनुष्य का युक्ति-तर्क एक छोटे से वृत्त में ही भ्रमण कर सकता है, वह कभी उसके बाहर नहीं जा सकता। हम जितना ही उसके बाहर जाने का प्रयत्न करते हैं, उतना ही वह असंभव सा जान पड़ता है। ऐसा होते हुए भी, मनुष्य जिसे अत्यंत कीमती और सबसे प्रिय समझता है, वह तो उस युक्ति या तर्क के राज्य के बाहर ही अवस्थित है। इस तर्करूप वृत्त के बाहर से प्राप्त हुए समाधान ही हमारे सारे नैतिक मत, सारे नैतिक भाव, यही नहीं, बल्कि मानव-स्वभाव में जो कुछ सुंदर तथा महान् है, उस सबकी नींव है। यदि मनुष्य-जीवन केवल पाँच मिनट की चीज हो और यदि जगत् कुछ परमाणुओं का आकस्मिक मिलनमात्र हो, तो फिर दूसरे का उपकार मैं क्यों करूँ, दया, न्यायपरता या सहानुभूति दुनिया में फिर क्यों रहें? तब तो हम लोगों का एकमात्र यही कर्तव्य हो जाता है कि जिसको जो इच्छा हो, वही करे, सब अपना-अपना देखें। तब तो यही कहावत चरितार्थ होने लगती है—"यावत् जीवेत् सुखं जीवेत्, ऋणं कृत्वा घृतं पिबेत्।"

यदि हम लोगों के भविष्य-अस्तित्व की आशा ही न रहे, तो मैं अपने भाई को क्यों प्यार करूँ, मैं उसका गला क्यों न काटूँ? यदि जगत् के परे कोई

सत्ता न हो, यदि 'मुक्ति' नामक कोई चीज न हो, यदि कुछ कठोर, अभेद्य, जड़ नियम ही सर्वस्व हों, तब तो हमें इहलोक में ही सुखी होने की प्राणपण से चेष्टा करनी चाहिए। आजकल बहुत से लोगों के मतानुसार उपयोगितावाद ही नीति की नींव है, अर्थात् जिससे अधिक लोगों को अधिक परिमाण में सुख-स्वाच्छंद्य मिले, वही नीति की नींव है। इन लोगों से मैं पूछता हूँ, हम इस नींव पर खड़े होकर नीति का पालन क्यों करें, क्यों? यदि अधिक मनुष्यों का अधिक मात्र में अनिष्ट करने से मेरा मतलब सधता हो, तो मैं वैसा क्यों न करूँ, उपयोगितावादी इस प्रश्न का क्या जवाब देंगे, कौन अच्छा है और कौन बुरा, यह तुम कैसे जानोगे? मैं अपने सुख की वासना से परिचालित होकर उसकी तृप्ति करता हूँ; ऐसा करना मेरा स्वभाव है, मैं उससे अधिक कुछ नहीं जानता। मेरी ये वासनाएँ हैं और मैं उनकी तृप्ति करूँगा ही; तुम्हें उसमें आपत्ति करने का क्या अधिकार है? मानव-जीवन के ये सब महान् सत्य, जैसे—नीति, आत्मा का अमरत्व, ईश्वर, प्रेम, सहानुभूति, साधुत्व और सर्वोपरि, सबसे महान् सत्य निस्स्वार्थपरता, ये सब भाव हमें कहाँ से मिले हैं?

सारा नीतिशास्त्र, मनुष्य के सारे काम, मनुष्य के सारे विचार इस निस्स्वार्थपरता-रूप एकमात्र भाव (भित्ति) पर आधारित हैं। मानव-जीवन के सारे भाव इस निस्स्वार्थपरता-रूप एकमात्र भाव के अंदर ढाले जा सकते हैं। मैं क्यों स्वार्थशून्य होऊँ, निस्स्वार्थ होने की आवश्यकता क्या और किस शक्ति के बल से मैं निस्स्वार्थ होऊँ? तुम कहते हो, "मैं युक्तिवादी हूँ, मैं उपयोगितावादी हूँ," लेकिन यदि तुम मुझे इस उपयोगिता की युक्ति न दिखला सको कि तुम जगत् का कल्याण-साधन क्यों करोगे, तो मैं तुम्हें अयौक्तिक कहूँगा। मैं क्यों निस्स्वार्थ होऊँ, कारण बताओ। निस्स्वार्थपरता कवित्व के हिसाब से अवश्य बहुत सुंदर हो सकती है, किंतु कवित्व तो युक्ति नहीं है। मुझे युक्ति दिखलाओ, मैं क्यों निस्स्वार्थ होऊँ? क्यों मैं भला बनूँ? यदि कहो, "अमुक यह बात कहते हैं, इसलिए ऐसा करो", तो यह कोई जवाब नहीं है, मैं ऐसे किसी व्यक्ति विशेष की बात नहीं मानता। मेरे निस्स्वार्थ होने से मेरा कल्याण कहाँ? यदि 'कल्याण' से अधिक परिमाण में सुख समझा जाए, तो

स्वार्थी होने में ही मेरा कल्याण है। उपयोगितावादी इसका क्या उत्तर देंगे? वे इसका कुछ भी उत्तर नहीं दे सकते। इसका यथार्थ उत्तर यह है कि यह परिदृश्यमान जगत् अनंत समुद्र में एक छोटा सा बुलबुला है, अनंत शृंखला की एक छोटी सी कड़ी है।

नीतिशास्त्र सदा कहता है—"मैं नहीं, तू।" इसका उद्देश्य है—'स्व नहीं, निःस्व'। इसका कहना है कि असीम सामर्थ्य अथवा असीम आनंद को इंद्रियों द्वारा प्राप्त करने के प्रयत्न में मनुष्य जिस निरर्थक व्यक्तित्व की धारणा से चिपटा रहता है, उसे छोड़ना पड़ेगा। तुम्हें दूसरों को आगे करना पड़ेगा और स्वयं को पीछे। हमारी इंद्रियाँ कहती हैं, "अपने को आगे रखो!" नीतिशास्त्र कहता है—"अपने को सबसे अंत में रखो।" नीतिशास्त्र का संपूर्ण विधान त्याग पर ही आधारित है। उसकी पहली माँग है कि भौतिक स्तर पर अपने व्यक्तित्व का हनन करो, निर्माण नहीं। वह जो असीम है, उसकी अभिव्यक्ति इस भौतिक स्तर पर नहीं हो सकती। यह असंभव है, अकल्पनीय है।

इसलिए मनुष्य को 'असीम' गहन अभिव्यक्ति की प्राप्ति के लिए भौतिक स्तर को छोड़कर क्रमशः ऊपर अन्य स्तरों में जाना है। इस प्रकार विविध नैतिक नियमों की संरचना होती है, किंतु सभी के केंद्र में अहंता का उच्छेदन ही हैं। अहंता का पूर्ण उच्छेदन ही नीतिशास्त्र का आदर्श है। लोग आश्चर्यचकित रह जाते, यदि उनसे अहंता (व्यक्तित्व) की चिंता न करने के लिए कहा जाता। जिसे वे अपना व्यक्तित्व कहते हैं, उसके विनष्ट होने के प्रति वे अत्यंत भयभीत से हो जाते हैं, पर साथ ही, ऐसे ही लोग नीतिशास्त्र के उच्चतम आदर्शों को सत्य घोषित करते हैं। वे क्षण भर के लिए भी यह नहीं सोचते कि नैतिकता का समग्र क्षेत्र, ध्येय और विषय व्यक्ति का उच्छेदन है, न कि उसका निर्माण।

उपयोगितावाद मनुष्य के नैतिक संबंधों की व्याख्या नहीं कर सकता; क्योंकि पहली बात तो यह है कि उपयोगिता के आधार पर हम किसी भी नैतिक नियम पर नहीं पहुँच सकते। कोई भी नीतिशास्त्र तब तक नहीं टिक सकता, जब तक उसके नियमों का आधार अलौकिक न हो, या जैसा मैं

कहना अधिक ठीक समझता हूँ—जब तक उसके नियम अतींद्रिय ज्ञान पर आधारित न हों। असीम के लिए संघर्ष के बिना कोई आदर्श नहीं हो सकता। ऐसा कोई भी सिद्धांत नैतिक नियमों की व्याख्या नहीं कर सकता, जो मनुष्य को सामाजिक स्तर तक ही सीमित रखना चाहता हो। उपयोगितावादी हमसे 'असीम' अतींद्रिय गंतव्य स्थल के लिए संघर्ष का त्याग चाहते हैं, क्योंकि अतींद्रियता अव्यावहारिक है, निरर्थक है, पर साथ-ही-साथ वे यह भी कहते हैं कि नैतिक नियमों का पालन करो, समाज का कल्याण करो। आखिर हम क्यों किसी का कल्याण करें? भलाई करने की बात तो गौण है, प्रधान तो है—एक आदर्श। नीतिशास्त्र स्वयं साध्य नहीं है, प्रत्युत साध्य को पाने का साधन है। यदि उद्देश्य नहीं तो हम क्यों नैतिक बनें, हम क्यों दूसरों की भलाई करें, क्यों हम लोगों को सताएँ नहीं, अगर आनंद ही मानव-जीवन का चरम उद्देश्य है, तो क्यों न मैं दूसरों को कष्ट पहुँचाकर भी स्वयं सुखी रहूँ, ऐसा करने से मुझे रोकता कौन है? दूसरी बात यह है कि उपयोगिता का आधार अत्यंत संकीर्ण है।

सारे प्रचलित सामाजिक नियमों की रचना तो, समाज की तात्कालिक स्थिति को दृष्टि में रखकर की गई है, किंतु उपयोगितावादियों को यह सोचने का क्या अधिकार है कि यह समाज शाश्वत है? कभी ऐसा भी समय था, जब समाज नहीं था और ऐसा भी समय आएगा, जब यह नहीं रहेगा। यह तो शायद मनुष्य की प्रगति के क्रम में एक ऐसा स्थल है, जिसमें होकर उसे विकास के उच्चतर स्तरों तक जाना है और इस तरह कोई भी नियम, जो केवल समाज पर आधारित है, शाश्वत नहीं हो सकता, मानव-प्रकृति को पूर्णरूपेण आच्छादित नहीं कर सकता। अधिक-से-अधिक यह उपयोगितावादी नियम समाज की वर्तमान स्थिति में काम कर सकता है, इसके आगे इसकी कोई उपयोगिता नहीं रह जाती, किंतु धर्म तथा आध्यात्मिकता पर आधारित नीतिशास्त्र का क्षेत्र तो संपूर्ण और असीम मनुष्य है। वह व्यक्ति को लेता है, पर उसका संबंध है—उस 'अनंत' से। वह समाज को भी लेता है, क्योंकि समाज व्यक्तियों के समूह का ही नाम है; इसलिए जिस प्रकार यह नियम व्यक्ति और उसके

शाश्वत संबंधों पर लागू होता है, ठीक उसी प्रकार समाज पर भी लागू होता है—समाज की स्थिति या दशा किसी समय विशेष में जो भी हो।

सर्वप्रथम, हमें यह ध्यान में रखना चाहिए कि हमीं संसार के ऋणी हैं, संसार हमारा ऋणी नहीं। यह तो हमारा सौभाग्य है कि हमें संसार में कुछ कार्य करने का अवसर मिला है। संसार की सहायता करने से हम वास्तव में स्वयं अपना ही कल्याण करते हैं। दूसरी बात यह है कि विश्व में एक ईश्वर है। यह बात सच नहीं कि यह संसार पिछड़ रहा है और इसे तुम्हारी अथवा मेरी सहायता की आवश्यकता है। ईश्वर सर्वत्र विराजमान है। वह अविनाशी, सतत क्रियाशील और जाग्रत् है। जब सारा विश्व सोता है, तब भी वह जागता रहता है। वह निरंतर कार्य में लगा हुआ है। संसार के समस्त परिवर्तन और विकास उसी के कार्य हैं। तीसरी बात यह है कि हमें किसी से घृणा नहीं करनी चाहिए। यह संसार सदैव ही अच्छे और बुरे का मिश्रण-स्वरूप रहेगा। हमारा कर्तव्य है कि हम दुर्बल के प्रति सहानुभूति रखें और एक अन्यायी के प्रति भी प्रेम रखें। यह संसार तो चरित्र-गठन के लिए मानो एक विशाल व्यायामशाला है। इसमें हम सभी को अभ्यास रूपी कसरत करनी पड़ती है, जिससे हम आध्यात्मिक बल से अधिकाधिक बलवान बनते रहें। चौथी बात यह है कि हममें किसी प्रकार का दुराग्रह नहीं होना चाहिए, क्योंकि दुराग्रह प्रेम का विरोधी है। हम जितने ही शांतचित्त होंगे और हमारे स्नायु जितने शांत रहेंगे, हम उतने ही प्रेम-संपन्न होंगे तथा हमारा कार्य भी उतना ही अधिक उत्तम होगा।

इस संसार में हमें कई प्रकार के मनुष्य मिलेंगे। प्रथम तो वे, जो देव-प्रकृति पुरुष कहे जा सकते हैं, वे पूर्ण आत्मत्यागी होते हैं, अपने जीवन की भी बाजी लगाकर दूसरों का भला करते हैं। ये सर्वश्रेष्ठ पुरुष हैं। यदि किसी देश में ऐसे सौ मनुष्य भी हों, तो उस देश को फिर किसी बात की चिंता नहीं, परंतु खेद है, ऐसे लोग कम, बहुत कम हैं। दूसरे वे साधु-प्रकृति के मनुष्य हैं, जो दूसरों की भलाई तब तक करते हैं, जब तक उनकी स्वयं की कोई हानि न हो और तीसरे वे आसुरी प्रकृति के लोग हैं, जो अपनी भलाई के लिए

दूसरों की हानि तक करने में नहीं हिचकिचाते। एक संस्कृत कवि ने चौथी श्रेणी भी बताई है, जिसको हम कोई नाम नहीं दे सकते। ये लोग ऐसे होते हैं कि अकारण ही दूसरों का अनिष्ट करते रहते हैं। जिस प्रकार सर्वोच्च स्तर पर साधु-महात्मागण भला करने के लिए ही दूसरों का भला करते रहते हैं, उसी प्रकार सबसे निम्न स्तर पर ऐसे लोग भी हैं, जो केवल बुरा करने के लिए ही दूसरों का बुरा करते रहते हैं। ऐसा करने से उन्हें कोई लाभ नहीं होता, यह तो उनकी प्रकृति ही है।

संस्कृत में दो शब्द हैं—प्रवृत्ति और निवृत्ति। प्रवृत्ति का अर्थ है—किसी वस्तु की ओर प्रवर्तन या गमन और निवृत्ति का अर्थ है—किसी वस्तु से निवर्तन या दूर जाना। किसी वस्तु की ओर प्रवर्तन का अर्थ है, हमारा यह संसार—यह 'मैं' और 'मेरा'। इस 'मैं' को धन-संपत्ति, प्रभुत्व, नाम-यश द्वारा सर्वदा बढ़ाने का यत्न करना, जो कुछ मिले, उसी को पकड़ रखना, सारे समय सभी वस्तुओं को इस 'मैं' रूपी केंद्र में ही संगृहीत करना। इसी का नाम है 'प्रवृत्ति'। यह प्रवृत्ति ही मनुष्यमात्र का स्वाभाविक भाव है—चहुँ ओर से जो कुछ मिले, उसे लेना और सबको एक केंद्र में एकत्र करते जाना और वह केंद्र है, उसका मधुर 'अहं'। जब यह वृत्ति घटने लगती है, जब निवृत्ति का उदय होता है, तभी नैतिकता और धर्म का आरंभ होता है। 'प्रवृत्ति' और 'निवृत्ति', दोनों ही कर्मस्वरूप हैं। एक असत् कर्म है और दूसरा सत्। निवृत्ति ही सारी नीति एवं सारे धर्म की नींव है और इसकी पूर्णता ही संपूर्ण आत्मत्याग है, जिसके प्राप्त हो जाने पर मनुष्य दूसरों के लिए अपना शरीर, मन, यहाँ तक कि अपना सर्वस्व न्योछावर कर देता है। सत्कार्यों का यही सर्वोच्च फल है। किसी मनुष्य ने चाहे एक भी दर्शनशास्त्र न पढ़ा हो, किसी प्रकार के ईश्वर में विश्वास न किया हो और न करता हो, चाहे उसने अपने जीवन भर एक बार भी प्रार्थना न की हो, परंतु केवल सत्कार्यों की शक्ति द्वारा यदि वह उस अवस्था में पहुँच गया हो, जहाँ वह दूसरों के लिए अपना जीवन और सबकुछ उत्सर्ग करने को तैयार रहता है, तो हमें समझना चाहिए कि वह उसी लक्ष्य को पहुँच गया है, जहाँ एक भक्त अपनी उपासना द्वारा तथा एक ज्ञानी अपने

ज्ञान द्वारा पहुँचता है। यहाँ किसी प्रकार के मत या संप्रदाय का प्रश्न नहीं, यहाँ तक कि वे लोग भी, जो धर्म संबंधी समस्त विचारों के विरुद्ध हैं, जब इस प्रकार का संपूर्ण आत्म-त्यागपूर्ण कोई कार्य देखते हैं, तो उसके प्रति श्रद्धानत हुए बिना नहीं रह सकते।

भौतिकीकरण की अर्थात् यांत्रिक क्रियाकलाप के स्तर की ओर अधिकाधिक खिंचते जाने की इच्छाएँ, पशु-मानव की हैं। इंद्रियों के इन समस्त बंधनों का निराकरण कर देने की इच्छा उत्पन्न होने पर ही मनुष्य के हृदय में धर्म का उदय होता है। इस प्रकार हम देखते हैं कि धर्म का समग्र अभिप्राय मनुष्य को इंद्रियों के बंधनों में फँसने से बचाना और अपनी स्वतंत्रता को सिद्ध करने में उसकी सहायता करना है। उस लक्ष्य की ओर निवृत्ति की इस शक्ति के प्रथम प्रयास को नैतिकता कहते हैं। समग्र नैतिकता का अभिप्राय इस अध:पतन को रोकना और इस बंधन को तोड़ना है। समस्त नैतिकता को विधायक और निषेधात्मक तत्त्वों में विभक्त किया जा सकता है; या तो वह कहती है, 'यह करो', या कहती है, 'यह न करो'। जब वह कहती है, 'न करो', तो स्पष्ट है कि वह मनुष्य को दास बना डालनेवाली किसी इच्छा पर रोक है। जब वह कहती है, 'करो', तो उसका आशय स्वतंत्रता का मार्ग-प्रदर्शन तथा उस अध:पतन को भग्न करना है, जिसने मानवीय हृदय को पहले से ही जकड़ रखा है। यह नैतिकता तभी संभव है, जब मनुष्य को कोई मुक्ति प्राप्त करनी हो।

वह मूल सत्ता मानो 'क' है, वही मन और जड़—इन दो रूपों में अपने को प्रकाशित करती है। इस परिदृश्यमान जगत् में इसकी गति कुछ निर्दिष्ट प्रणालियों के अनुसार होती रहती है, उन्हीं को हम नियम कहते हैं। एक अखंड सत्ता की दृष्टि से यह मुक्त स्वभाव है, पर बहुत्व की दृष्टि से यह नियमाधीन है। तथापि इस बंधन के रहने पर भी हमारे भीतर मुक्ति की एक धारणा सर्वदा विद्यमान रहती है, इसी का नाम है—निवृत्ति अर्थात् आसक्ति का त्याग और वासनावश जो जड़त्वविधायिनी शक्तियाँ हमें सांसारिक कार्य में विशेष रूप से प्रवृत्त करती हैं, उन्हीं का नाम प्रवृत्ति है। उसी कार्य को

नीतिसंगत या सत्कर्म कहा जाता है, जो हमें जड़ के बंधन से मुक्त करता है। तद्विपरीत जो कुछ है, वह असत्कर्म है।

निर्गुण ब्रह्मवाद ही सब प्रकार के नीति-विज्ञानों की नींव है। अति प्राचीन काल ही से प्रत्येक जाति में यह सत्य कि 'मनुष्य-जाति को आत्मवत् प्यार करना चाहिए' प्रचारित किया गया है। फिर भारत में तो मनुष्य और इतर प्राणियों में कोई भेद ही नहीं रखा गया। सभी को आत्मवत् प्यार करने का उपदेश किया गया है; परंतु अन्य प्राणियों को आत्मवत् प्यार करने से क्यों कल्याण होगा, इसका कारण किसी ने नहीं बताया। एकमात्र निर्गुण ब्रह्मवाद ही इसका कारण बतलाने में समर्थ है। यह तुम तभी समझोगे, जब तुम संपूर्ण ब्रह्मांड की एकात्मकता, विश्व की एकता और जीवन के अखंडत्व का अनुभव करोगे; जब तुम समझोगे कि दूसरे को प्यार करना अपने ही को प्यार करना है, दूसरे को हानि पहुँचाना अपनी ही हानि करना है। तभी हम समझेंगे कि दूसरे का अहित करना क्यों अनुचित है? अतएव यह निर्गुण ब्रह्मवाद ही नीतिविज्ञान का मूल कारण माना जा सकता है।

□

नैतिकता की महत्ता

निश्चय ही नैतिकता मनुष्य का चरम लक्ष्य नहीं है, वह तो मोक्षप्राप्ति का साधनमात्र है। वेदांत कहता है कि इस ब्रह्मतत्त्व की अनुभूति का एक मार्ग 'योग' है। योग अपने आंतरिक मुक्त स्वभाव की अनुभूति से होता है और इस अनुभूति के सामने सभी वस्तुएँ पराभूत हो जाती हैं। तब ज्ञान हो जाता है कि नैतिकता और आचार का स्थान कहाँ पर है।

एक छोटे से परमाणु से लेकर मनुष्य तक, अचेतन प्राणहीन जड़ वस्तु से लेकर सर्वोच्च मानवात्मा तक जो कुछ भी हम इस विश्व में देखते हैं, अनुभव करते या श्रवण करते हैं, वे सबके सब मुक्ति की ही चेष्टा कर रहे हैं। असल में उस मुक्तिलाभ के लिए संग्राम का ही फल है—यह जगत्! इस जगत्-रूप मिश्रण में प्रत्येक परमाणु दूसरे परमाणुओं से पृथक् हो जाने की चेष्टा कर रहा है, पर दूसरे उसे आबद्ध करके रखे हुए हैं। हमारी पृथ्वी सूर्य से दूर भागने की चेष्टा कर रही है तथा चंद्रमा पृथ्वी से प्रत्येक वस्तु में अनंत विस्तार की प्रवृत्ति है। इस संसार में हम जो कुछ भी देखते हैं, उस सबका मूल आधार मुक्तिलाभ के लिए यह संघर्ष ही है। इसी की प्रेरणा से साधु उपासना करता है और चोर चोरी। जब कार्यप्रणाली अनुचित होती है, तो उसे हम बुरी कहते हैं और जब कार्यप्रणाली का प्रकाश उचित तथा उच्च होता है, तो उसे हम अच्छा या श्रेष्ठ कहते हैं, पर दोनों दशाओं में प्रेरणा एक ही होती है और वह है मुक्तिलाभ के लिए चेष्टा। साधु अपनी बद्धदशा को सोचकर कातर हो उठता है, वह उससे छुटकारा पाने की इच्छा करता है,

इसलिए ईश्वरोपासना करता है। इधर चोर भी यह सोचकर परेशान हो जाता है कि उसके पास अमुक वस्तुएँ नहीं हैं। वह उस अभाव से छुटकारा पाने की, मुक्त होने की कामना करता है, इसीलिए चोरी करता है। चेतन अथवा अचेतन समस्त प्रकृति का लक्ष्य यह मुक्ति ही है। जाने या अनजाने सारा जगत् इसी लक्ष्य की ओर पहुँचने का यत्न कर रहा है, पर हाँ, यह अवश्य है कि मुक्ति के संबंध में एक साधु की धारणा एक चोर की धारणा से नितांत भिन्न है, तथापि वे दोनों ही छुटकारा पाने की प्रेरणा से कार्य कर रहे हैं। साधु मुक्ति के लिए प्रयत्न कर अनंत निर्वचनीय आनंद का अधिकारी हो जाता है, परंतु चोर के तो बंधनों पर बंधन बढ़ते ही जाते हैं।

प्रत्येक धर्म में मुक्तिलाभ की इस प्रकार चेष्टा का विकास पाया जाता है। यही सारी नीति की, सारी निस्स्वार्थपरता की नींव है। निस्स्वार्थपरता का अर्थ है—'मैं यह क्षुद्र शरीर हूँ, इस भाव से परे होना'। जब हम किसी मनुष्य को कोई सत्-कार्य करते, दूसरों की सहायता करते देखते हैं, तो उसका तात्पर्य यह है कि वह व्यक्ति 'मैं और मेरे' के क्षुद्र वृत्त में आबद्ध होकर नहीं रहना चाहता। इस स्वार्थपरता के वृत्त के बाहर बस 'यहीं तक' जाया जा सकता है, इस प्रकार की कोई निर्दिष्ट सीमा नहीं है। सारी श्रेष्ठ नीति-प्रणालियाँ यही शिक्षा देती हैं कि संपूर्ण स्वार्थत्याग ही चरम लक्ष्य है। मान लो, किसी मनुष्य ने इस संपूर्ण स्वार्थत्याग को प्राप्त कर लिया, तो फिर उसकी क्या अवस्था हो जाती है? फिर वह अमुक-अमुक नामवाला पहले का सामान्य व्यक्ति नहीं रह जाता। उसे तो फिर अनंत विस्तार लाभ हो जाता है। फिर उसका पहले का क्षुद्र व्यक्तित्व सदा के लिए नष्ट हो जाता है, अब तो वह अनंतस्वरूप हो जाता है। इस अनंत विकास की प्राप्ति ही असल में सब धर्मों का एवं समस्त दार्शनिक और नैतिक शिक्षाओं का लक्ष्य है। व्यक्तित्ववादी जब इस तत्त्व को दार्शनिक रूप में रखा हुआ देखता है तो वह सिहर उठता है, परंतु साथ ही जब वह स्वयं नीति का प्रचार करता है, तो आखिर वह क्या करता है?—वह भी इस तत्त्व का ही प्रचार करता है। वह भी मनुष्य की निस्स्वार्थपरता की कोई सीमा निर्दिष्ट नहीं करता। मान

लो, व्यक्तित्वाद के अनुसार एक मनुष्य संपूर्ण रूप से निस्स्वार्थ हो गया तो हम उसमें तथा अन्य संप्रदायों के पूर्ण सिद्ध व्यक्तियों में क्या भेद पाते हैं? वह तो विश्व के साथ एकरूप हो गया है और इस प्रकार एकरूप हो जाना ही तो सभी मनुष्यों का लक्ष्य है। केवल बेचारे व्यक्तित्ववादी में इतना साहस नहीं कि वह अपनी युक्तियों का यथार्थ सिद्धांत पर पहुँचने तक अनुसरण कर सके। निस्स्वार्थ कर्म द्वारा मानव-जीवन की चरमावस्था इस मुक्ति का लाभ कर लेना ही कर्मयोग है। अतएव हमारा प्रत्येक स्वार्थपूर्ण कार्य हमारे अपने इस लक्ष्य की ओर पहुँचने में बाधक होता है तथा प्रत्येक निस्स्वार्थ कर्म हमें उस चरम अवस्था की ओर बढ़ाता है, इसीलिए नैतिकता की यही एकमात्र व्याख्या हो सकती है कि जो स्वार्थ पर है, वह 'नीतिविरुद्ध' है और जो निस्स्वार्थ पर है, वह 'नीतिसंगत' है।

लेकिन नैतिकता के एक ही प्रकार के नियमों का उपदेश सभी को समान रूप से नहीं दिया जा सकता। सभी सांप्रदायिक धर्म यह सत्य मानकर चलते हैं कि सभी मनुष्य समान हैं, किंतु यह विज्ञान द्वारा सिद्ध नहीं होता। शरीरों में अंतर की अपेक्षा मनों में अंतर अधिक है।

हर व्यक्ति, हर युग में, हर देश में भिन्न स्थितियों में होता है। यदि स्थितियाँ बदलती हैं, तो धारणा भी अवश्य बदलेगी। कभी गोमांस-भक्षण भी नैतिकतापूर्ण था। जलवायु शीतल थी और अन्न भी अधिक ज्ञात नहीं थे। मुख्य सुलभ भोजन मांस था, इसलिए उस जलवायु और युग में मांस अति आवश्यक था, किंतु अब गोमांस-भक्षण अनैतिक माना जाता है। एकमात्र अपरिवर्तनीय वस्तु ईश्वर है। मानव-समाज एक श्रेणीबद्ध संस्था है, इसके अंतर्गत सभी मनुष्य एक-एक श्रेणी में विभक्त और भिन्न-भिन्न सोपान में अवस्थित हैं। हम सभी जानते हैं कि सदाचार तथा कर्तव्य किसे कहते हैं; परंतु फिर भी हम देखते हैं कि भिन्न-भिन्न देशों में सदाचार के संबंध में अलग-अलग धारणाएँ हैं। एक देश में जो बात सदाचारयुक्त मानी जाती है, संभव है दूसरे देश में वही नितांत दुराचार समझी जाए। उदाहरणार्थ, एक देश में चचेरे भाई-बहन आपस में विवाह कर सकते हैं, परंतु दूसरे देश में यही बात

अत्यंत अनैतिक मानी जाती है। किसी देश में लोग अपनी साली से विवाह कर सकते हैं, परंतु यही बात दूसरे देश में अनैतिक समझी जाती है। फिर कहीं लोग एक ही बार विवाह कर सकते हैं और कहीं-कहीं कई बार, इत्यादि-इत्यादि। इसी प्रकार सदाचार की अन्यान्य बातों के संबंध में भी विभिन्न देशों के मानदंड बहुत भिन्न होते हैं। फिर भी हमारी यह धारणा है कि सदाचार का एक सार्वभौमिक मानदंड अवश्य है।

यही बात कर्तव्य के बारे में भी है। भिन्न-भिन्न जातियों में कर्तव्य के बारे में अलग-अलग धारणा होती है। किसी देश में यदि कोई व्यक्ति कुछ विशिष्ट कार्य नहीं करता, तो लोग उस पर दोषारोपण करते हैं; परंतु अन्य किसी देश में व्यक्ति वही कार्य करता है, तो वहाँ के लोग कहते हैं कि उसने ठीक नहीं किया। फिर भी हम जानते हैं कि कर्तव्य का एक सार्वभौमिक आदर्श अवश्य है। इसी प्रकार, समाज का एक वर्ग सोचता है, कुछ विशिष्ट बातें ही कर्तव्य हैं; परंतु दूसरे वर्ग का विचार बिल्कुल विपरीत होता है और वह उन कार्यों को करना पातक समझेगा। अब हमारे सम्मुख दो मार्ग खुले हैं : एक अज्ञानी का, जो सोचता है कि सत्य का मार्ग केवल एक ही है तथा अन्य सब गलत हैं और दूसरा ज्ञानी का, जो यह मानता है कि हमारी मानसिक दशा तथा परिस्थिति के अनुसार कर्तव्य तथा सदाचार भिन्न-भिन्न हो सकते हैं। अतएव जानने योग्य प्रधान बात यह है कि कर्तव्य तथा सदाचार के विभिन्न स्तर होते हैं और जीवन की एक अवस्था के, एक परिस्थिति के कर्तव्य दूसरी परिस्थिति के कर्तव्य नहीं हो सकते।

प्रत्येक मनुष्य का कर्तव्य है कि वह अपना आदर्श लेकर उसे चरितार्थ करने का प्रयत्न करे। दूसरों के ऐसे आदर्शों को लेकर चलने की अपेक्षा, जिनको वह पूरा ही नहीं कर सकता, अपने ही आदर्श का अनुसरण सफलता का अधिक निश्चित मार्ग है। उदाहरणार्थ, यदि हम एक छोटे बच्चे से एकदम बीस मील चलने को कह दें, तो या वह बेचारा मर जाएगा या यदि हजार में से एकाध रेंगता-रेंगता कहीं पहुँचा भी, तो वह अधमरा हो जाएगा। बस हम भी संसार के साथ ऐसा ही करने का प्रयत्न करते हैं। किसी समाज के सब

स्त्री-पुरुष न एक मन के होते हैं, न एक ही योग्यता के और न एक ही शक्ति के। अतएव उनमें से प्रत्येक का आदर्श भी भिन्न-भिन्न होना चाहिए और इन आदर्शों में से एक का भी उपहास करने का हमें कोई अधिकार नहीं। अपने आदर्श को प्राप्त करने के लिए प्रत्येक को जितना हो सके, यत्न करने दो। फिर यह भी ठीक नहीं कि मैं तुम्हारे अथवा तुम मेरे आदर्श द्वारा जाँचे जाओ। आम की तुलना इमली से नहीं होनी चाहिए और न इमली की आम से। आम की तुलना के लिए आम ही लेना होगा और इमली के लिए इमली। इसी प्रकार हमें अन्य सबके संबंध में भी समझना चाहिए।

बहुत्व में एकत्व ही सृष्टि का विधान है। प्रत्येक स्त्री-पुरुष में व्यक्तिगत रूप से कितना भी भेद क्यों न हो, उन सबकी पृष्ठभूमि में एकत्व विद्यमान है। स्त्री-पुरुषों के भिन्न-भिन्न चरित्र एवं वर्ग सृष्टि की स्वाभाविक विविधता मात्र है। अतएव एक ही आदर्श द्वारा सबकी जाँच करना अथवा सबके सामने एक ही आदर्श रखना, किसी भी प्रकार उचित नहीं है। ऐसा करने से केवल एक अस्वाभाविक संघर्ष उत्पन्न हो जाता है और फल यह होता है कि मनुष्य स्वयं से ही घृणा करने लगता है तथा धार्मिक एवं उच्च बनने से रुक जाता है। हमारा कर्तव्य तो यह है कि हम प्रत्येक को उसके अपने उच्चतम आदर्श को प्राप्त करने के लिए प्रोत्साहित करें तथा उस आदर्श को सत्य के जितना निकटवर्ती हो सके, लाने की चेष्टा करें।

हम देखते हैं कि हिंदू नीतिशास्त्र में यह तत्त्व बहुत प्राचीन काल से ही स्वीकार किया जा चुका है और हिंदुओं के धर्मशास्त्र तथा नीति-संबंधी पुस्तकों में ब्रह्मचर्य, गृहस्थ, वानप्रस्थ तथा संन्यास, विभिन्न आश्रमों के लिए भिन्न-भिन्न विधियों का वर्णन है।

यदि हम कुछ विशिष्ट कर्तव्यों की मीमांसा करें, तो इतनी सरल और सीधी व्याख्या दे देने से काम न चलेगा। जैसा मैं पहले ही कह चुका हूँ, विभिन्न परिस्थितियों में कर्तव्य भिन्न-भिन्न हो जाते हैं। जो कार्य एक अवस्था में निस्स्वार्थ होता है, हो सकता है, वही किसी दूसरी अवस्था में बिल्कुल स्वार्थपर हो जाए। अतः कर्तव्य की हम केवल एक साधारण

व्याख्या ही कर सकते हैं, परंतु कार्यविशेषों की कर्तव्याकर्तव्यता पूर्णतया देश-काल-पात्र पर ही निर्भर रहेगी। एक देश में एक प्रकार का आचरण नीतिसंगत माना जाता है, परंतु संभव है, वही किसी दूसरे देश में अत्यंत नीतिविरुद्ध माना जाए, क्योंकि भिन्न-भिन्न देशों में भिन्न-भिन्न परिस्थितियाँ होती हैं। समस्त प्रकृति का अंतिम ध्येय मुक्ति है और यह मुक्ति केवल पूर्ण निस्स्वार्थता द्वारा ही प्राप्त की जा सकती है। प्रत्येक स्वार्थशून्य कार्य, प्रत्येक निस्स्वार्थ विचार, प्रत्येक निस्स्वार्थ वाक्य हमें इसी ध्येय की ओर ले जाता है, इसीलिए हम उसे नीतिसंगत कहते हैं। तुम देखोगे कि यह व्याख्या प्रत्येक धर्म एवं प्रत्येक नीति-प्रणाली में लागू हो सकती है। नीतितत्त्व के मूल के संबंध में भिन्न-भिन्न देशों में भिन्न-भिन्न धारणाएँ हो सकती हैं। कुछ दर्शनों में नीतितत्त्व का मूल संबंध परमपुरुष परमात्मा से लगाते हैं। यदि तुम उन संप्रदायों के किसी व्यक्ति से पूछो कि अमुक कार्य क्यों करना चाहिए अथवा अमुक क्यों नहीं, तो वह उत्तर देगा कि "ईश्वर की ऐसी ही आज्ञा है।" उनके नीतितत्त्व का मूल चाहे जो भी हो, पर उसका सार असल में यही है कि 'स्वयं' की चिंता न करो, 'अहं' का त्याग करो, परंतु फिर भी नीतितत्त्व के संबंध में इस प्रकार की उच्च धारणा रहने पर भी अनेक व्यक्ति अपने क्षुद्र व्यक्तित्व के त्याग करने की कल्पना से सिहर उठते हैं। जो मनुष्य अपने इस क्षुद्र व्यक्तित्व से जकड़ा रहना चाहता है, उससे हम पूछें, "अच्छा, जरा ऐसे पुरुष की ओर तो देखो, जो नितांत निस्स्वार्थ हो गया है, जिसकी अपने स्वयं के लिए कोई चिंता नहीं है, जो अपने लिए कोई भी कार्य नहीं करता, अपने लिए एक शब्द भी नहीं कहता और फिर बताओ कि उसका 'निजत्व' कहाँ है?" जब तक वह अपने स्वयं के लिए विचार करता है, कोई कार्य करता है या कुछ कहता है, तभी तक उसे अपने 'निजत्व' का बोध रहता है, परंतु यदि उसे केवल दूसरों के संबंध में ध्यान है, जगत् के संबंध में ध्यान है, उस अखिल स्वरूप का ध्यान है, तो फिर उसका 'निजत्व' भला कहाँ रहा?" उसका तो सदा के लिए लोप हो चुका है।

फिर आजकल सभी विषयों को उपयोगिता के मापदंड से नापा जाता

है, अर्थात् संक्षेप में यह कि इससे कितने रुपए, कितने आने और कितने पैसों का लाभ होगा, लोगों को इस प्रकार प्रश्न करने का क्या अधिकार है, क्या सत्य को भी उपकार या धन के मापदंड से नापा जाएगा। मान लो कि उसकी कोई उपयोगिता नहीं है, तो क्या इससे सत्य घट जाएगा? उपयोगिता सत्य की कसौटी नहीं है। जो भी हो, इस ज्ञान में बड़ा उपकार तथा प्रयोजन भी है। हम देखते हैं, सब लोग सुख की खोज करते हैं; पर अधिकतर लोग नश्वर, मिथ्या वस्तुओं में उसको ढूँढ़ते फिरते हैं। इंद्रियों में कभी किसी को सुख नहीं मिलता। सुख तो केवल आत्मा में मिलता है। अतएव आत्मा में इस सुख की प्राप्ति ही मनुष्य का सबसे बड़ा प्रयोजन है। एक बात यह है कि अज्ञान ही सब दुःखों का कारण है और मेरी समझ में सबसे बड़ा अज्ञान तो यही है कि जो अनंतस्वरूप है, वह अपने को सांत मानकर रोता है; समस्त अज्ञान की मूल भित्ति यही है कि अविनाशी, नित्य शुद्ध पूर्ण आत्मा होते हुए भी सोचते हैं कि हम छोटे-छोटे मन हैं, छोटी-छोटी देहमात्र हैं; यही समस्त स्वार्थपरता की जड़ है। ज्योंही मैं अपने को एक क्षुद्र देह समझ बैठता हूँ, त्योंही मैं संसार के अन्यान्य शरीरों के सुख-दुःख की कोई परवाह न करते हुए अपने शरीर की रक्षा में, उसे सुंदर बनाने के प्रयत्न में लग जाता हूँ। उस समय मैं तुमसे पृथक् हो जाता हूँ। ज्योंही यह भेद-ज्ञान आता है, त्योंही वह सब प्रकार के अशुभ के द्वार खोल देता है और सर्वविध दुःखों की उत्पत्ति करता है। अतः पूर्वोक्त ज्ञान की प्राप्ति से लाभ यह होगा कि यदि वर्तमान मानवजाति का एक बिल्कुल छोटा सा अंश भी इस क्षुद्र, संकीर्ण और स्वार्थी भाव का त्याग कर सके, तो कल ही यह संसार स्वर्ग में परिणत हो जाएगा; पर नाना प्रकार के यंत्र तथा बाह्यजगत् संबंधी ज्ञान की उन्नति से यह कभी संभव नहीं हो सकता। जिस प्रकार अग्नि में घी डालने से अग्निशिखा और भी वर्धित होती है, उसी प्रकार इन सब वस्तुओं से दुःखों की ही वृद्धि होती है। आत्मा के ज्ञान बिना जो कुछ भौतिक ज्ञान उपार्जित किया जाता है, वह सब आग में घी डालने के समान है। उससे दूसरों के लिए प्राण उत्सर्ग कर देने की बात तो दूर ही रही, स्वार्थपर लोगों को दूसरों की चीजें हर लेने के लिए, दूसरों के रक्त पर फलने-फूलने

के लिए एक और यंत्र, एक और सुविधा मिल जाती है।

यह संसार शुभ और अशुभ, सुख और दुःख का मिश्रण है; एक को बढ़ाओ, तो दूसरा भी साथ-साथ बढ़ेगा। केवल सुख का संसार अथवा केवल दुःख का संसार हो नहीं सकता। इस प्रकार की धारणा ही स्वतः विरोधी है, किंतु इस प्रकार का मत व्यक्त करके और इस विश्लेषण द्वारा वेदांत के इस महान् रहस्य का भेद किया है कि शुभ और अशुभ, ये दो एकदम विभिन्न, पृथक् सत्ताएँ नहीं हैं। इस संसार में ऐसी कोई भी वस्तु नहीं, जिसे एकदम शुभ या एकदम अशुभ कहा जा सके। एक ही घटना, जो आज शुभजनक मालूम पड़ती है, कल अशुभजनक मालूम पड़ सकती है। एक ही वस्तु, जो एक व्यक्ति को दुःखी करती है, दूसरे को सुखी बना सकती है। जो अग्नि बच्चे को जला देती है, वही भूख से जर्जर व्यक्ति के लिए स्वादिष्ट खाना भी पका सकती है, तो फिर शुभ कर्म आदि करने का भी भला क्या प्रयोजन है? यही प्रश्न मन में उठता है, क्योंकि लोग नहीं पूछेंगे कि यदि शुभ कर्म करने पर भी अशुभ रहता ही हो और सुख उत्पन्न करने का प्रयत्न करने पर भी घोर दुःख बना ही रहता हो, तो फिर इस प्रकार के प्रयत्न की आवश्यकता ही क्या? तो इसका उत्तर यह है कि पहले तो हमें दुःख को कम करने के लिए कर्म करना ही चाहिए, क्योंकि स्वयं सुखी होने का यही एकमात्र उपाय है। हममें से प्रत्येक अपने-अपने जीवन में, शीघ्र ही अथवा देरी से इस बात की यथार्थता समझ लेते हैं। तीक्ष्ण बुद्धिवाले कुछ शीघ्र समझ जाते हैं और मंद बुद्धिवाले कुछ देरी से। मंद बुद्धिवाले कड़ी यातना भोगने के बाद इसे समझ पाते हैं, तो तीक्ष्ण बुद्धिवाले थोड़ी ही यातना भोगने के बाद और दूसरे, यद्यपि हम जानते हैं कि ऐसा समय कभी नहीं आएगा, जब यह जगत् सुख से भरा रहेगा और दुःख बिल्कुल नहीं रहेगा, फिर भी हमें यह कार्य करना होगा। इस विरोधपूर्ण जीवन से छुटकारा पाने के लिए यही एकमात्र उपाय है। ये दोनों शक्तियाँ—शुभ एवं अशुभ—जगत् को जीवित रखेंगी और अंत में एक दिन ऐसा आएगा, जब हम स्वप्न से जाग जाएँगे और ये सब मिट्टी के घरौंदे बनाना बंद कर देंगे। सचमुच, हम चिरकाल से घरौंदे बनाने में ही लगे हुए हैं। हमें यह शिक्षा

लेनी ही होगी और इसके लिए समय भी बहुत लग जाएगा।

हमारे सामने बहुत बड़ा कार्य है और इसमें सर्वप्रथम और सबसे महत्त्व का काम है, अपने सहस्रों सुप्त संस्कारों पर अधिकार चलाना, जो इच्छाशक्ति रहित सहज क्रियाओं में परिणत हो गए हैं। यह बात सच है कि असत्कर्म-समूह मनुष्य के जाग्रत् क्षेत्र में रहता है, लेकिन जिन कारणों से इन बुरे कामों को जन्म दिया, वे इसके पीछे प्रसुप्त और अदृश्य जगत् के हैं और इसलिए अधिक प्रभावशाली हैं, लेकिन देखो, यदि प्रसुप्त अज्ञात संस्कारों में बुरा करने की शक्ति है, तो उनमें अच्छा करने की भी शक्ति है। हमारे भीतर नाना प्रकार के संस्कार भरे पड़े हैं, मानो एक जेब में बहुत ही चीजें भरी हुई हैं, उन्हें हम भूल गए हैं, हम उनका विचार तक नहीं करते। उनमें से बहुत से तो वहीं पड़े सड़ते रहते हैं और सचमुच भयावह बनते जाते हैं। वे ही प्रसुप्त कारण एक दिन मन के ज्ञानयुक्त क्षेत्र पर आ उठते हैं और मानवता का नाश कर देते हैं। अतएव सच्चा मनोविज्ञान इस बात की कोशिश करेगा कि ये प्रसुप्त भाव चेतन मन द्वारा नियंत्रित हों। मनुष्य के संपूर्ण व्यक्तित्व को जाग्रत् करना, जिससे कि वह पूर्ण स्वामी बन जाएँ।

जब मन इंद्रिय नामक भिन्न-भिन्न शक्ति-केंद्रों में संलग्न रहता है, तभी समस्त बाह्य और आभ्यंतरिक कर्म होते हैं। इच्छापूर्वक अथवा अनिच्छापूर्वक मनुष्य अपने मन को भिन्न-भिन्न (इंद्रिय नामक) केंद्रों में संलग्न करने को बाध्य होता है। इसीलिए मनुष्य अनेक प्रकार के दुष्कर्म करता है और बाद में कष्ट पाता है। मन यदि अपने वश में रहता तो मनुष्य कभी अनुचित कर्म न करता। मन को संयत करने का फल क्या है? यही कि मन संयत हो जाने पर वह फिर विषयों का अनुभव करनेवाली भिन्न-भिन्न इंद्रियों के साथ अपने को संयुक्त न करेगा और ऐसा होने पर सब प्रकार की भावनाएँ और इच्छाएँ हमारे वश में आ जाएँगी। यहाँ तक तो बहुत स्पष्ट है। अब प्रश्न यह है, क्या यह संभव है? हाँ, यह संपूर्ण रूप से संभव है। तुम लोग वर्तमान समय में भी इसका कुछ आभास पा रहे हो; विश्वास के बल से आरोग्य-लाभ करानेवाला संप्रदाय दुःख, कष्ट, अशुभ आदि के

अस्तित्व को बिल्कुल अस्वीकार कर देने की शिक्षा देता है। इसमें संदेह नहीं कि इनका दर्शन बहुत कुछ पेचीदा है। सम्मोहनकारी या विश्वास बल से आरोग्य करानेवाले थोड़े समय के लिए जो अपने सम्मोहित व्यक्तियों के शरीरस्थ शक्ति-केंद्रों (इंद्रियों) को वशीभूत कर लेते हैं, वह अत्यंत निंदनीय कर्म है, क्योंकि वह उन व्यक्तियों को अंत में सर्वनाश के रास्ते ले जाता है। यह कोई अपनी इच्छाशक्ति के बल से अपने मस्तिष्कस्थ केंद्रों का संयम तो है ही नहीं, यह तो दूसरे की इच्छाशक्ति के एकाएक प्रबल आघात से सम्मोहित व्यक्ति के मन को कुछ समय के लिए मानो जकड़कर रखना है। वह लगाम और बाहुबल की सहायता से गाड़ी खींचनेवाले उच्छृंखल घोड़ों की उन्मत्त गति को संयत करना नहीं है, वरन् वह दूसरों से उन अश्वों पर तीव्र आघात करने को कहकर उनको कुछ समय के लिए चुप कर रखना है। उस व्यक्ति पर यह प्रक्रिया जितनी की जाती है, उतना ही वह अपने मन की शक्ति क्रमशः खोने लगता है, अंत में मन को पूर्ण रूप से जीतना तो दूर रहा, उसका मन बिल्कुल शक्तिहीन और विचित्र जड़पिंड सा हो जाता है तथा पागलखाने में ही उसकी चरम गति आ ठहरती है।

अपने मन को स्वयं अपने मन की सहायता से वश में लाने की चेष्टा के बदले इस प्रकार दूसरे की इच्छा से प्रेरित होकर मन का संयम अनिष्टकारक ही नहीं है, वरन् जिस उद्देश्य से यह कार्य किया जाता है, वह भी सिद्ध नहीं होता। प्रत्येक जीवात्मा का चरम लक्ष्य है—मुक्ति या स्वाधीनता। जड़वस्तु और चित्तवृत्ति के दासत्व से मुक्तिलाभ करके उन पर प्रभुत्व स्थापित करना, बाह्य और अंतःप्रकृति पर अधिकार जमाना, किंतु उस दिशा में सहायता करने की बात तो अलग रही, दूसरे व्यक्ति द्वारा प्रयुक्त इच्छाशक्ति का प्रवाह हम पर लगे हुए चित्तवृत्ति रूपी बंधनों और प्राचीन कुसंस्कारों की भारी बेड़ी में एक और कड़ी जोड़ देता है, फिर वह इच्छाशक्ति हम पर किसी भी रूप से क्यों न प्रयुक्त हो और चाहे उससे हमारी इंद्रियाँ प्रत्यक्ष वशीभूत हो जाएँ; चाहे वह एक प्रकार की पीड़ित या विकृतावस्था में हमें इंद्रियों का संयत करने के लिए बाध्य करे। इसलिए सावधान! दूसरे को अपने ऊपर इच्छाशक्ति का

संचालन न करने देना, अथवा दूसरे पर ऐसी इच्छाशक्ति का प्रयोग करके अनजाने उसका सत्यानाश न कर देना। यह सत्य है कि कोई-कोई लोग कुछ व्यक्तियों की प्रवृत्ति का मोड़ फेरकर कुछ दिनों के लिए उन पर सम्मोहन-शक्ति का प्रयोग करके, बिना जाने, लाखों नर-नारियों को एक प्रकार से विकृत जड़ावस्थापन्न कर डालते हैं, जिसके परिणामस्वरूप उन सम्मोहित व्यक्तियों की आत्मा का अस्तित्व तक मानो लुप्त हो जाता है। इसलिए, जो कोई व्यक्ति तुमसे अंधविश्वास करने को कहता है, अथवा अपनी श्रेष्ठतर इच्छाशक्ति के बल से लोगों को वशीभूत करके अपना अनुसरण करने के लिए बाध्य करना है, वह मनुष्यजाति का भारी अनिष्ट करता है—भले ही वह इसे इच्छापूर्वक न करता हो।

अतएव अपने मन का संयम करने के लिए सदा अपने ही मन की सहायता लो और यह सदा याद रखो कि तुम यदि रोगग्रस्त नहीं हो, तो कोई भी बाहरी इच्छाशक्ति तुम पर कार्य न कर सकेगी। जो व्यक्ति तुमसे अंधे के समान विश्वास कर लेने को कहता है, उससे दूर ही रहो, वह चाहे कितना भी बड़ा आदमी या साधु क्यों न हो। संसार के सभी भागों में ऐसे बहुत से संप्रदाय हैं, जिनके धर्म के प्रधान अंग नाच-गान, उछल-कूद, चिल्लाना आदि हैं। वे जब संगीत, नृत्य और प्रचार करना आरंभ करते हैं, तब उनके भाव मानो संक्रामक रोग की तरह लोगों के अंदर फैल जाते हैं। वे भी एक प्रकार के सम्मोहनकारी हैं। वे थोड़े समय के लिए भावुक व्यक्तियों पर गजब का प्रभाव डाल देते हैं, पर हाय! परिणाम यह होता है कि सारी जाति अध:पतित हो जाती है। इस प्रकार की अस्वाभाविक बाहरी शक्ति के बल से किसी व्यक्ति या जाति के लिए ऊपर-ऊपर अच्छी होने की अपेक्षा अच्छी न रहना ही बेहतर है और स्वास्थ्य का लक्षण है। अतएव जिससे तुम्हारी स्वाधीनता नष्ट होती हो, ऐसे सब प्रकार के प्रभावों से सतर्क रहो। ऐसे प्रभावों को भयानक विपत्ति से भरा जानकर प्राणपण से उनसे दूर रहने की चेष्टा करो।

नीति का क्या अर्थ है ? स्वयं को ब्रह्म से युक्त करके दृढ़ बनाना, जिससे ससीम प्रकृति का अधिकार हम पर न चल सके। हमारे दर्शन का यह तार्किक

निष्कर्ष है कि एक समय ऐसा आएगा, जब हम सभी परिस्थितियों पर विजय प्राप्त कर लेंगे, क्योंकि प्रकृति सीमित है।

प्रत्येक कार्य के दो अंश होते हैं; एक विषयी और दूसरा विषय और जीवन का लक्ष्य है, विषयी को विषय का स्वामी बनाना। मान लो, एक व्यक्ति मेरा तिरस्कार करता है और मैं अपने को दुःखी अनुभव करता हूँ। तब मेरी चेष्टा अपने मन को इतना सबल बना लेने की होगी, जिससे परिस्थिति पर मैं विजय प्राप्त कर लूँ, जिससे अपना तिरस्कार होने पर भी मैं किसी कष्ट का अनुभव न करूँ। बस इसी प्रकार हम विजय प्राप्त करने की चेष्टा कर रहे हैं। छोटी मछली जल में रहनेवाले अपने शत्रुओं से अपनी रक्षा करना चाहती है। वह किस प्रकार यह कार्य करती है? पंख विकसित करके, पक्षी बनकर। मछली ने जल तथा वायु में कोई परिवर्तन नहीं किया। जो कुछ परिवर्तन हुआ, वह उसके अपने ही अंदर हुआ। परिवर्तन सदा 'अपने' ही अंदर होता है। समस्त क्रम-विकास में तुम सर्वत्र देखते हो कि प्राणी में परिवर्तन होने से ही प्रकृति पर विजय प्राप्त होती है। इस तत्त्व का प्रयोग धर्म और नीति में करो तो देखोगे, यहाँ भी 'अशुभ पर जय' 'अपने' भीतर परिवर्तन द्वारा ही होती है।

□

नीतितत्त्व तथा व्यावहारिक जीवन

भगवद्गीता वेदांत दर्शन का एक सर्वोत्तम भाष्यस्वरूप है। 'गीता' के प्रत्येक पृष्ठ पर जो मत उज्ज्वल रूप से प्रकाशित है, वह है तीव्र कर्मण्यता, किंतु उसी के बीच अनंत शांत स्वभाव। इसी तत्त्व को कर्म रहस्य कहा गया है और इस अवस्था को पाना ही वेदांत का लक्ष्य है। हम साधारणतया अकर्म का अर्थ करते हैं निश्चेष्टता, पर यह हमारा आदर्श नहीं हो सकता। यदि यही होता तो हमारे चारों ओर की दीवारें भी परमज्ञानी होतीं, वे भी तो निश्चेष्ट हैं। मिट्टी के ढेले और पेड़ों के तने भी जगत् के महातपस्वी गिने जाते, क्योंकि वे भी तो निश्चेष्ट हैं और यह भी नहीं कि किसी भी तरह कामनायुक्त होकर किए जानेवाले कार्य कर्म कहलाए जा सकते हैं। वेदांत का आदर्श जो प्रकृत कर्म है, वह अनंत शांति के साथ संयुक्त है। किसी भी प्रकार की परिस्थिति में वह स्थिरता कभी नष्ट नहीं होती। चित्त का वह साम्यभाव कभी भंग नहीं होता। हम लोग भी बहुत कुछ देखने-सुनने के बाद यही समझ पाए हैं कि कार्य करने के लिए इस प्रकार की मनोवृत्ति ही सबसे अधिक उपयोगी होती है। लोगों ने मुझसे यह प्रश्न अनेक बार किया है कि हम कार्य के लिए जो एक प्रकार का आवेग अनुभव करते हैं, यदि वह न रहे तो हम कार्य कैसे करेंगे ?

मैं भी बहुत दिन पहले यही सोचता था, किंतु जैसे-जैसे मेरी आयु बढ़ रही है, जितना अनुभव बढ़ता जा रहा है, उतना ही मैं देखता हूँ कि यह सत्य नहीं है। कार्य के भीतर आवेग जितना ही कम रहता है, उतना ही उत्कृष्ट वह होता है।

हम लोग जितने अधिक शांत होते हैं, उतना ही हम लोगों का आत्म-कल्याण होता है और हम काम भी अच्छी तरह कर पाते हैं। जब हम लोग भावनाओं के अधीन हो जाते हैं, तब अपनी शक्ति का अपव्यय करते हैं, अपने स्नायुसमूह को विकृत कर डालते हैं, मन को चंचल बना डालते हैं, किंतु काम बहुत कम कर पाते हैं। जिस शक्ति का कार्यरूप में परिणत होना उचित था, वह वृथा भावुकता मात्र में पर्यवसित होकर क्षय हो जाती है। जब मन अत्यंत शांत और एकाग्र रहता है, केवल तभी हम लोगों की समस्त शक्ति सत्कार्य में व्यय होती है। यदि तुम जगत् के महान् कार्यकुशल व्यक्तियों की जीवनी पढ़ो, तो देखोगे कि वे अद्‌भुत शांत प्रकृति के लोग थे। कोई भी वस्तु उनके चित्त की स्थिरता भंग नहीं कर पाती थी। इसीलिए जो व्यक्ति बहुत जल्दी क्रोध में आ जाता है, वह कोई बहुत बड़ा काम नहीं कर पाता और जो किसी प्रकार भी क्रोध नहीं करता, वह सबसे अधिक काम कर सकता है। जो व्यक्ति क्रोध, घृणा या किसी अन्य आवेग से अभिभूत हो जाता है, वह कोई काम नहीं कर पाता, अपने को चूर-चूर कर डालता है और कुछ भी व्यावहारिक नहीं कर पाता। केवल शांत, क्षमाशील, स्थिरचित्त व्यक्ति ही सबसे अधिक काम कर पाता है।

हम लोगों के जीवन में दो प्रवृत्तियाँ देखी जाती हैं। एक है, अपने आदर्श का सामंजस्य जीवन से करना और दूसरी है, जीवन को आदर्श के अनुरूप उच्च बनाना। इन दोनों का भेद भलीभाँति समझ लेना चाहिए, क्योंकि पहली प्रवृत्ति हमारे जीवन का एक प्रमुख प्रलोभन है। मैं सोचता हूँ कि मैं कोई विशेष प्रकार का कार्य कर सकता हूँ, शायद उसका अधिकांश ही बुरा है और उसके पीछे शायद क्रोध, घृणा अथवा स्वार्थपरता का आवेग ही विद्यमान है। अब मानो किसी व्यक्ति ने मुझे किसी विशेष आदर्श के संबंध में उपदेश दिया, निश्चय ही उसका पहला उपदेश यही होगा कि स्वार्थपरता तथा आत्मसुख का त्याग करो। मैं सोचता हूँ कि यह करना तो असंभव है, किंतु यदि किसी ने एक ऐसे आदर्श के संबंध में उपदेश दिया, जो कि मेरी स्वार्थपरता और निम्न भावों का समर्थन करे, तो मैं उसी समय कह उठता हूँ, 'यही है मेरा आदर्श' और मैं उसी आदर्श का अनुसरण करने के लिए व्यस्त हो जाता

हूँ। 'व्यवहार्य' शब्द को लेकर ऐसा ही अनर्थ होता रहता है। जिस बात को मैं कार्यरूप में परिणत करने के योग्य समझता हूँ, जगत् में एकमात्र वही व्यवहार्य है, ऐसी मेरी धारणा होती है। उदाहरणार्थ, यदि मैं एक दुकानदार हूँ, तो सोचता हूँ कि संसार में दुकानदारी ही एकमात्र व्यावहारिक कर्म है। यदि मैं चोर हूँ, तो चोरी के बारे में भी यही सोचता हूँ। आप जानते ही हैं कि हम सब इस 'व्यवहार्य' शब्द का प्रयोग केवल उन्हीं कर्मों के लिए करते है, जिनकी ओर हमारी प्रवृत्ति है और जो हमसे किए जा सकते हैं। इसी कारण मैं तुम लोगों को यह स्पष्ट कह देना चाहता हूँ कि वेदांत का आदर्श कितना ही उच्च क्यों न हो, वह किसी असंभव आदर्श को हमारे सामने नहीं रखता।

वेदांत सबसे पहले मनुष्य को अपने ऊपर विश्वास करने को कहता है। जिस प्रकार संसार का कोई-कोई धर्म कहता है कि जो व्यक्ति अपने से बाहर सगुण ईश्वर का अस्तित्व स्वीकार नहीं करता, वह नास्तिक है, उसी प्रकार वेदांत भी कहता है कि जो व्यक्ति अपने आप पर विश्वास नहीं करना, वह नास्तिक है। अपनी आत्मा की महिमा में विश्वास न करने को ही वेदांत में नास्तिकता कहते हैं। बहुत से लोगों के लिए यह एक भीषण विचार है, इसमें कोई संदेह नहीं और हममें से अधिकांश सोचते हैं कि यह आदर्श कभी प्राप्त नहीं किया जा सकता, किंतु वेदांत दृढ़ रूप से कहता है कि प्रत्येक व्यक्ति इसे जीवन में प्रत्यक्ष कर सकता है। इसकी उपलब्धि में स्त्री-पुरुष, बालक-बालिका, जाति या लिंग आदि से संबद्ध किसी प्रकार का भेद बाधक नहीं है।

हममें ब्रह्मांड की समूची शक्ति पहले से ही है। हम लोग स्वयं ही अपने नेत्रों पर हाथ रखकर 'अंधकार', 'अंधकार' कहकर चीत्कार करते हैं। जान लो कि तुम्हारे चारों ओर कोई अंधकार नहीं है। हाथ हटाने पर ही तुम देखागे कि वहाँ प्रकाश पहले से ही वर्तमान था। अंधकार कभी था ही नहीं, दुर्बलता कभी नहीं थी, हम लोग मूर्ख होने के कारण ही चिल्लाते हैं कि हम दुर्बल हैं, मूर्खतावश ही चिल्लाते हैं कि हम अपवित्र हैं। जिस क्षण तुम कहते हो, 'मैं मर्त्य क्षुद्र जीवन हूँ', उसी क्षण तुम झूठ बोलते हो; तुम मानो सम्मोहन द्वारा अपने को अधम, दुर्बल, अभागा बना डालते हो।

वेदांत कहता है कि सबसे बड़ा भ्रम है—अपने को दुर्बल, पापी, हतभाग्य कहना। यह कहना कि मुझमें कुछ भी शक्ति नहीं है, मैं यह नहीं कर सकता, आदि-आदि। कारण—जब तुम इस प्रकार सोचने लगते हो, तभी मानो तुम बंधन-शृंखला में एक कड़ी और जोड़ देते हो, अपने आत्मा पर सम्मोहन की एक पर्त और जमा देते हो। अतएव, जो कोई अपने को दुर्बल समझता है, वह भ्रांत है, जो अपने को अपवित्र मानता है, वह भ्रांत है; वह जगत् में एक असत् विचार प्रवाहित करता है। हमारे द्वारा स्वीकृत इस मिथ्या जीवन का परित्याग करने के लिए कहा गया है और ऐसा होने पर ही उसके पीछे जो सत्य जीवन सदा वर्तमान है, वह प्रकाशित होगा, व्यक्त होगा। यह नहीं कि मनुष्य पहले की अपेक्षा अधिक पवित्र हो जाता है, बात केवल अधिकाधिक अभिव्यक्ति की है। आवरण हटता जाता है और आत्मा की स्वाभाविक पवित्रता प्रकाशित होने लगती है। यह अनंत पवित्रता, मुक्त स्वभाव, प्रेम और ऐश्वर्य पहले से ही हममें है। प्रत्यक्ष जीवन को आदर्श के साथ समन्वित करना पड़ेगा, वर्तमान जीवन को अनंत जीवन के साथ एकरूप करना होगा।

ये नीतिशास्त्र के सिद्धांत हैं, अब हमें नीचे उतरकर ब्योरों का निरूपण करना होगा। हमें देखना है कि किस प्रकार यह वेदांत हमारे दैनिक जीवन में, नागरिक जीवन में, ग्राम्य जीवन में, राष्ट्रीय जीवन में और प्रत्येक राष्ट्र के घरेलू जीवन में परिणत किया जा सकता है।

आत्मविश्वास का आदर्श ही हमारी सबसे अधिक सहायता कर सकता है। यदि इस आत्मविश्वास का और भी विस्तृत रूप से प्रचार होता तथा यह कार्यरूप में परिणत हो जाता, तो मेरा दृढ़ विश्वास है कि जगत् में जितना दुःख और अशुभ है, उसका अधिकांश गायब हो जाता। मानवजाति के समग्र इतिहास में सभी महान् स्त्री-पुरुषों में यदि कोई महान् प्रेरणा सबसे अधिक सशक्त रही है तो वह है, यही आत्मविश्वास। वे इस ज्ञान के साथ पैदा हुए थे कि वे महान् बनेंगे और वे महान् बने भी। मनुष्य कितनी ही अवनति की अवस्था को क्यों नहीं पहुँच जाए, एक समय ऐसा अवश्य आता है, जब वह उससे बेहद आर्त होकर एक ऊर्ध्वगामी मोड़ लेता है और अपने में विश्वास

करना सीखता है, किंतु हम लोगों को इसे शुरू से ही जान लेना अच्छा है। जिसमें आत्मविश्वास नहीं है, वहीं नास्तिक है। नूतन धर्म कहता है, जो आत्मविश्वास नहीं रचता, वही नास्तिक है, किंतु यह विश्वास केवल इस क्षुद्र 'मैं' को लेकर नहीं है। इस विश्वास का अर्थ है—सबके प्रति विश्वास, क्योंकि तुम ही सब हो। अपने प्रति प्रेम का अर्थ है—सब प्राणियों से प्रेम, समस्त पशु-पक्षियों से प्रेम, सब वस्तुओं से प्रेम, क्योंकि तुम सब एक हो। यही महान् विश्वास जगत् को अधिक अच्छा बना सकेगा। यही मेरी दृढ़ धारणा है। वही सर्वश्रेष्ठ मनुष्य है, जो सच्चाई के साथ कह सकता है , "मैं अपने संबंध में सबकुछ जानता हूँ।" क्या तुम जानते हो कि तुम्हारी इस देह के भीतर कितनी शक्ति, कितनी क्षमता, कितने प्रकार के बल अब भी छिपे पड़े हैं, मनुष्य में जो है, उस सबका ज्ञान कौन सा वैज्ञानिक प्राप्त कर सकता है? लाखों वर्षों से मनुष्य पृथ्वी पर है, किंतु अभी तक उसकी शक्ति का पारमाणिक अंश मात्र ही प्रकाशित हुआ है। अतएव तुम कैसे अपने को जबरदस्ती दुर्बल कहते हो? तुम्हारे पीछे है, शक्ति और आनंद का अपार सागर।

जगत् इस महान् आदर्श की घोषणा से प्रतिध्वनित हो, सब कुसंस्कार दूर हों। दुर्बल मनुष्यों को यही सुनाते रहो, लगातार सुनाते रहो, "तुम शुद्धस्वरूप हो, उठो, जाग्रत् हो जाओ! हे शक्तिमान, यह नींद तुम्हें शोभा नहीं देती। जागो, उठो, यह तुम्हें शोभा नहीं देता। अपने को दुर्बल और दुःखी मत समझो! हे शक्तिमान, उठो, जाग्रत् होओ, अपना स्वरूप प्रकाशित करो! तुम अपने को पापी समझते हो, यह तुम्हारे लिए उचित नहीं है।" जगत् से यही कहते रहो, अपने से यही कहते रहो। देखो इसका क्या व्यावहारिक फल होता है; देखो, कैसे तत्क्षण सभी वस्तुएँ प्रकाशित हो उठती हैं और सबकुछ कैसे परिवर्तित हो जाता है, मनुष्य जाति को यह बतलाओ और उसे उसकी शक्ति दिखा दो। तभी हम अपने दैनंदिन जीवन में उसका प्रयोग करना सीख सकेंगे।

जिसे हम विवेक या सद्असत्-विचार कहते हैं, उसका अपने जीवन के प्रतिक्षण में एवं प्रत्येक कार्य में उपयोग करने की क्षमता प्राप्त करने के लिए हमें सत्य की कसौटी जान लेनी चाहिए और वह है, पवित्रता तथा एकत्व का

ज्ञान। जिससे एकत्व स्थापित हो, वही सत्य है। प्रेम सत्य है; घृणा असत्य है, क्योंकि वह अनेकत्व को जन्म देती है। घृणा ही मनुष्य को मनुष्य से पृथक् करती है। अतएव वह गलत और मिथ्या है; यह एक विघटक शक्ति है; वह पृथक् करती है, नाश करती है।

प्रेम जोड़ता है, प्रेम एकत्व स्थापित करता है। सभी एक हो जाते हैं—माँ संतान के साथ, परिवार नगर के साथ, संपूर्ण जगत् पशु-पक्षियों के साथ एकीभूत हो जाता है, क्योंकि प्रेम ही सत् है, प्रेम ही भगवान् है और यह सभी कुछ उसी एक प्रेम का ही न्यूनाधिक प्रकाश है। प्रभेद केवल मात्रा के तारतम्य में है, किंतु वास्तव में सभी कुछ उसी एक प्रेम की ही अभिव्यक्ति है। अतएव हम लोगों को यह देखना चाहिए कि हमारे कर्म अनेकत्व-विधायक हैं अथवा एकत्व-संपादक। यदि वे अनेकत्व-विधायक हैं, तो उनका त्याग करना होगा और यदि वे एकत्व-संपादक हैं, तो उन्हें सत्कर्म समझना चाहिए। इसी प्रकार विचारों के संबंध में भी सोचना चाहिए। देखना चाहिए कि उनसे विघटन या अनेकत्व उत्पन्न होता है या एकत्व और वे एक आत्मा को दूसरी आत्मा से मिलाकर एक महान् शक्ति उत्पन्न करते हैं या नहीं। यदि करते हैं, तो ऐसे विचारों को अंगीकार करना चाहिए, अन्यथा उन्हें अपराध मानकर त्याग देना चाहिए।

वेदांत के नीतिशास्त्र का सार यही है कि वह किसी अज्ञेय तत्त्व पर आधारित नहीं है, वह किसी अज्ञात तत्त्व का उपदेश नहीं करता, वरन् उपनिषदों की भाषा में कहता है, "जिस ईश्वर की हम एक अज्ञात ईश्वर के रूप में उपासना करते हैं, मैं तुम्हें उसी का उपदेश कर रहा हूँ।" तुम जो कुछ जानते हो, आत्मा द्वारा ही जानते हो। मैं इस कुरसी का ज्ञान पा रहा हूँ, किंतु इस कुरसी को देखने से पहले मुझे अपनी आत्मा का ज्ञान होता है, उसके बाद कुरसी का। इस आत्मा में और उसके द्वारा ही इस कुरसी का ज्ञान होता है। इस आत्मा में और उसके द्वारा ही मुझे तुम्हारा ज्ञान होता है, संपूर्ण जगत् का ज्ञान होता है। अतएव आत्मा को अज्ञात कहना केवल प्रलाप है। आत्मा को हटा लेने से संपूर्ण जगत् ही विलुप्त हो जाता है। आत्मा द्वारा ही संपूर्ण ज्ञान होता है।

वेदांत के नीतिशास्त्र के इन सभी तत्त्वों को और भी विस्तृत रूप से कहना पड़ेगा। तुम क्या किसी दूसरे के लिए हृदय से अनुभव करते हो? यदि करते हो तो तुम्हारे हृदय में एकत्व का भाव बढ़ रहा है। यदि नहीं करते, तो तुम अत्यंत बुद्धिमान भले ही हो सकते हो, किंतु तुम कुछ नहीं हो, तुम केवल शुष्क बुद्धि हो और वही बने रहोगे। यदि तुम हृदय से अनुभव करते हो, तो एक भी पुस्तक न पढ़ सकने पर, कोई भाषा न जानने पर भी, तुम ठीक रास्ते पर चल रहे हो। ईसा की भाँति हृदयवान बनो, तुम भी ईसा हो जाओगे; बुद्ध के समान हृदयवान बनो, तुम भी बुद्ध बन जाओगे। भावना ही जीवन है, भावना ही बल है, वेदांत के नीतिशास्त्र में यह एक सर्वाधिक व्यावहारिक बात है।

वेदांती कहते हैं, इन समस्त प्रतीयमान अशुभ का कारण है—असीम का सीमाबद्ध भाव। जो प्रेम सीमाबद्ध क्षुद्र भावापन्न हो जाता है तथा अशुभ प्रतीत होता है, वही फिर चरमावस्था में स्वयं को ईश्वररूप में प्रकाशित करता है और वेदांत यह भी कहता है कि इस आपात प्रतीयमान संपूर्ण अशुभ का कारण हमारे भीतर ही है। किसी देवी-देवता को दोष न दो अथवा निराशा या विषण्ण न होओ, अथवा यह भी न सोचो कि तुम गर्त के बीच पड़े हो और जब तक कोई दूसरा आकर तुम्हारी सहायता नहीं करता, तब तक तुम इससे निकल नहीं सकते।

वेदांत कहता है, दूसरे की सहायता से हमारा कुछ नहीं हो सकता। हम रेशम के कीड़े के समान हैं। अपने ही शरीर से अपने आप जाल बनाकर उसी में आबद्ध हो गए हैं, किंतु यह बद्धभाव चिरकाल के लिए नहीं है। हमें जो समझ लेना है, वह यह है कि जिन्हें हम भूलें या अशुभ कहते हैं, उन्हें हम दुर्बल होने के कारण करते हैं और अज्ञानी होने के कारण ही हम दुर्बल हैं। मैं 'पाप' शब्द की बजाय 'भूल' शब्द का प्रयोग अधिक उपयुक्त समझता हूँ। पाप शब्द यद्यपि मूलत: एक बड़ा अच्छा शब्द था, किंतु अब उसमें व्यंजना आ गई है, उससे मुझे भय लगता है। हमें किसने अज्ञानी बनाया है? स्वयं हमने। हम लोग स्वयं अपनी आँखों पर हाथ रखकर 'अँधेरा, अँधेरा' चिल्लाते

हैं। हाथ हटा लो और प्रकाश हो जाएगा, देखोगे कि मानव की प्रकाशस्वरूप आत्मा के रूप में प्रकाश सदा विद्यमान रहता है। तुम्हारे आधुनिक वैज्ञानिक क्या कहते हैं, यह क्यों नहीं देखते, इस क्रमविकास का क्या कारण है?— वासना-इच्छा। पशु कुछ करना चाहता है, किंतु परिवेश अनुकूल नहीं पाता, इसलिए वह एक नूतन शरीर धारण कर लेता है। यह शरीर कौन बनाता है? स्वयं वह पशु, उसकी इच्छा। तुम निम्नतम जीवाणु से अपनी इच्छाशक्ति के कारण विकसित हुए हो। अपनी इस इच्छाशक्ति का प्रयोग करते रहो और भी अधिक उन्नत हो जाओगे। इच्छा सर्वशक्तिमान है। तुम कहोगे, यदि इच्छा सर्वशक्तिमान है, तो मैं हर बात क्यों नहीं कर पाता? उत्तर यह है कि तुम जब ऐसी बातें करते हो, उस समय केवल अपने क्षुद्र 'मैं' की ओर देखते हो। सोचकर देखो, तुम क्षुद्र जीवाणु से इतने बड़े मनुष्य हो गए। किसने तुम्हें मनुष्य बनाया? तुम्हारी अपनी इच्छाशक्ति ने ही। यह इच्छाशक्ति सर्वशक्तिमान है, तुम क्या फिर यह अस्वीकार कर सकते हो? जिसने तुम्हें इतना उन्नत बना दिया, वह तुम्हें और उन्नत कर सकती है। तुमको आवश्यकता है, चरित्र की इच्छाशक्ति को सबल बनाने की।

अतएव यदि मैं तुम्हें यह उपदेश दूँ कि तुम्हारी प्रकृति असत् है और यह कहूँ कि तुमने कुछ भूलें की हैं, इसलिए अब तुम अपना जीवन केवल पश्चात्ताप करने तथा रोने-धोने में ही बिताओ, तो इससे तुम्हारा कुछ भी उपकार न होगा, वरन् उससे तुम और भी दुर्बल हो जाओगे। ऐसा करना तुम्हें सत्पथ की बजाय असत्पथ दिखाना होगा। यदि हजारों साल इस कमरे में अँधेरा रहे और तुम कमरे में आकर 'हाय! बड़ा अँधेरा है! बड़ा अँधेरा है!' कह-कहकर रोते रहो, तो क्या अँधेरा चला जाएगा? कभी नहीं। एक दियासलाई जलाते ही कमरा प्रकाशित हो उठेगा। अतएव जीवन भर 'मैंने बहुत दोष किए हैं, मैंने बहुत अन्याय किया है', यह सोचते रहने से क्या तुम्हारा कुछ भी उपकार हो सकेगा? हममें बहुत से दोष हैं, यह किसी को बतलाना नहीं पड़ता। ज्ञानाग्नि प्रज्वलित करो, एक क्षण में सब अशुभ चला जाएगा। अपना चरित्र बनाओ और अपने प्रकृत स्वरूप को पहचानो, प्रकृत

'मैं' को उसी ज्योतिर्मय उज्ज्वल, नित्यशुद्ध आत्मा को प्रकाशित करो। प्रत्येक व्यक्ति में उसी आत्मा को जगाओ।

विश्व के इतिहास से यह स्पष्ट है कि जिन्होंने अपने इस क्षुद्र व्यक्तित्व को एकदम भुला दिया था, वे ही मानवजाति के सर्वोत्तम हितैषी थे और स्त्री या पुरुष जितना ही अधिक अपने संबंध में सोचते हैं, वे दूसरों के लिए उतना ही कम कर पाते हैं। इनमें से एक है, निस्स्वार्थपरता और दूसरी है, स्वार्थपरता। इन छोटे-छोटे भोगसुखों में आसक्त रहना और उनकी निरंतरता तथा पुनरावृत्ति चाहना घोर स्वार्थ है। ऐसी मनोवृत्ति सत्यानुराग अथवा दूसरों के प्रति दयालु भाव के कारण नहीं होती। इसकी उत्पत्ति का एकमात्र कारण है—घोर स्वार्थपरता। दूसरे किसी की ओर दृष्टि न रखकर केवल अपनी ही भोगवृत्ति के भाव से इसका जन्म होता है। कम-से-कम मुझे तो यही जान पड़ता है। संसार में मैं प्राचीन महापुरुष और साधुओं के समान चरित्रशाली व्यक्ति और देखना चाहता हूँ। वे एक क्षुद्र पशु तक के उपकारार्थ सौ-सौ जीवन त्यागने के लिए तैयार थे।

मैं गौतम बुद्ध के समान चरित्रशाली लोग देखना चाहता हूँ। बुद्धदेव सगुण ईश्वर अथवा व्यक्तिगत आत्मा में विश्वास नहीं करते थे, उस विषय में कभी प्रश्न ही नहीं करते थे, उस विषय में पूर्ण अज्ञेयवादी थे, किंतु वे सबके लिए अपने प्राण तक देने को प्रस्तुत थे। आजन्म दूसरों का उपकार करने में रत रहते तथा सदैव इसी चिंता में मग्न रहते थे कि दूसरों का उपकार किस प्रकार हो। उनके जीवन-चरित्र लिखनेवालों ने ठीक ही कहा है कि उन्होंने 'बहुजन हिताय, बहुजन सुखाय' जन्म ग्रहण किया था। इतना ही नहीं, वे अपनी भक्ति तक के लिए वन में तप करने नहीं गए। वे सोचते थे, 'दुनिया जली जा रही है और इसे बचाने को कोई उपाय मुझे खोज निकालना चाहिए।' उनके समस्त जीवन में यही एक चिंता थी कि जगत् में इतना दुःख क्यों है? महान् बुद्धदेव ने द्वैतवादियों के देवता, ईश्वर आदि की किंचित् भी चिंता नहीं की, उन्हें नास्तिक तथा भौतिकवादी कहा गया है, पर वे एक साधारण बकरी तक के लिए प्राण देने को प्रस्तुत थे। उन्होंने मानवजाति में सर्वोच्च नीति का

प्रचार किया। जहाँ कहीं आप किसी प्रकार का नीतिविधान पाएँगे, वहीं देखेंगे कि उनका प्रभाव, उनका प्रकाश जगमगा रहा है।

जगत् के इन सब विशाल हृदय व्यक्तियों को आप किसी संकीर्ण दायरे में बाँधकर नहीं रख सकते, विशेषत: आज, जबकि मनुष्यजाति के इतिहास में एक ऐसा समय आ गया है और सब प्रकार के ज्ञान की ऐसी उन्नति हुई है, जिसकी किसी ने सौ वर्ष पूर्व स्वप्न में भी कल्पना नहीं की थी, यहाँ तक कि पचास वर्ष पूर्व जो किसी ने स्वप्न में भी नहीं सोचा था, ऐसे वैज्ञानिक ज्ञान का स्रोत बह चला है। ऐसे समय में क्या लोगों को अब भी इस प्रकार के संकीर्ण भावों में आबद्ध करके रखा जा सकता है? हाँ, लोग यदि बिल्कुल पशुतुल्य, विचारहीन जड़ पदार्थ के समान हो जाएँ, तो भले ही यह संभव हो। इस समय आवश्यकता है उच्चतम ज्ञान के साथ उच्चतम हृदय की, अनंत ज्ञान के साथ अनंत प्रेम के योग की।

वेदांती भगवान् के बस ये ही गुण बतलाते हैं—अनंत सत्ता, अनंत ज्ञान, अनंत आनंद और वे कहते हैं कि ये तीनों एक हैं। ज्ञान और आनंद के बिना सत्ता कभी रह ही नहीं सकती। ज्ञान भी बिना आनंद के नहीं रह सकता। हमें अनंत सत्ता, अनंत ज्ञान और अनंत आनंद का समन्वय चाहिए, यही हमारा लक्ष्य है। हमें समन्वय चाहिए, एकदेशीय विकास नहीं और शंकराचार्य की बुद्धि के साथ बुद्धदेव के हृदय का योग होना संभव है। मैं आशा करता हूँ कि इस पुनीत योग की उपलब्धि के निमित्त हम सभी प्रयत्न करेंगे।

भगवान् बुद्ध ने धर्म के प्राय: सभी अन्यान्य पहलुओं को कुछ समय के लिए दूर रखकर केवल दु:खों से पीड़ित संसार की सहायता करने के महान् कार्य को प्रधानता दी थी, परंतु फिर भी स्वार्थपूर्ण 'मैं' पन के खोखलेपन के महान् सत्य का अनुभव करने के निमित्त आत्मानुसंधान में उन्हें भी अनेक वर्ष बिताने पड़े थे। भगवान् बुद्ध से अधिक निस्स्वार्थ तथा अथक कर्मी हमारी उच्च-से-उच्च कल्पना के भी परे है, परंतु फिर भी उनकी अपेक्षा और किसे समस्त विषयों का रहस्य जानने के लिए इतना प्रबल संग्राम करना पड़ा? यह चिरंतन सत्य है कि जो कार्य जितना महान् होता है, उसके पीछे सत्यानुभूति

की उतनी ही अधिक शक्ति विद्यमान रहती है। किसी पूर्वनिर्धारित महान् योजना को ब्योरेवार कार्यरूप में परिणत करने के लिए भले ही अधिक एकाग्र चिंतन की आवश्यकता न पड़े, परंतु प्रबल शक्ति-तरंगें केवल प्रबल एकाग्रता का ही परिणाम हैं। सामान्य चेष्टाओं के लिए संभव है केवल कोई मतवाद ही पर्याप्त हो सके, परंतु जिस तनिक हिलाव से एक छोटी सी लहर की उत्पत्ति होती है, वह हिलाव उस आवेग से अवश्य ही नितांत भिन्न है, जो एक प्रचंड तरंग को उत्पन्न कर देता है, परंतु फिर भी यह छोटी सी लहर उस प्रचंड तरंग को उत्पन्न करनेवाली शक्ति के एक अल्पांश का ही विकास है।

बुद्ध ही एक व्यक्ति थे, जो पूर्णतया तथा यथार्थ में निष्काम कहे जा सकते हैं। ऐसे अन्य कई महापुरुष थे, जो अपने को ईश्वर का अवतार कहते थे और विश्वास दिलाते थे कि जो उनमें श्रद्धा रखेंगे, वे स्वर्ग प्राप्त कर सकेंगे, पर बुद्ध के अधरों पर अंतिम क्षण तक ये ही शब्द थे, "अपनी उन्नति अपने ही प्रयत्नों से होगी। अन्य कोई इसमें तुम्हारा सहायक नहीं हो सकता। स्वयं अपनी मुक्ति प्राप्त करो।" अपने संबंध में भगवान् बुद्ध कहा करते थे, "बुद्ध शब्द का अर्थ है—आकाश के समान अनंत ज्ञानसंपन्न मुझ गौतम को यह अवस्था प्राप्त हो गई है। तुम भी यदि प्राणपण से प्रयत्न करो, तो उस स्थिति को प्राप्त कर सकते हो।" बुद्ध ने अपनी सब कामनाओं पर विजय पा ली थी। उन्हें स्वर्ग जाने की कोई लालसा न थी और न ऐश्वर्य की ही कोई कामना थी। अपने राजपाट और सर्वविध सुखों को तिलांजलि दे, इस राजकुमार ने अपना सिंधु सा विशाल हृदय लेकर नर-नारी तथा जीव-जंतुओं के कल्याण हेतु आर्यावर्त की वीथी-वीथी में भ्रमण कर भिक्षावृत्ति से जीवन-निर्वाह करते हुए अपने उपदेशों का प्रचार किया।

जगत् में वे ही एकमात्र ऐसे थे, जो यज्ञों से पशुबलि-निवारण हेतु, किसी प्राणी के जीवनरक्षार्थ अपना जीवन भी न्योछावर करने को तत्पर रहते थे। एक बार उन्होंने एक राजा से कहा, "यदि किसी निरीह पशु के होम करने से तुम्हें स्वर्ग-प्राप्ति हो सकती है, तो मनुष्य के होम से और किसी उच्च फल की प्राप्ति होगी। राजन्, उस पशु के पाश काटकर मेरी आहुति दे दो,

शायद तुम्हारा अधिक कल्याण हो सके।" राजा स्तब्ध हो गया! इस प्रकार हम देखते हैं कि भगवान् बुद्ध पूर्णरूप से निष्काम थे। वे कर्मयोग के ज्वलंत आदर्शस्वरूप थे और जिस उच्चावस्था पर वे पहुँच गए थे, उससे प्रतीत होता है कि कर्मशक्ति द्वारा हम भी उच्चतम आध्यात्मिक स्थिति को प्राप्त कर सकते हैं।

ईश्वर में विश्वास रखने से अनेक व्यक्तियों का मार्ग सुगम हो जाता है, किंतु बुद्ध का चरित्र बताता है कि एक ऐसा व्यक्ति भी, जो नास्तिक है, जिसका किसी दर्शन में विश्वास नहीं, जो न किसी संप्रदाय को मानता है और न किसी मंदिर-मसजिद में ही जाता है, जो खुले तौर से जड़वादी है, परमोच्च अवस्था प्राप्त कर सकता है। बुद्ध के मतामत या कार्यकलापों के मूल्यांकन करने का हमें कोई अधिकार नहीं। उनके विशाल हृदय का सहस्रांश पाकर भी मैं स्वयं को धन्य मानता। बुद्ध की आस्तिकता या नास्तिकता से मुझे कोई मतलब नहीं। उन्हें भी वह पूर्णावस्था प्राप्त हो गई थी, जो अन्य जन भक्ति, ज्ञान या योग के मार्ग से प्राप्त करते हैं। केवल इसमें विश्वास करने से ही पूर्णता प्राप्त नहीं होती, कल्पना से कोई अर्थसिद्धि नहीं होती। यह तो शुक-सारिका भी कर लेते हैं। केवल निष्काम कर्म ही मनुष्य को पूर्णत्व तक पहुँचा सकता है। केवल वही व्यक्ति सबकी अपेक्षा उत्तम रूप से कार्य करता है, जो पूर्णतया निस्स्वार्थ है, जिसे न धन की लालसा है, न कीर्ति की और न किसी अन्य वस्तु की ही और मनुष्य जब ऐसा करने में समर्थ हो जाएगा, तो वह भी एक बुद्ध बन जाएगा और उसके भीतर से ऐसी शक्ति प्रकट होगी, जो संसार की अवस्था का संपूर्ण रूप से परिवर्तित कर सकती है। वस्तुत: ऐसा ही व्यक्ति कर्मयोग के चरम आदर्श का एक ज्वलंत उदाहरण है।

आवश्यक नैतिक गुण

अपने बच्चों को जो कुछ तुम देते हो, उसके बदले में उनसे क्या कुछ माँगते हो ? यह तो तुम्हारा कर्तव्य है कि तुम उनके लिए काम करो और बस, वहीं पर बात समाप्त हो जाती है। इसी प्रकार किसी दूसरे पुरुष, किसी नगर

अथवा देश के लिए तुम जो कुछ करो, उसके प्रति भी वैसा ही भाव रखो, उनसे किसी प्रकार के बदले की आशा न रखो।

मनुष्य के चरित्र का नियमन करनेवाली दो चीजें होती हैं—बल और दया। बल का प्रयोग करना सदैव स्वार्थपरता ही होता है। बहुधा सभी स्त्री-पुरुष अपनी शक्ति एवं सुविधा का यथासंभव उपभोग करने का प्रयत्न करते हैं। दया दैवी-संपत्ति है। भले बनने के लिए हमें दयायुक्त होना चाहिए; यहाँ तक कि न्याय और अधिकार भी दया पर ही प्रतिष्ठित होने चाहिए। कर्मफल की लालसा से अंत में क्लेश उत्पन्न होता है। दया और निस्स्वार्थपरता को कार्यरूप में परिणत करने का एक और उपाय है, वह है—कर्मों को उपासनारूप मानना, यदि हम सगुण ईश्वर में विश्वास रखते हों।

सेवा

दूसरों की शारीरिक आवश्यकताओं का निवारण करके उनकी भौतिक सहायता करना महान् कर्म अवश्य है, परंतु अभाव की मात्रा जितनी अधिक होती है तथा सहायता जितनी अधिक दूर तक अपना असर कर सकती है, उसी मात्रा में वह उच्चतर होती है। यदि एक मनुष्य के अभाव एक घंटे के लिए हटाए जा सकें, तो यह उससे भी अधिक सहायता है; पर यदि उसके अभाव सदा के लिए दूर कर दिए जाएँ, तो सचमुच वह उसके लिए सबसे अधिक सहायता होगी। केवल आध्यात्मिक ज्ञान ही ऐसा है, जो हमारे दुःखों को सदा के लिए नष्ट कर सकता है।

सच्चे सुख और यथार्थ सफलता का महान् रहस्य यह है कि बदले में कुछ भी न चाहना। निस्स्वार्थ व्यक्ति ही सबसे अधिक सफल व्यक्ति होता है। कुछ भी न माँगो, बदले में कोई चाह न रखो। तुम्हें जो कुछ देना हो, दे दो। वह तुम्हारे पास वापस आ जाएगा; लेकिन आज ही उसका विचार मत करो। वह हजार गुना वापस आएगा, पर तुम अपनी दृष्टि उधर मत रखो। देने की ताकत पैदा करो। दे दो और बस खत्म हो गया।

कर्तव्य

'श्रीमद्भगवद्गीता' में जन्मगत तथा अवस्थागत कर्तव्यों का बारंबार वर्णन हुआ है। जीवन के विभिन्न कर्तव्यों के प्रति मनुष्य का जो मानसिक और नैतिक दृष्टिकोण रहता है, वह अनेक अंशों में उसके जन्म और उसकी अवस्था द्वारा नियमित होता है। इसीलिए जिस समाज में हमारा जन्म हुआ हो, उसके आदर्शों और व्यवहार के अनुरूप उदात्त एवं उन्नत बनानेवाले कार्य करना ही हमारा कर्तव्य है।

हमें जो एक बात विशेष रूप से ध्यान में रखनी चाहिए, वह यह है कि हम दूसरे के कर्तव्यों को उसी की दृष्टि से देखें, दूसरों के रीति-रिवाजों को अपने रीति-रिवाज के मापदंड से न जाँचें। मैं विश्व भर के लिए मापदंड नहीं हूँ। हमीं को संसार के साथ मिल-जुलकर चलना होगा, न कि संसार को हमारे साथ। इस प्रकार हम देखते हैं कि देश-काल-पात्र के अनुसार हमारे कर्तव्य बदल जाते हैं और सबसे श्रेष्ठ कर्म तो यह है कि जिस विशिष्ट समय पर हमारा जो कर्तव्य हो, उसी को हम भलीभाँति निभाएँ। पहले तो हमें जन्म से प्राप्त कर्तव्य को करना चाहिए और उसे कर चुकने के बाद, समाज और जीवन में हमारी स्थिति के अनुसार जो कर्तव्य हो, उसे संपन्न करना चाहिए। मानव-स्वभाव की एक विशेष कमजोरी यह है कि वह स्वयं अपनी ओर कभी नजर नहीं डालता। वह तो सोचता है कि मैं भी राजा के सिंहासन पर बैठने के योग्य हूँ और यदि मान लिया जाए कि वह है भी, तो सबसे पहले उसे यह दिखा देना चाहिए कि वह अपनी वर्तमान स्थिति का कर्तव्य भलीभाँति कर चुका है; ऐसा होने पर तब उसके सामने उच्चतर कर्तव्य आएँगे। जब संसार में हम लगन से काम शुरू करते हैं, तो प्रकृति हमें चारों ओर से धक्के देने लगती है और शीघ्र ही हमें इस योग्य बना देती है कि हम अपनी स्थिति निर्धारित कर सकें। जो जिस पद के योग्य नहीं है, वह दीर्घकाल तक उसमें रहकर सबको संतुष्ट नहीं कर सकता। अतएव प्रकृति हमारे लिए जिस कर्तव्य का विधान करती है, उसका विरोध करना व्यर्थ है। यदि कोई मनुष्य छोटा कार्य करे तो उसी कारण वह छोटा नहीं कहा जा सकता। कर्तव्य के केवल

ऊपरी रूप से ही मनुष्य की उच्चता या नीचता का निर्णय करना उचित नहीं, देखना तो यह चाहिए कि वह अपना कर्तव्य किस भाव और ढंग से करता है।

कर्मफल में आसक्ति रखनेवाला व्यक्ति अपने भाग्य में आए हुए कर्तव्य पर भिनभिनाता है। अनासक्त पुरुष को सब कर्तव्य समरूप से शुभ हैं। उसके लिए तो वे कर्तव्य स्वार्थपरता तथा इंद्रियपरायणता को नष्ट करके आत्मा को मुक्त कर देने के लिए शक्तिशाली साधन हैं। हम सब अपने को बहुत बड़ा मानते हैं। प्रकृति ही सदैव कड़े नियम से हमारे कर्मों के अनुसार उचित कर्मफल का विधान करती है, इसलिए अपनी ओर से चाहे हम किसी कर्तव्य को स्वीकार करने के लिए भले ही अनिच्छुक हों, फिर भी वास्तव में हमारे कर्मफल के अनुसार ही हमारे कर्तव्य निर्दिष्ट होंगे। स्पर्धा से ईर्ष्या उत्पन्न होती है और उससे हृदय की कोमलता नष्ट हो जाती है। भिनभिनाते रहनेवाले पुरुष के लिए सभी कर्तव्य नीरस होते हैं। उसे कभी किसी चीज में संतोष नहीं होता और फलस्वरूप उसका जीवन दूभर हो उठना और असफल हो जाना स्वाभाविक है। हमें चाहिए कि हम काम करते रहें; जो कुछ भी हमारा कर्तव्य हो, उसे करते रहें; अपना कंधा सदैव काम में भिड़ाए रखें और तभी हमारा पथ ज्ञानालोक से आलोकित हो जाएगा।

कर्तव्य का पालन शायद ही कभी मधुर होता हो। कर्तव्य-चक्र तभी हल्का और आसानी से चलता है, जब उसके पहियों में प्रेमरूपी चिकनाई लगी होती है, अन्यथा वह एक अविराम घर्षणमात्र है। यदि ऐसा न हो, तो माता-पिता अपने बच्चों के प्रति, बच्चे अपने माता-पिता के प्रति, पति अपनी पत्नी के प्रति तथा पत्नी अपने पति के प्रति अपना अपना कर्तव्य कैसे निभा सकें? क्या इस घर्षण के उदाहरण हमें अपने दैनिक जीवन में सदैव दिखाई नहीं देते? कर्तव्यपालन की मधुरता प्रेम में ही है और प्रेम का विकास केवल स्वतंत्रता में होता है, परंतु सोचो तो सही, इंद्रियों का, क्रोध का, ईर्ष्या का तथा मनुष्य के जीवन में प्रतिदिन होनेवाली अन्य सैकड़ों छोटी-छोटी बातों का गुलाम होकर रहना क्या स्वतंत्रता है? अपने जीवन के इन सब क्षुद्र संघर्षों में सहिष्णुता धारण करना ही स्वतंत्रता की सर्वोच्च अभिव्यक्ति है।

दूसरों के प्रति हमारे कर्तव्य का अर्थ है—दूसरों की सहायता करना, संसार का भला करना। अब प्रश्न उठता है कि हम संसार का भला क्यों करें? वास्तव में, बात यह है कि देखने में तो हम संसार का उपकार करते हैं, परंतु असल में हम अपना ही उपकार करते हैं। हमें सदैव संसार का उपकार करने की चेष्टा करनी चाहिए और कार्य करने में यही हमारा सर्वोच्च उद्‍देश्य होना चाहिए, परंतु यदि ध्यानपूर्वक देखा जाए, तो प्रतीत होगा कि इस संसार को हमारी सहायता की बिल्कुल आवश्यकता नहीं। यह संसार इसलिए नहीं बना है कि हम अथवा तुम आकर इसकी सहायता करें।

एक बार मैंने एक उपदेश पढ़ा था, वह इस प्रकार था—"यह सुंदर संसार बड़ा अच्छा है, क्योंकि इसमें हमें दूसरों की सहायता करने के लिए समय तथा अवसर मिलता है।" ऊपर से तो यह भाव सचमुच सुंदर है, परंतु यह कहना कि संसार को हमारी सहायता की आवश्यकता है, क्या घोर ईश्वरनिंदा नहीं है? यह सच है कि संसार में दुःख-कष्ट बहुत हैं, इसलिए लोगों की सहायता करना हमारे लिए सर्वश्रेष्ठ कार्य है; परंतु आगे चलकर हम देखेंगे कि दूसरों की सहायता करने का अर्थ है, अपनी ही सहायता करना। उपकार केवल इतना ही होता है कि हमें नैतिक शिक्षा मिलती है। यह संसार न तो अच्छा है, न बुरा। प्रत्येक मनुष्य अपने लिए अपना-अपना संसार बना लेता है। यदि एक नेत्रहीन संसार के बारे में सोचने लगे तो वह उसके समक्ष या तो मुलायम या कड़ा प्रतीत होगा, अथवा शीत या उष्ण। हम सुख या दुःख की समष्टि मात्र हैं। यह हमने अपने जीवन में सैकड़ों बार अनुभव किया है।

बहुधा नौजवान आशावादी होते हैं और वृद्ध निराशावादी। तरुण के सामने अभी उसका सारा जीवन पड़ा है, परंतु वृद्ध की केवल यही शिकायत रहती है कि उसका समय निकल गया; कितनी ही अपूर्ण इच्छाएँ उसके हृदय में मचलती रहती हैं, जिन्हें पूर्ण करने की शक्ति उसमें आज नहीं, परंतु हैं, दोनों ही मूर्ख। हमारी मानसिक अवस्था के अनुसार ही हमें यह संसार भला या बुरा प्रतीत होता है। स्वयं यह न तो भला है, न बुरा। अग्नि स्वयं न अच्छी है, न बुरी। जब यह हमें गरम रखती है, तो हम कहते हैं, "यह कितनी सुंदर

है!" परंतु जब इससे हमारी उँगली जल जाती है, तो इसे हम दोष देते हैं, परंतु फिर भी स्वयं न तो यह अच्छी है, न बुरी। जैसा हम इसका उपयोग करते हैं, तदनुरूप यह अच्छी या बुरी बन जाती है। यही हाल इस संसार का भी है। संसार स्वयं पूर्ण है। पूर्ण होने का अर्थ यह है कि इसमें सब प्रयोजनों को पूर्ण करने की क्षमता है। हमें यह निश्चित जान लेना चाहिए कि हमारे बिना भी यह संसार बड़े मजे से चलता जाएगा, हमें इसकी सहायता करने के लिए माथापच्ची करने की आवश्यकता नहीं।

परंतु फिर भी हमें सदैव परोपकार करते ही रहना चाहिए। यदि हम सदैव यह ध्यान रखें कि दूसरों की सहायता करना एक सौभाग्य है, तो परोपकार करने की इच्छा हमारी सर्वोत्कृष्ट प्रेरणाशक्ति है।" एक दाता के ऊँचे आसन पर खड़े होकर और हाथ में दो पैसे लेकर यह मत कहो, "ऐ भिखारी! ले, यह मैं तुझे देता हूँ।" परंतु तुम स्वयं इस बात के लिए कृतज्ञ होओ कि तुम्हें वह निर्धन व्यक्ति मिला, जिसे दान देकर तुमने स्वयं अपना उपकार किया। धन्य पानेवाला नहीं होता, देनेवाला होता है। इस बात के लिए कृतज्ञ होओ कि इस संसार में तुम्हें अपनी दयालुता का प्रयोग करने और इस प्रकार पवित्र एवं पूर्ण होने का अवसर प्राप्त हुआ।

पवित्रता

पवित्रता ही स्त्री और पुरुष का सर्वप्रथम धर्म है। ऐसा उदाहरण शायद ही कहीं हो कि एक पुरुष, वह चाहे जितना भी पथभ्रष्ट क्यों न हो गया हो, अपनी नम्र, प्रेमपूर्ण तथा पतिव्रता स्त्री द्वारा ठीक रास्ते पर न लाया जा सके। संसार अभी भी उतना गिरा नहीं है। ऐसा कौन सा पाशविक भाव है, जिसे पवित्रता और सतीत्व पराजित नहीं कर सकता? एक शुद्ध पतिव्रता स्त्री, जो अपने पति को छोड़कर अन्य सब पुरुषों को पुत्रवत् समझती है तथा उनके प्रति माता का भाव रखती है, धीरे-धीरे अपनी पवित्रता की शक्ति में इतनी उन्नत हो जाएगी कि एक अत्यंत पाशविक प्रवृत्तिवाला मनुष्य भी उसके सान्निध्य में पवित्र वातावरण का अनुभव करेगा। इसी प्रकार प्रत्येक पति को

अपनी स्त्री को छोड़कर अन्य सब स्त्रियों को अपनी माता, बहन अथवा पुत्री के समान देखना चाहिए।

मातृपद ही संसार में सबसे श्रेष्ठ पद है, क्योंकि यही एक ऐसी स्थिति है, जहाँ अधिक-से-अधिक निस्स्वार्थता की शिक्षा प्राप्त की जा सकती है, अधिक-से-अधिक निस्स्वार्थ कार्य किया जा सकता है। केवल भगवत्प्रेम ही माता के प्रेम से उच्च है, अन्य सब तो निम्न श्रेणी के हैं।

अहिंसा

मन को पूर्णतया वश में करने के लिए पूर्ण नैतिकता ही सबकुछ है। जो पूर्ण नैतिक है, उसे कुछ करना शेष नहीं, वह मुक्त है। जो पूर्ण नैतिक है, वह संभवतः किसी प्राणी या व्यक्ति की हिंसा नहीं करेगा। जो मुक्त होना चाहे, उसे अहिंसक बनना पड़ेगा। जिसमें पूर्ण अहिंसा का भाव है, उससे बढ़कर शक्तिशाली कोई नहीं है। उसकी उपस्थिति में न तो कोई लड़ सकता है और न झगड़ा कर सकता है। हाँ, वह जहाँ कहीं होगा, वहीं उसकी उपस्थिति मात्र से शांति और प्रेम उद्भूत होगा, दूसरी किसी वस्तु की आवश्यकता नहीं है। उसकी उपस्थिति में न तो कोई क्रुद्ध होगा, न लड़ेगा। उसके सामने पशु, हिंस्र पशु तक शांत रहेंगे।

साधनों का महत्त्व

अपने जीवन में मैंने जो श्रेष्ठतम पाठ पढ़े हैं, उनमें एक यह है कि किसी भी कार्य के साधनों के विषय में उतना ही सावधान रहना चाहिए, जितना कि उसके साध्य के विषय में। इस एक तत्त्व से मैं सर्वदा बड़े-बड़े पाठ सीखता आया हूँ और मेरा यह मत है कि सब प्रकार की सफलताओं की कुंजी इसी तत्त्व में है। साधनों की ओर भी उतना ही ध्यान देना आवश्यक है, जितना साध्य की ओर।

हमारे जीवन में एक बड़ा दोष यह है कि हम लक्ष्य पर ही अधिक ध्यान दिया करते हैं। हमारे लिए लक्ष्य इतना अधिक आकर्षक होता है, ऐसा मोहक

होता है और हमारे मन पर इतना प्रभाव डालता है कि उसकी प्राप्ति के साधनों की बारीकियाँ हमारी नजर से निकल जाती हैं।

लेकिन कभी असफलता मिलने पर हम यदि बारीकी से उसकी छानबीन करें, तो निन्यानबे प्रतिशत यही पाएँगे कि उसका कारण था, हमारा साधनों की ओर ध्यान न देना। हमें आवश्यकता है, अपने साधनों को मजबूत बनाने की और उन्हें पूर्ण रूप से कार्यक्षम करने के लिए उनकी ओर अधिक ध्यान देने की। यदि हमारे साधन बिल्कुल ठीक हैं, तो साध्य की प्राप्ति होगी ही। एक बार हमने ध्येय निश्चित कर लिया और उसके साधन पक्के कर लिये कि फिर हम ध्येय को लगभग छोड़ दे सकते हैं, क्योंकि हमें यह मालूम है कि यदि साधन दोषहीन है, तो साध्य प्राप्त होगा ही।

□

नैतिक अनुशासन का मूलमंत्र

समस्त नैतिक अनुशासन का मूलमंत्र क्या है ? 'नाहं नाहं, त्वमसि त्वमसि (मैं नहीं, मैं नहीं—तू ही, तू ही)।' हमारे पीछे जो 'अनंत' विद्यमान है, उसने अपने को बहिर्जगत् में व्यक्त करने के लिए इस 'अहं' का रूप धारण किया है। उसी से इस क्षुद्र 'मैं' की उत्पत्ति हुई है। अब इस 'मैं' को फिर पीछे लौटकर अपने अनंत स्वरूप में मिल जाना होगा। जितनी बार तुम कहते हो, 'मैं नहीं, मेरे भाई, वरन् तुम ही' उतनी ही बार तुम लौटने की चेष्टा करते हो और जितनी बार तुम कहते हो, 'तुम नहीं, मैं', उतनी बार अनंत को यहाँ अभिव्यक्त करने का तुम्हारा मिथ्या प्रयास होता है। इसी से संसार में प्रतिद्वंद्विता, संघर्ष और अनिष्ट की उत्पत्ति होती है, पर अंत में त्याग, अनंत त्याग का आरंभ होगा ही। यह 'मैं' मर जाएगा। अपने जीवन के लिए तब कौन यत्न करेगा ? यहाँ रहकर इस जीवन के उपभोग करने की व्यर्थ वासना और फिर इसके बाद स्वर्ग जाकर इसी तरह रहने की वासना, अर्थात् सर्वदा इंद्रिय और इंद्रिय-सुखों में लिप्त रहने की वासना ही मृत्यु को लाती है।

हम हीन होकर पशु हो गए हैं। अब हम फिर उन्नति के मार्ग पर चल रहे हैं और इस बंधन से बाहर होने का प्रयत्न कर रहे हैं, पर अनंत को यहाँ पूरी तरह अभिव्यक्त करने में हम कभी समर्थ न होंगे। हम प्राणपण से चेष्टा कर सकते हैं, परंतु देखेंगे कि यह असंभव है। अंत में एक समय आएगा, जब हम देखेंगे कि जब तक हम इंद्रियों में आबद्ध हैं, तब तक पूर्णता की प्राप्ति असंभव है। तब हम अपने मूल स्वरूप की ओर वापस जाने के लिए पीछे

लौट पड़ेंगे। इसी लौट आने का नाम है—त्याग। तब हम इस जाल में जिस प्रक्रिया द्वारा पड़ गए थे, उसको उलटकर उसमें से हमें बाहर निकल आना होगा। तभी नीति और दया-धर्म का आरंभ होगा।

सब प्रकार की नीति, शुभ तथा मंगल का मूलमंत्र 'मैं' नहीं, 'तुम' है। कौन सोचता है कि स्वर्ग और नरक हैं या नहीं, कौन सोचता है कि आत्मा है या नहीं, कौन सोचता है कि अनश्वर सत्ता है या नहीं? हमारे सामने यह संसार है और वह दुःख से परिपूर्ण है। बुद्ध के समान इस संसार-सागर में गोता लगाकर या तो इस संसार के दुःख को दूर करो या इस प्रयत्न में प्राण त्याग दो। अपने को भूल जाओ; आस्तिक हो या नास्तिक, अज्ञेयवादी ही हो या वेदांती, ईसाई हो या मुसलमान, प्रत्येक के लिए यही सबसे पहली शिक्षा है। यह शिक्षा, यह उपदेश सभी समझ सकते हैं—'मैं नहीं, मैं नहीं तुम ही हो, तुम ही हो'—क्षुद्र 'अहं' का नाश और प्रकृत आत्मा का विकास।

दो शक्तियाँ सदा समान भाव से कार्य कर रही हैं। एक 'अहं', 'मैं' और दूसरी 'नाहं', 'मैं नहीं'। ये दोनों शक्तियाँ केवल मनुष्यों में ही नहीं, पशुओं में भी देखी जाती हैं। यहाँ तक कि क्षुद्रतम कीटाणुओं में भी इन शक्तियों का विकास दीख पड़ता है। नर-रक्त की प्यासी लपलपाती जीभवाली बाघिन भी अपने बच्चे की रक्षा के लिए जान देने को प्रस्तुत रहती है। अत्यंत बुरा आदमी, जो अनायास ही अपने भाई का गला काट सकता है, वह भी भूख से मरती हुई अपनी स्त्री तथा बाल-बच्चों के लिए सबकुछ त्यागने को निःसंकोच तैयार रहता है। सृष्टि के भीतर ये दोनों शक्तियाँ पास-पास ही काम कर रही हैं। जहाँ एक शक्ति देखोगे, वहीं दूसरी भी दिख पड़ेगी। एक स्वार्थपरता है और दूसरी निस्स्वार्थपरता। एक है ग्रहण, दूसरी त्याग। एक लेती है, दूसरी देती है। क्षुद्रतम प्राणी से लेकर उच्चतम प्राणी तक समस्त ब्रह्मांड इन्हीं दोनों शक्तियों का लीलाक्षेत्र है। इसके लिए किसी प्रमाण की आवश्यकता नहीं, यह स्वतःप्रमाण है।

समाज के कुछ लोगों को यह कहने का क्या अधिकार है कि दुनिया का सारा कार्य और विकास, इन दोनों शक्तियों में से एक ही शक्ति पर, प्रतिद्वंद्विता

एवं संघर्ष पर ही आधारित है, यह बात कह देने का उन्हें क्या अधिकार है कि जगत् का सारा कार्य, राग, द्वेष, विवाद और प्रतिद्वंद्विता के ऊपर ही अधिष्ठित है ? ये सारी प्रवृत्तियाँ ही इस जगत् के अधिकांश व्यक्तियों को संचालित करती हैं, इसे हम अस्वीकार नहीं करते, किंतु उन्हें दूसरी शक्ति को बिल्कुल न मानने का क्या अधिकार है और क्या वे इसे अस्वीकार कर सकते हैं कि यह प्रेम, अहंशून्यता अथवा त्याग ही जगत् की एकमात्र भावरूपिणी शक्ति है ? दूसरी शक्ति इस 'नाहं' अथवा प्रेम-शक्ति का ही विपरीत रूप से प्रयोग करना है और उसी से प्रतिद्वंद्विता की उत्पत्ति होती है। अशुभ की उत्पत्ति भी निस्स्वार्थपरता से होती है और अशुभ का परिणाम भी शुभ के अतिरिक्त और कुछ नहीं है। वह केवल मंगल-विधायिनी शक्ति का दुरुपयोग मात्र है। एक व्यक्ति, जो दूसरे की हत्या करता है, वह भी प्राय: अपने पुत्रादि के प्रति स्नेह की प्रेरणा से ही एवं उनके लालन-पालन के लिए अपना प्रेम अन्य लाखों व्यक्तियों से हटाकर वह केवल अपनी संतान के प्रति दरशाता है, इस कारण उसका प्रेम ससीम भाव में परिणत हो जाता है, किंतु ससीम हो या असीम, वह मूलत: एक ही प्रेम है।

अतएव समग्र जगत् की परिचालक, जगत् में एकमात्र प्रकृत और जीवंत शक्ति वही एक अद्भुत वस्तु है। वह किसी भी आकार में व्यक्त क्यों न हो और वह है प्रेम, निस्स्वार्थपरता तथा त्याग।

मेरा उद्‌देश्य यहाँ यह दिखलाना है कि नैतिकता और निस्स्वार्थपरता के उच्चतम आदर्श उच्चतम दार्शनिक धारणा के साथ असंगत नहीं हैं, नैतिकता और नीतिशास्त्र की उपलब्धि के लिए तुमको अपनी दार्शनिक धारणा को नीचा नहीं करना पड़ता, वरन् नैतिकता और नीतिशास्त्र को ठोस आधार देने के लिए तुमको उच्चतम दार्शनिक और वैज्ञानिक धारणाएँ स्वीकार करनी होगी। मनुष्य का ज्ञान मनुष्य के मंगल का विरोधी नहीं है, वरन् जीवन के प्रत्येक विभाग में ही ज्ञान हमारी रक्षा करता है। ज्ञान ही उपासना है। हम जितना जान सकें, उसी में हमारा मंगल है।

मनुष्य एक छोटे बक्से में कुंडलित अनंत स्प्रिंग जैसा है, जो कि अपने को खोलने का प्रयत्न कर रहा है। हम लोग जो भी सामाजिक व्यवस्था

देखते हैं, वह इस अभिव्यक्ति का प्रयत्न मात्र है। जितने भी संघर्ष, बुराइयाँ या प्रतिद्वंद्विताएँ हम लोग अपने चारों ओर देखते हैं, वे इस अभिव्यक्ति के न कारण हैं और न कार्य ही। जैसा कि हमारे एक महान् तत्त्ववेत्ता ने कहा है—मान लो कि खेत की सिंचाई के लिए जलाशय कहीं ऊपर ऊँची सतह पर है और उसका जल उस खेत में तेजी से प्रवेश करने का प्रयत्न करता है; परंतु फाटक लगाकर उसकी गति अवरुद्ध कर दी गई है, परंतु जैसे ही फाटक खोल दिया जाता है, वह जल अपनी प्रकृति के अनुसार वेग से, रास्ते में धूल या गंदगी जो भी हो, उस पर प्रवाहित होने लगता है, परंतु यह धूल या गंदगी मनुष्य के दिव्य स्वरूप की अभिव्यक्ति के न तो कार्य हैं और न कारण। वे तो उसके साथ-साथ ही रहनेवाली वस्तुएँ हैं, अतः उनका प्रतिकार किया जा सकता है।

वेदांत का यह दावा है कि यह विचार भारत के अंदर या बाहर सब धर्मों में पाया जाता है, केवल कतिपय धर्मों में प्रतीकों के रूप में प्रकट किया गया है। वेदांत का दावा है कि ऐसा एक भी धार्मिक अंतःस्फुरण नहीं हुआ, मानव की दिव्यता का एक भी ऐसा विकास नहीं हुआ—वह कितना ही महान् क्यों न हो, जोकि मानव के स्वाभावसिद्ध अनंत एकत्व की अभिव्यक्ति न रहा हो तथा हम लोग जिसे नैतिकता, सदाचार और परोपकार कहते हैं, वह भी इसी एकत्व की अभिव्यक्ति मात्र है। ऐसा क्षण भी आता है, जब हर मनुष्य यह अनुभव करता है कि वह विश्व के साथ एक है और इसको वह समझे या न समझे, उसको प्रकट करने लिए विकल हो जाता है। जिसे हम प्रेम तथा सहानुभूति कहते हैं, वह एकत्व की अभिव्यक्ति ही है और यही हमारी नैतिकता और सदाचार का आधार है। यही वेदांत के विख्यात सूत्र 'तत्त्वमसि', 'तू वही है' को संक्षेप में कहा गया है।

प्रत्येक मनुष्य को यह शिक्षा दी जाती है कि तुम उस विश्वात्मा से एक हो, अतः हर जीवात्मा तुम्हारी ही आत्मा है। हर शरीर तुम्हारा ही शरीर है, इसलिए दूसरों को चोट पहुँचाना अपने ही को चोट पहुँचाना है, दूसरों को प्रेम करना, अपने आप से प्रेम करना है। बाहर फेंकी जानेवाली घृणा की लहर बाहर जिस किसी को भी वह चोट पहुँचाए, तुमको भी चोट पहुँचाती ही है और

यदि तुमसे प्रेम का उद्‌भव होता है, तो वह प्रेम तुम्हारे पास वापस लौटने को बाध्य है। यह इस कारण कि मैं यह जगत् हूँ और यह जगत् मेरा शरीर है। मैं अनंत हूँ; केवल इसका ज्ञान इस समय मुझे नहीं है, परंतु इस अनंत की चेतना प्राप्त करने के लिए मैं संघर्षशील हूँ। इस अनंत की पूर्ण चेतना प्राप्त हो जाने पर ही पूर्णता उपलब्ध होगी।

समस्त प्रकृति में दो शक्तियाँ कार्य करती हुई प्रतीत होती हैं। इनमें से एक निरंतर भिन्नता और दूसरी निरंतर एकता उत्पन्न करती रहती है। एक अधिकाधिक पृथक् व्यष्टियों के निर्माण में लगी है और दूसरी मानो व्यष्टियों को एक समष्टि में लाने और इन नाना भेदों के बीच अभेद लाने में लगी है। ऐसा जान पड़ता है कि इन दोनों शक्तियों का कार्य प्रकृति तथा मानव-जीवन के प्रत्येक विभाग में प्रविष्ट होता है। हम सदा दोनों शक्तियों को भौतिक स्तर पर सर्वापेक्षा सुस्पष्ट कार्य करते हुए पाते हैं। वे व्यष्टियों को पृथक् करती रहती हैं, अन्य व्यष्टियों से उन्हें अधिकाधिक भिन्न बनाती रहती हैं और फिर उन्हें जातियों और श्रेणियों में संयोजित करती हैं एवं अभिव्यक्तियों तथा आकृतियों में एकरूपता लाती हैं। मनुष्य के सामाजिक जीवन में भी यही लागू होता है। जिस काल से समाज आरंभ हुआ, तब से ये दोनों शक्तियाँ कार्य कर रही हैं, विभेदीकरण तथा एकीकरण में लगी हैं। विभिन्न स्थानों और विभिन्न कालों में उनका कार्य नाना रूपों में प्रकट होता है और वह नाना नामों से संबोधित होता है, परंतु सार तत्त्व सर्वत्र विद्यमान है; एक शक्ति विभेदीकरण तथा दूसरी एकीकरण के लिए सचेष्ट है; एक जाति बनाने और दूसरी उसे तोड़ने के लिए कार्य कर रही है; एक श्रेणियों तथा विशेषाधिकारों को जन्म देने और दूसरी उनका विनाश करने में लगी है। सारा विश्व इन दोनों शक्तियों का रणक्षेत्र प्रतीत होता है।

एक ओर यह आग्रह है कि यद्यपि एकीकरण की इस प्रक्रिया का अस्तित्व है, फिर भी हमें अपनी पूरी शक्ति लगाकर इसका प्रतिरोध करना ही चाहिए, क्योंकि यह मृत्यु की ओर ले जाती है, पूर्ण एकत्व पूर्ण विनाश है और इस विश्व में विभेदीकरण की प्रक्रिया जब बंद हो जाती है, तब विश्व का अंत हो जाता है। दूसरी ओर एकत्व के भाव के समर्थक भी सभी कालों में रहे हैं।

उपनिषदों, बुद्धों और ईसा-मसीहों तथा अन्य महान् धर्मोपदेष्टाओं के समय से हमारे वर्तमान काल तक नई राजनीतिक महत्त्वाकांक्षाओं में, उत्पीड़ितों तथा पददलितों के दावों तथा विशेषाधिकारों से विहीन व्यक्तियों के दावों में बस इसी एकता और एकरूपता की एक आवाज बुलंद हुई है।

दर्शन या तत्त्वज्ञान में यह प्रश्न दूसरा रूप धारण कर लेता है। एक पक्ष चाहता है कि हम दृश्य प्रपंच में कायम रहें, विविधताओं पर आरूढ़ रहें और वह तर्क के बड़े आग्रह से संकेत करता है कि विविधता को रखना ही होगा, क्योंकि जब वह खत्म हो जाएगी, तब प्रत्येक वस्तु समाप्त हो जाएगी। हम जिसे जीवन कहते हैं, वह विविधता के ही कारण है। इसी के साथ दूसरा पक्ष दृढ़ साहस के साथ एकत्व की ओर संकेत करता है। एक पक्ष, जो यूनानी पक्ष है और जिसका प्रतिनिधित्व आधुनिक यूरोप करता है, मनुष्य-ज्ञान पर बल देता है; भारतीय पक्ष, जिसका अधिकांश प्रतिनिधित्व संसार के प्राचीन धर्म करते हैं, ईश्वर-ज्ञान पर बल देता है। वर्तमान काल में शायद हम लोगों को यह सुविधा प्राप्त हुई है कि दोनों दृष्टिकोणों के प्रति तटस्थ रहकर सब पर निष्पक्ष विचार कर सकें।

नीतिशास्त्र एकता है; इसका आधार है—प्रेम। वह इस विविधता पर दृष्टिपात नहीं करता। नीतिशास्त्र का एकमात्र उद्देश्य है, यह एकत्व और एकरूपता। आज तक मानवजाति नैतिकता के जिन उच्चतम विधानों की खोज कर सकी है, वे विविधता नहीं स्वीकार करते, उसकी खोजबीन के निमित्त रुकने के लिए उनके पास समय नहीं है, उनका एक उद्देश्य बस वही एकरूपता लाना है।

यह एक तथ्य है कि विविधता का अस्तित्व है और यदि जीवन को कायम रहना है, तो यह (विविधता) अवश्य रहेगी। जब तक जीवन का अस्तित्व रहेगा, तब तक ऐसी अवस्था का होना असंभव है, जिसमें सारी विविधताओं का लोप होकर एक सी मृत समरूपता कायम हो जाए। यह वांछनीय भी नहीं, साथ ही तथ्य का दूसरा पहलू है—एकत्व का अस्तित्व पहले से ही है। यह है विचित्र दावा। यह नहीं कि इस एकत्व को बनाना है, वरन् यह कि इसका

अस्तित्व पहले से ही है और उसके बिना तुम्हें नानात्व का किंचित् प्रत्यक्ष नहीं हो सकता। हमें ईश्वर का निर्माण नहीं करना है, वह तो पहले से ही विद्यमान है। यही सब धर्मों का दावा रहा है। जब कभी किसी ने ससीम का प्रत्यक्ष किया है, तब उनसे असीम का भी प्रत्यक्ष किया है।

अपने मन की तार्किक आवश्यकता के कारण हम यह स्वीकार करने के लिए बाध्य हैं कि वह यहाँ विद्यमान है, अन्यथा ससीम का प्रत्यक्ष न हो पाता। अतएव यदि परिस्थितियों की पूर्ण एकरूपता नीतिशास्त्र का उद्देश्य हो, तो वह असंभव प्रतीत होता है। चाहे हम कितना भी प्रयत्न क्यों न करें, सब मनुष्य एक से कभी नहीं हो सकते। इसके साथ ही विभिन्न आचार्यों द्वारा उपदिष्ट नैतिकता के ये अद्भुत शब्द हमारे कर्ण–कुहरों में प्रविष्ट होते हैं। एक ही ईश्वर को सबमें समभाव से देखनेवाला मनीषी पुरुष, आत्मा से आत्मा की हिंसा नहीं करता और इस प्रकार परम गति को प्राप्त होता है। जिसका अंत:करण समता में अर्थात् सब भूतों में स्थित ब्रह्मरूप समभाव में निश्चलतापूर्वक स्थित हो गया है, उसने जीवितावस्था में ही संसार को जीत लिया है और क्योंकि ब्रह्म निर्दोष है, इसलिए जो समदर्शी एवं निर्दोष हैं, वे ब्रह्म में ही स्थित कहे जाते हैं। हम इसे अस्वीकार नहीं कर सकते कि यही यथार्थ भाव है; फिर भी इसी के साथ यह कठिनाई उपस्थित होती है कि बाह्य रूपों तथा अवस्था में कभी साम्य प्राप्त नहीं हो सकता।

नानात्व के बावजूद एकत्व को स्वीकार करना, प्रत्येक वस्तु के हमारे लिए भयप्रद प्रतीत होने के बावजूद अंत:करण में ईश्वर को स्वीकार करना, सभी प्रत्यक्ष दुर्बलताओं के बावजूद असीम बल को प्रत्येक की निधि स्वीकार करना और ऊपरी सतह के सभी विरोधाभासों के बावजूद आत्मा की शाश्वत, अनंत और स्वरूपसिद्ध पवित्रता को स्वीकार करना नीतिशास्त्र का कार्य रहा है और भविष्य में भी रहेगा, न कि विविधता का विनाश करना और बाह्यजगत् में एकरूपता की स्थापना करना; जो असंभव है, क्योंकि उससे मृत्यु तथा विनाश हो जाएगा।

□

14

सत्यमेव जयते नानृतम्

भारत की प्राचीन कथाएँ एक देवतुल्य जाति के अलौकिक उद्यम, अद्भुत चेष्टा, असीम उत्साह, अप्रतिहत शक्तिसमूह और सर्वोपरि, अत्यंत गंभीर चिंताओं से परिपूर्ण हैं। 'इतिहास' शब्द का अर्थ यदि केवल राजे-रजवाड़ों की कथाएँ ही लिया जाए, उनके काम-क्रोध-व्यसनादि के द्वारा समय-समय पर डाँवाँडोल और उनकी सुचेष्टा या कुचेष्टा से रंग बदलते हुए समाज के चित्र ही यदि इतिहास माने जाएँ, तो कहना होगा कि इस प्रकार का इतिहास संभवतः भारत का है ही नहीं, किंतु भारत के समस्त धर्मग्रंथ, काव्यसिंधु, दर्शनशास्त्र और विविध वैज्ञानिक पुस्तकें अपने प्रत्येक पद और पंक्ति से, राजादि पुरुषविशेषों का वर्णन करनेवाली पुस्तकों की अपेक्षा सहस्रों गुना अधिक स्पष्ट रूप से, भूख-प्यास-काम-क्रोधादि से परिचालित, सौंदर्य-तृष्णा से आकृष्ट, महान् अप्रतिहत बुद्धिसंपन्न उस बृहत् जनसंघ के अभ्युदय के क्रमविकास का गुणगान कर रही है, जिस जनसमाज ने सभ्यता के प्रत्यूष के पहले ही नाना प्रकार के भावों का आश्रय ले, नानाविध पंथों का अवलंबन कर इस पूर्णता की अवस्था को प्राप्त किया था। प्राचीन भारतवासियों ने प्रकृति के साथ युग-युगांतरव्यापी संग्राम में, जो असंख्य जय-पताकाएँ संग्रह की थीं, वे झंझावात के झकोरे में पड़कर यद्यपि आज जीर्ण हो गई हैं, किंतु फिर भी वे भारत के अतीत गौरव की जयघोषणा कर रही हैं।

इस जाति ने मध्य-एशिया, उत्तर यूरोप अथवा सुमेरू पहाड़ के निकटवर्ती बर्फीले प्रदेशों से धीरे-धीरे उतरकर पवित्र भारतभूमि को तीर्थ में परिणत किया

था, अथवा यह तीर्थभूमि भारत ही उनका आदिम निवासस्थान था, इसके निश्चय करने का अब तक भी कोई साधन उपलब्ध नहीं है अथवा भारतवर्ष की ही या भारतवर्ष की सीमा के बाहर किसी देश में रहनेवाली एक विराट् जाति ने नैसर्गिक नियम के अनुसार स्थानभ्रष्ट होकर यूरोपादि देशों में उपनिवेश स्थापित किए और इस जाति के मनुष्यों का रंग सफेद था या काला, आँखें नीली थीं या काली, बाल सुनहरे या काले—इन बातों को निश्चयात्मक रूप से जानने के लिए कतिपय यूरोपीय भाषाओं के साथ संस्कृत भाषा के सादृश्य के अतिरिक्त कोई यथेष्ट प्रमाण अभी तक नहीं मिला है। वर्तमान भारतवासी उस विराट् जाति के मनुष्यों के ही वंशज हैं या नहीं, अथवा भारत की किस जाति में किस परिमाण में उनका रक्त है, इन प्रश्नों की मीमांसा भी सहज नहीं है।

जो भी हो, इन प्रश्नों की यदि निश्चित रूप से मीमांसा नहीं भी होती, तो भी हमारी कोई विशेष हानि नहीं है, पर एक बात ध्यान में रखनी होगी और वह यह कि जो प्राचीन भारतीय जाति सभ्यता की रश्मियों से सर्वप्रथम उन्मीलित हुआ और जिस देश में सर्वप्रथम चिंतनशीलता का पूर्ण विकास हुआ, उस जाति और उस स्थान में उसके लाखों वंशज, मानसपुत्र, उसके भाव एवं चिंतनराशि के उत्तराधिकारी अब भी मौजूद हैं। नदी, पर्वत और समुद्र लाँघकर, देशकाल की बाधाओं को नगण्य कर, स्पष्ट या अज्ञात अनिर्वचनीय सूत्र से भारतीय चिंतन की रुधिरधारा धरातल पर रहनेवाली अन्य जातियों की नसों में बही और अब भी बह रही है। शायद हमारे हिस्से में सार्वभौमिक पैतृक संपत्ति का कुछ अधिक अंश है।

भूमध्यसागर के पूर्व की ओर सुंदर दीपमाला-परिवेष्टित, प्रकृति के सौंदर्य से विभूषित एक छोटे से देश में, थोड़े से किंतु सर्वांगसुंदर, सुगठित, मजबूत, अटल अध्यवसायी, पार्थिव सौंदर्य-सृष्टि के एकाधिराज, अपूर्व क्रियाशील प्रतिभाशाली मनुष्यों की एक जाति थी। अन्यान्य प्राचीन जातियाँ उनको 'यवन' कहती थीं, किंतु वे अपने को 'ग्रीक' कहते थे।

मानवीय इतिहास में यह अलौकिक वीर्यशाली जाति एक अपूर्व दृष्टांत है। जिस किसी देश के मनुष्यों ने समाज नीति, युद्ध नीति, देश शासन, शिल्प-कला

आदि पार्थिव विद्याओं में उन्नति की है या जहाँ अब भी उन्नति हो रही है, वहीं ग्रीस की छाया पड़ी है। प्राचीन काल की बात छोड़ दीजिए; आधुनिक समय में भी आधी शताब्दी से इन यवन गुरुओं का पदानुसरण कर यूरोपीय साहित्य द्वारा जो ग्रीसवालों का प्रकाश आया है, उसी प्रकाश से अपने गृहों को उज्ज्वल करके हम आधुनिक बंगाली अभिमान और स्पर्धा का अनुभव कर रहे हैं।

समग्र यूरोप आज सब विषयों में प्राचीन ग्रीस का छात्र और उत्तराधिकारी है; यहाँ तक कि इंग्लैंड के एक विद्वान् ने कहा भी है कि "जो कुछ प्रकृति ने उत्पन्न नहीं किया है, वह ग्रीसवालों की सृष्टि है।"

सुदूर स्थित विभिन्न पर्वतों (भारत और ग्रीस) से उत्पन्न इन दो महानदों (आर्य और ग्रीक) का बीच-बीच में संगम होता रहता है और जब कभी इस प्रकार की घटना घटती है, तभी जनसमाज में एक बड़ी आध्यात्मिक तरंग उठकर सभ्यता की रेखा का दूर-दूर तक विस्तार कर देती है और मानव समाज में भ्रातृत्वबंधन को अधिक दृढ़ कर देती है।

अत्यंत प्राचीन काल में एक बार भारतीय दर्शनविद्या ग्रीक उत्साह के साथ रूसी, ईरानी आदि शक्तिशाली जातियों के अभ्युदय में सहायक हुई। सिकंदर शाह की दिग्विजय के पश्चात् इन दो महाजलप्रपातों के संघर्ष के फलस्वरूप ईसा आदि नाम से प्रसिद्ध आध्यात्मिक तरंग ने प्रायः अर्ध भूभाग को प्लावित कर दिया। पुनः इस प्रकार के मिश्रण से अरब का अभ्युदय हुआ, जिससे आधुनिक यूरोपीय सभ्यता की नींव पड़ी एवं ऐसा जान पड़ता है कि वर्तमान समय में भी पुनः इन दो महाशक्तियों का सम्मिलन-काल उपस्थित हुआ है।

अबकी बार उनका केंद्र है—भारतवर्ष। भारत की वायु शांतिप्रधान है, यवनों की प्रकृति शक्तिप्रधान है; एक गंभीर चिंताशील है, दूसरा अदम्य कार्यशील; एक का मूलमंत्र है 'त्याग', दूसरे का 'भोग'; एक की सब चेष्टाएँ अंतर्मुखी हैं, दूसरे की बहिर्मुखी; एक की प्रायः सब विद्याएँ आध्यात्मिक हैं, दूसरे की आधिभौतिक; एक मोक्ष का अभिलाषी है, दूसरा स्वाधीनता को प्यार करता है; एक इस संसार के सुख प्राप्त करने के लिए निरुत्साह है और दूसरा इसी पृथ्वी को स्वर्ग बनाने में सचेष्ट है; एक नित्य सुख की आशा में इस लोक के अनित्य

सुख की अपेक्षा करता है, दूसरा नित्य सुख में शंका करके अथवा उसको दूर जानकर यथासंभव ऐहिक सुख प्राप्त करने में उद्यत रहता है।

इस युग में पूर्वोक्त दोनों ही जातियों का तो लोप हो गया है, केवल उनकी शारीरिक अथवा मानसिक संतानें ही वर्तमान है। यूरोप तथा अमेरिकावासी, यवनों की समुन्नत मुखोज्ज्वलकारी संतानें हैं; पर दुःख है कि आधुनिक भारतवासी प्राचीन आर्यकुल के गौरव नहीं रह गए, किंतु राख से ढकी हुई अग्नि के समान इन आधुनिक भारतवासियों में छिपी हुई पैतृक शक्ति अब भी विद्यमान है। यथासंभव महाशक्ति की कृपा से उनका पुनः स्फुरण होगा।

प्रस्फुरित होकर क्या होगा? क्या पुनः वैदिक यज्ञधूम से भारत का आकाश मेघावृत होगा अथवा पशुरक्त से रंतिदेव की कीर्ति का पुनरुद्दीपन होगा? गोमेध, अश्वमेध, देवर द्वारा सुतोत्पत्ति आदि प्राचीन प्रथाएँ पुनः प्रचलित होंगी अथवा बौद्ध काल की भाँति फिर समग्र भारत संन्यासियों की भरमार से एक विस्तीर्ण मठ में परिणत होगा? मनु का शासन क्या पुनः उसी प्रभाव से प्रतिष्ठित होगा अथवा देशभेद के अनुसार भक्ष्याभक्ष्य विचार का ही आधुनिक काल के समान सर्वतोमुखी प्रभुत्व रहेगा? क्या जातिभेद गुणानुसार (गुणगत) होगा अथवा सदा के लिए वह जन्म के अनुसार (जन्मगत) ही रहेगा? जातिभेद के अनुसार भोजन के संबंध में छुआछूत का विचार बँगलादेश के समान रहेगा अथवा मद्रास आदि प्रांतों के समान कठोर रूप धारण करेगा या पंजाब आदि प्रदेशों के समान यह एकदम दूर हो जाएगा? भिन्न-भिन्न वर्णों का विवाह मनु द्वारा बतलाए हुए अनुलोम क्रम से, जैसे नेपालादि देशों में आज भी प्रचलित है, पुनः सारे देश में प्रचलित होगा अथवा बंग आदि देशों के समान एक वर्ण के अवांतर भेदों में ही प्रतिबद्ध रहेगा? इन सब प्रश्नों का उत्तर देना अत्यंत कठिन है। देश के विभिन्न प्रांतों में, यहाँ तक कि एक ही प्रांत में भिन्न-भिन्न जातियों और वंश के आचारों की घोर विभिन्नता को ध्यान में रखते हुए, यह मीमांसा और भी कठिन जान पड़ती है।

तब क्या होगा? जो हमारे पास नहीं है, शायद जो पहले भी नहीं था, जो यवनों के पास था, जिसका स्पंदन यूरोपीय विद्युदाधार (डायनामो) से उस

महाशक्ति को बड़े वेग से उत्पन्न कर रहा है, जिसका संचार समस्त भूमंडल में हो रहा है, हम उसी को चाहते हैं। हम वही उद्यम, वही स्वाधीनता की प्रीति, वही आत्मावलंबन, वही अटल धैर्य, वही कार्य-दक्षता, वही एकता और वही उन्नति-तृष्णा चाहते हैं। बीती बातों की उधेड़-बुन छोड़कर अनंत एक विस्तारित अग्रसर दृष्टि की हम कामना करते हैं और सिर से पैर तक की सब नसों में बहनेवाली रजोगुण की उत्कट इच्छा रखते हैं।

त्याग की अपेक्षा और अधिक शांतिदायी क्या हो सकता है? अनंत कल्याण की तुलना में क्षणिक ऐहिक कल्याण निःसंशय अत्यंत तुच्छ है। सत्त्वगुण की अपेक्षा महाशक्ति का संचय और किससे हो सकता है? यह वास्तव में सत्य है कि अध्यात्म-विद्या की तुलना में और सब विद्याएँ 'अविद्याएँ' हैं, किंतु इस संसार में कितने मनुष्य सत्वगुण प्राप्त करते हैं, इस भारतभूमि में ऐसे कितने मनुष्य हैं, कितने मनुष्यों में ऐसा महावीरत्व है, जो ममता को छोड़कर सर्वत्यागी हो सकें, वह दूरदृष्टि कितने मनुष्यों के भाग्य में है, जिससे सब पार्थिव सुख तुच्छ विदित होते हैं, वह विशाल हृदय कहाँ है, जो भगवान् के सौंदर्य और महिमा के चिंतन में अपने शरीर को भी भूल जाता है? जो ऐसे हैं भी, वे समस्त भारत की जनसंख्या की तुलना में मुट्ठी भर ही हैं। इन थोड़े से मनुष्यों की मुक्ति के लिए करोड़ों नर-नारियों को सामाजिक और आध्यात्मिक चक्र के नीचे क्या पिस जाना होगा और इस प्रकार पिसे जाने से फल भी क्या होगा?

क्या तुम देखते नहीं कि इस सत्त्वगुण के बहाने से देश धीरे-धीरे तमोगुण के समुद्र में डूब रहा है? महा जड़बुद्धि पराविद्या के अनुराग के छल से अपनी मूर्खता छिपाना चाहते हैं, जहाँ जन्म भर के आलसी वैराग्य के आवरण को अपनी अकर्मण्यता के ऊपर डालना चाहता है, जहाँ क्रूर कर्मवाले तपस्यादि का स्वाँग करके निष्ठुरता को भी धर्म का अंग बनाते हैं, जहाँ अपनी कमजोरी के ऊपर दृष्टि नहीं है, किंतु प्रत्येक मनुष्य दूसरों के ऊपर दोषारोपण करने को तत्पर है, जहाँ केवल कुछ पुस्तकों को कंठस्थ करना ही ज्ञान है, दूसरों के विचारों की टिप्पणी करना ही प्रतिभा है और इन सबसे बढ़कर केवल पितृपुरुषों के नाम-कीर्तन में ही जिसकी महत्ता रहती है, वह देश दिन-पर-दिन तमोगुण में

डूब रहा है, यह सिद्ध करने के लिए हमको और क्या प्रमाण चाहिए?

अतएव सत्त्वगुण अब भी हमसे बहुत दूर है। हममें से जो परमहंस-पद प्राप्त करने योग्य नहीं हैं या जो भविष्य में योग्य होना चाहते हैं, उनके लिए रजोगुण की प्राप्ति ही परम कल्याणप्रद है। बिना रजोगुण के क्या कोई सत्वगुण प्राप्त कर सकता है, बिना भोग का अंत हुए योग हो ही कैसे सकता है, बिना वैराग्य के त्याग कहाँ से आएगा?

दूसरी ओर रजोगुण ताड़ के पत्ते की आग की तरह शीघ्र ही बुझ जाता है। सत्व का अस्तित्व नित्यवस्तु के निकटतम है, सत्त्व प्रायः नित्य सा है। रजोगुण वाली जाति दीर्घजीवी नहीं होती, सत्त्वगुण वाली जाति चिरंजीवी सी है। इतिहास इस बात का साक्षी है। भारत में रजोगुण का प्रायः सर्वथा अभाव ही है। इसी प्रकार पाश्चात्य में सत्त्वगुण का अभाव है। इसलिए यह निश्चय है कि भारत से बही हुई सत्वधारा के ऊपर पाश्चात्य जगत् निर्भर रहता है और यह भी निश्चित है कि बिना तमोगुण को रजोगुण के प्रवाह से दबाए, हमारा ऐहिक कल्याण नहीं होगा और बहुधा पारलौकिक कल्याण में भी विघ्न उपस्थित होंगे।

इन दोनों शक्तियों के सम्मिलन और मिश्रण की यथासाध्य सहायता करना इस उद्बोधन का उद्देश्य है, पर भय यह है कि इस पाश्चात्य प्रचंड तरंग में चिरकाल से अर्जित कहीं हमारे अमूल्य रत्न तो न बह जाएँगे और उस प्रबल भँवर में पड़कर भारतभूमि भी कहीं ऐहिक सुख प्राप्त करने की रणभूमि में तो न बदल जाएगी? असाध्य, असंभव एवं जड़ से उखाड़ देनेवाले विदेशी ढंग अनुकरण करने से हम 'इतोनष्टस्ततोभ्रष्टः' के उदाहरण तो न बन जाएँगे?

इसलिए हमको अपने घर की संपत्ति सर्वदा सम्मुख रखनी होगी; जिससे जनसाधारण तक अपने पैतृक धन को सदा देख और जान सकें, हमको ऐसा प्रयत्न करना होगा और इसी से साथ-साथ बाहर से प्रकाश प्राप्त करने के लिए हमको निर्भीक होकर अपने घर के सब दरवाजे खोल देने होंगे। संसार के चारों ओर से प्रकाश की किरणें आएँ, पाश्चात्य का तीव्र प्रकाश भी आए! जो दुर्बल, दोषयुक्त है, उसका नाश होगा ही। यदि वह चला जाता है, तो जाए, उसे रखकर हमें क्या लाभ होगा, जो वीर्यवान,

बलप्रद है, वह अविनाशी है; उसका नाश कौन कर सकता है?

कितने पर्वत-शिखरों से कितनी ही हिमनदियाँ, कितने ही झरने, कितनी जलधाराएँ निकलकर विशाल सुर-तरंगिणी के रूप में महावेग से समुद्र की ओर जा रही हैं! कितने विभिन्न प्रकार के भाव, देशादेशांतर के कितने साधु-हृदयों और ओजस्वी मस्तिष्कों से निकलकर कितने शक्तिप्रवाह, नर-रंगक्षेत्र कर्मभूमि भारतवर्ष में छा रहे हैं। रेल-जहाज रूपी वाहन और बिजली की सहायता से, अंग्रेजों के आधिपत्य में, बड़े ही वेग से नाना प्रकार के भाव और रीति-नीति सारे देश में फैल रहे हैं। अमृत आ रहा है और उसी के साथ-साथ विष भी आ रहा है। क्रोध, कोलाहल और रक्तपात आदि सभी हो चुके हैं, पर इस तरंग को रोकने की शक्ति हिंदू समाज में नहीं है। यंत्र द्वारा लाए हुए जल से लेकर हड्डियों से साफ की हुई शक्कर तक सब पदार्थों का बहुत मौखिक प्रतिवाद करते हुए भी हम सब चुपचाप उन्हें उदरस्थ कर रहे हैं। कानून के प्रबल प्रभाव से अत्यंत यत्न से रक्षित हमारी बहुत सी रीतियाँ धीरे-धीरे दूर होती जा रही हैं, उनकी रक्षा करने की शक्ति हममें नहीं है। हममें शक्ति क्यों नहीं है? क्या सत्य वास्तव में शक्तिहीन है? "सत्यमेव जयते नानृतम्", सत्य की ही जय होती है, न कि झूठ की, यह वेदवाणी क्या मिथ्या है? अथवा जो आचार पाश्चात्य शासनशक्ति के प्रभाव में बहे चले जा रहे हैं, वे आचार ही क्या अनाचार थे? यह भी एक विशेष रूप से विचारणीय विषय है।

"बहुजनहिताय बहुजनसुखाय"—निस्स्वार्थ भाव से, भक्तिपूर्ण हृदय से इन सब प्रश्नों की मीमांसा के लिए यह 'उद्बोधन' सहृदय प्रेमी बुधमंडली का आह्वान करता है एवं द्वेषबुद्धि छोड़, व्यक्तिगत, सामाजिक अथवा सांप्रदायिक कुवाक्य-प्रयोग से विमुख होकर सब संप्रदायों की सेवा के ही लिए अपना शरीर अर्पण करता है।

कर्म करने का अधिकार मात्र हमारा है, फलाफल के दाता प्रभु हैं। हम केवल प्रार्थना करते हैं—"हे तेजस्वरूप! हमको तेजस्वी बनाओ; हे वीर्यस्वरूप! हमको वीर्यवान बनाओ; हे बलस्वरूप! हमको बलवान बनाओ।"

□

स्वामी विवेकानंद : महत्त्वपूर्ण तिथियाँ

- 12 जनवरी, 1863 : कोलकाता में जन्म
- सन् 1879 : प्रेजीडेंसी कॉलेज में प्रवेश
- सन् 1880 : जनरल एसेंबली इंस्टीट्यूशन में प्रवेश
- नवंबर 1881 : श्रीरामकृष्ण परमहंस से प्रथम भेंट
- सन् 1882-1886 : श्रीरामकृष्ण परमहंस से संबद्ध
- सन् 1884 : स्नातक परीक्षा उत्तीर्ण; पिता का स्वर्गवास
- सन् 1885 : श्रीरामकृष्ण परमहंस की अंतिम बीमारी
- 16 अगस्त, 1886 : श्रीरामकृष्ण परमहंस का निधन
- सन् 1886 : वराह नगर मठ की स्थापना
- जनवरी 1887 : वराह नगर मठ में संन्यास की औपचारिक प्रतिज्ञा
- सन् 1890-1893 : परिव्राजक के रूप में भारत भ्रमण
- 24 दिसंबर, 1892 : कन्याकुमारी में
- 13 फरवरी, 1893 : प्रथम सार्वजनिक व्याख्यान, सिंकदराबाद में
- 31 मई, 1893 : मुंबई से अमेरिका रवाना
- 25 जुलाई, 1893 : वैंकूवर, कनाडा पहुँचे
- 30 जुलाई, 1893 : शिकागो आगमन
- अगस्त 1893 : हार्वर्ड विश्वविद्यालय के प्रो. जॉन राइट से भेंट

- 11 सितंबर, 1893 : धर्म महासभा, शिकागो में प्रथम व्याख्यान
- 27 सितंबर, 1893 : धर्म महासभा, शिकागो में अंतिम व्याख्यान
- 16 मई, 1894 : हार्वर्ड विश्वविद्यालय में संभाषण
- नवंबर 1894 : न्यूयॉर्क में वेदांत समिति की स्थापना
- जनवरी 1895 : न्यूयॉर्क में धर्म-कक्षाओं का संचालन आरंभ
- अगस्त 1895 : पेरिस में
- अक्टूब 1895 : लंदन में व्याख्यान
- 6 दिसंबर, 1895 : वापस न्यूयॉर्क
- 22-25 मार्च, 1896 : हार्वर्ड विश्वविद्यालय में व्याख्यान
- 15 अप्रैल, 1896 : वापस लंदन
- मई-जुलाई 1896 : लंदन में धार्मिक-कक्षाएँ
- 28 मई, 1896 : ऑक्सफोर्ड में मैक्समूलर से भेंट
- 30 दिसंबर, 1896 : नेपल्स से भारत की ओर रवाना
- 15 जनवरी, 1897 : कोलंबो, श्रीलंका आगमन
- 6-15 फरवरी, 1897 : मद्रास में
- 19 फरवरी, 1897 : कलकत्ता आगमन
- 1 मई, 1897 : रामकृष्ण मिशन की स्थापना
- मई-दिसंबर 1897 : उत्तर भारत की यात्रा
- जनवरी 1898 : कलकत्ता वापसी
- 19 मार्च, 1899 : मायावती में अद्वैत आश्रम की स्थापना
- 20 जून, 1899 : पश्चिमी देशों की दूसरी यात्रा
- 31 जुलाई, 1899 : लंदन आगमन
- 28 अगस्त, 1899 : न्यूयॉर्क आगमन
- 22 फरवरी, 1900 : सैन फ्रांसिसको में

- 14 अप्रैल, 1900 : सैन फ्रांसिसकों में वेदांत समिति की स्थापना
- जून 1900 : न्यूयॉर्क में अंतिम कक्षा
- 26 जुलाई, 1900 : यूरोप रवाना
- 24 अक्तूबर, 1900 : वियना, हंगरी, कुस्तुनतुनिया, ग्रीस, मिस्र आदि देशों की यात्रा
- 26 नवंबर, 1900 : भारत को रवाना
- 9 दिसंबर, 1900 : बेलूड़ मठ आगमन
- जनवरी 1901 : मायावती की यात्रा
- मार्च–मई 1901 : पूर्वी बंगाल और असम की तीर्थ यात्रा
- जनवरी–फरवरी 1902 : बोध गया और वाराणसी की यात्रा
- मार्च 1902 : बेलूड़ मठ में वापसी
- 4 जुलाई, 1902 : महासमाधि

□□□